Le Cabinet Des Fées, Ou, Collection Choisie Des Contes Des Fées Et Autres Contes Merveilleux, Volume 32...

Charles-Joseph Mayer, Clément Pierre Marillier

LE
CABINET
DES FÉES.

TOME TRENTE-DEUXIÈME.

CE VOLUME CONTIENT

LES SOIRÉES BRETONNES, dédiées à Monseigneur le Dauphin. Par M. GUEULETTE.

CONTES de Madame de LINTOT.

LES AVENTURES DE ZELOIDE ET D'AMANZA-RIFDINE, Contes Indiens. Par M. de MONCRIF.

LE CABINET
DES FÉES,

O U

COLLECTION CHOISIE

DES CONTES DES FÉES,

ET AUTRES CONTES MERVEILLEUX,

Ornés de figures.

TOME TRENTE-DEUXIÈME.

A GENÈVE,

Chez BARDE, MANGET & Compagnie,
Imprimeurs - Libraires.

& *se trouve à PARIS*,

Chez CUCHET, Libraire, rue & hôtel Serpente,

M. DCC. LXXXVII.

AVERTISSEMENT

DES ÉDITEURS.

M. GUEULETTE, auteur des *Soirées Bretonnes*, a déjà fourni à cette collection les *Mille & un quart - d'heure, contes Tartares; les Sultanes de Guzarate, contes Mogols; & les Aventures du Mandarin Fum-Hoam, contes Chinois.* La tête pleine de la lecture des livres orientaux, M. Gueulette est un des auteurs qui a le mieux réussi à en imiter la manière, & il en est peu dont l'imagination se soit prêtée comme la sienne à une aussi grande variété de merveilleux.

L'ouvrage que nous ajoutons à ceux que l'on a déjà fait paroître ne dément point cette fécondité étonnante; on n'y trouve point de répétitions; & les tableaux qu'il présente, offrent des sujets nouveaux aussi agréablement va-

A iij

riés que les précédens. Nous ne voyons donc pas pourquoi il feroit exclus de cette collection.

M. de Voltaire n'a pas dédaigné cet ouvrage de M. Gueulette ; il y a pris le fujet d'un des épifodes les plus agréables de fon roman de Zadig. Nous croyons que nos lecteurs ne feront pas fâchés de trouver ici les deux morceaux rapprochés, afin de voir le parti que M. de Voltaire a tiré de l'ouvrage de M. Gueulette.

Le médecin Mirliro, le philofophe Indigoruca & le fauvage Barbario (dit l'auteur des Soirées Bretonnes) « avoient une grande forêt & une gran-
» de prairie à traverfer avant que d'ar-
» river à la ville, & ils marchoient à
» grands pas, lorfqu'ils rencontrèrent
» en leur chemin un grand nombre
» d'officiers de l'empereur Fantafque
» qui, furpris de la figure extraordi-
» naire de ces trois étrangers, s'arrê-

„ tèrent affez long-temps à les confi-
„ dérer. Enfuite les ayant abordés, ils
„ s'informèrent d'eux s'ils n'avoient
„ pas vu dans la forêt le cynogefore
„ de l'empereur, qui s'étoit perdu de-
„ puis deux jours par la faute de celui
„ qui le conduifoit..... Ce cynogefore
„ étoit une efpèce de chameau très-
„ rare dans le pays; il coûtoit des
„ fommes immenfes, il n'y avoit que
„ l'empereur qui pût en avoir un... Le
„ médecin Mirliro ayant demandé aux
„ officiers fi cet animal n'étoit pas
„ boiteux du pied gauche de devant,
„ le philofophe Indigoruca, s'il n'étoit
„ pas borgne de l'œil droit, & le fau-
„ vage Barbario, s'il n'étoit pas chargé
„ de fel & de miel; les officiers fur-
„ pris de ces demandes qui étoient fi
„ conformes à la vérité, & croyant
„ que les étrangers donneroient à l'em-
„ pereur des nouvelles du cynogefore,
„ les prièrent de vouloir bien venir

A iv

» au palais, & les y conduifirent dans
» cette efpérance. L'empereur..... les
» reçut d'un air fort affable, & les
» ayant interrogés au fujet du cynoge-
» fore, fut très – furpris d'apprendre
» d'eux qu'ils n'avoient point vu cet
» animal, & qu'ils n'en avoient ainfi
» parlé que fur des préfomptions qu'ils
» croyoient certaines. Il crut d'abord
» qu'ils fe moquoient, & il étoit fur
» le point de faire éclater contr'eux
» toute fa colère, lorfqu'on vint lui
» annoncer que le cynogefore étoit re-
» trouvé, & qu'il revenoit tout feul au
» palais. Mais par quel prodige, s'écria
» l'empereur, avez-vous pu parler fi
» pertinemment d'une chofe que vous
» n'aviez jamais vue...., & quel fecret
» avez-vous pour deviner fi jufte ? Je
» vais vous expliquer le mien, dit le
» médecin Mirliro ; j'ai demandé fi le
» cynogefore n'étoit pas boiteux, parce
» que dans le chemin de la forêt ayant

„ remarqué les traces de cet animal,
„ je m'apperçus que la fymétrie de
„ fon allure étoit fauffée, écartée, &
„ qu'il avoit foulé la terre du pied
„ gauche de devant autrement que des
„ autres pieds; de-là je conjecturai
„ qu'il étoit boiteux de ce côté-là.
„ Et moi, dit Indigoruça, fi je me
„ fuis enquis de vos officiers fi le
„ cynogefore n'étoit pas borgne, c'eft
„ qu'ayant, ainfi que ce fameux mé-
„ decin, examiné fes pas, & connu
„ qu'il avoit paffé dans un petit fentier
„ dont les deux côtés étoient couverts
„ d'herbes, j'ai remarqué que quoi-
„ qu'elle fût beaucoup plus belle &
„ plus touffue à droite qu'à gauche,
„ le cynogefore n'avoit point touché
„ à celle qui eft à droite, & n'avoit
„ mangé que de celle qui eft à gauche.
„ J'ai fait là-deffus des réflexions très-
„ juftes, en affurant que cet animal
„ étoit borgne de l'œil droit, puifqu'au

A v

„ lieu de choiſir naturellement la meil-
„ leure herbe qui étoit de ce côté-là,
„ il n'avoit touché qu'à celle qu'il avoit
„ vue à ſa gauche ; & je ne me ſuis
„ point trompé dans le jugement que
„ j'en ai fait..... (On ſupprime l'expli-
cation donnée par le ſauvage Barbario,
que l'on retrouvera ci-après dans le
corps de l'ouvrage,) „ l'empereur eut
„ tout lieu d'être content, &c. &c.
„ &c. „

Voici le paſſage de M. de Voltaire ;
on y verra l'uſage qu'il a fait du conte
de M. Gueulette ; & qu'en adoptant
ſes idées, il s'eſt contenté de les embellir de ſon ſtyle. „ Un jour, ſe
„ promenant auprès d'un petit bois,
„ il (Zadig) vit accourir à lui un
„ eunuque de la reine, ſuivi de plu-
„ ſieurs officiers qui paroiſſoient dans
„ la plus grande inquiétude, & qui
„ couroient çà & là comme des hommes
„ égarés qui cherchent ce qu'ils ont

„ perdu de plus précieux. Jeune homme,
„ lui dit le premier eunuque ; n'avez-
„ vous point vu le chien de la reine ?
„ Zadig répondit modeſtement : c'eſt
„ une chienne, & non pas un chien.
„ Vous avez raiſon, reprit le premier
„ eunuque ; c'eſt une épagneule très-
„ petite, ajouta Zadig, elle a fait de-
„ puis peu des chiens, elle boite du
„ pied gauche de devant, & elle a les
„ oreilles très-longues. Vous l'avez
„ donc vue, dit le premier eunuque
„ tout eſſoufflé : non, répondit Zadig,
„ je ne l'ai jamais vue & je n'ai jamais
„ ſu ſi la reine avoit une chienne.

„ Préciſément dans le même temps,
„ par une biſarrerie de la fortune, le
„ plus beau cheval de l'écurie du roi
„ s'étoit échappé des mains d'un pal-
„ frenier dans les plaines de Babylone.
„ Le grand veneur & tous les autres
„ officiers couroient après lui avec
„ autant d'inquiétude que le premier

A vj

„ eunuque après la chienne. Le grand
„ veneur s'adreſſa à Zadig, & lui de-
„ manda s'il n'avoit pas vu paſſer le
„ cheval du roi. C'eſt répondit Zadig,
„ le cheval qui galoppe le mieux; il
„ a cinq pieds de haut, le ſabot fort
„ petit; il porte une queue de trois
„ pieds & demi de long, les boſſettes
„ de ſon mors ſont d'or à vingt-trois
„ karats; ſes fers ſont d'argent à onze
„ deniers de fin. Quel chemin a-t-il
„ pris? où eſt-il? demanda le grand
„ veneur; je ne l'ai point vu, répondit
„ Zadig, & je n'en ai jamais entendu
„ parler.

„ Le grand veneur & le premier
„ eunuque ne doutèrent pas que Zadig
„ n'eût volé le cheval du roi & la
„ chienne de la reine; ils le firent
„ conduire devant l'aſſemblée du grand
„ Deſterhom, qui le condamna au
„ knout & à paſſer le reſte de ſes jours
„ en Sibérie. A peine le jugement fut-

„ il rendu, qu'on retrouva le cheval
„ & la chienne. Les juges furent dans
„ la douloureuse néceffité de réformer
„ leur arrêt.... Il fut permis à Zadig
„ de plaider fa caufe..... il parla en ces
„ termes: étoiles de juftice, &c. Voici
„ ce qui m'eft arrivé : je me prome-
„ nois vers le petit bois où j'ai ren-
„ contré le vénérable -eunuque & le
„ très-illuftre grand veneur; j'ai vu fur
„ le fable les traces d'un animal, &
„ j'ai jugé aifément que c'étoient celles
„ d'un petit chien ; des fillons légers
„ & longs imprimés fur de petites
„ éminences de fable entre les traces
„ des pattes, m'ont fait connoître que
„ c'étoit une chienne dont les mamelles
„ étoient pendantes ; & qu'ainfi elle
„ avoit fait des petits il y a peu de
„ jours. D'autres traces en fens diffé-
„ rens, qui paroiffoient toujours avoir
„ rafé la furface du fable à côté des
„ pattes de devant, m'ont appris qu'elle

,, avoit les oreilles très-longues ; &
,, comme j'ai remarqué que le fable
,, étoit toujours moins creufé par une
,, patte que par les trois autres, j'ai
,, compris que la chienne de notre
,, augufte reine étoit un peu boiteufe.

,, A l'égard du cheval du roi des
,, rois, vous faurez qu'en me prome-
,, nant dans les routes de ce bois,
,, j'ai apperçu la marque des fers d'un
,, cheval ; elles étoient à égale diftance.
,, Voilà, ai-je dit, un cheval qui a
,, un galop parfait, &c. &c. ,, On
trouvera dans le conte le furplus des
explications que donne Zadig ; ce que
l'on vient de donner fuffit pour prouver que M. de Voltaire avoit lu l'ouvrage de M. Gueulette, & qu'il en a
fait ufage.

On peut lire dans le volume des
notices un extrait de la vie de M.
Gueulette, & une lifte de fes ouvrages.

Les trois contes qui fuivent font de

madame de Lintot; on y trouvera une imagination moins féconde & moins variée, mais une morale douce & faine, écrite d'un ftyle fimple, aifé, & qui n'eft pas dénué d'agrémens. Madame de Lintot n'eft connue que par fes productions, on ne fait rien de fa vie privée. Outre les contes que nous imprimons, elle eft auteur d'un roman intitulé : *Hiftoire de Mademoifelle de Salins.*

Les aventures de Zeloïde & d'Aman-zarifdine font le début de M. de Mon-crif dans la féerie. Cet ouvrage annonce les talens que cet académicien a développés depuis d'une manière brillante, & ils fervent à completter ce qui eft forti de fa plume dans un genre où il s'eft exercé avec avantage.

Les mille & une nuits avoient alors beaucoup de vogue; plufieurs auteurs s'empreffoient d'écrire dans un genre que le public avoit goûté. M. de

Moncrif voulut fuivre la même car-rière , & nos lecteurs verront qu'il n'eft pas celui qui l'a parcourue avec le moins de fuccès : pour fe mettre à la mode, il intitula fon livre les *Mille & une faveurs* , titre qui a été fupprimé dans les éditions fuivantes.

AVERTISSEMENT
DE L'AUTEUR.

CES fabliaux ou contes que je donne au public, sont traduits d'un manuscrit très-ancien dont me fit présent, il y a quelques années, monsieur de B...., président au parlement de Bretagne. Ils sont intitulés dans l'original SOIRÉES BRETONNES. Voici la raison de ce titre.

Long-temps avant que le duché de Bretagne fût joint à la couronne de France par le mariage d'Anne de Bretagne, qui l'apporta en dot à Charles VIII, fils de Louis IX, cette province avoit été gouvernée par des rois. Conam Meriadec, jeune seigneur du sang des rois d'Angleterre, fut le premier qui y régna sous ce titre ; & par une suite de onze monarques légitimes, Daniel Dremruz parvint à ce royaume, qu'il posséda depuis l'an 680 jusqu'en 720.

Les anciennes chroniques du pays racontent des merveilles de ce roi, & des prouesses incroyables qu'il fit pendant son règne ; mais elles n'instruisent pas de sa naissance, ni comment il devint roi de Bretagne. Il y en a pourtant quelques-unes qui le font descendre des comtes de Cornouailles, & qui rapportent qu'ayant épousé la fille d'un seigneur Anglois nommé Rivalon Murmasson, *il en eut une princesse d'une rare beauté*, appelée Aliénore, qui dans sa tendre jeunesse étoit d'une mélancolie si profonde, qu'elle avoit près de treize ans qu'on ne l'avoit pas encore vue rire.

Dremruz qui n'avoit qu'elle d'enfant, & qui l'aimoit avec passion, ressentoit toute la douleur possible de voir sa fille plongée dans cette humeur sombre. Il inventoit tous les jours, pour la divertir, mille nouveaux jeux qui ont depuis passé jusqu'à nous ; tels

que font ceux du muet, du métier à
deviner, du gage touché, des prover-
bes, des propos interrompus, des jalou-
fies, des aveugles, de la folie, &
tant d'autres qui amufent encore aujourd'hui les jeunes gens; mais rien ne
lui réuffit mieux que de faire lire à la
princeffe, des fabliaux, c'eft ce que
nous appelons aujourd'hui des contes
des fées. On s'apperçut qu'Aliénore
prêtoit plus d'attention à cette lecture
qu'à tout autre plaifir; auffitôt les plus
beaux efprits Bretons, fe faifant un mérite de plaire à leur roi en divertiffant
la princeffe, lui apportèrent de nouveaux contes à l'envi l'un de l'autre.

Dremruz, charmé de voir que l'humeur noire de fa fille fe diffipoit peu-
à-peu, venoit régulièrement paffer toutes les foirées dans l'appartement d'A-
liénore : c'étoit en fa préfence que
chaque auteur lifoit fon ouvrage, &
que, fuivant qu'il méritoit l'approba-

tion de la princeſſe, on le tranſcrivoit, & on le mettoit dans un recueil auquel Aliénore *donna elle - même le titre de Soirées Bretonnes , parce que c'étoit ordinairement les ſoirs qu'on lui fai-ſoit cette lecture. Enfin , après un temps conſidérable , la princeſſe fut entière-ment guérie de cette mélancolie & en eut l'obligation à ces fabliaux , ainſi qu'il eſt marqué dans leur préface.*

Au reſte , je n'ai pas cru devoir les ſéparer par ſoirées , ni mettre les ré-flexions qui ſont à la fin de chacun de ces contes , comme cela eſt dans l'ori-ginal. La ſimplicité de ces diſcours au-roit certainement ennuyé le lecteur , qui prendra plus de plaiſir à lire ces contes ſans interruption. S'il eſt content de ceux-ci , j'en ai pluſieurs autres tirés du même manuſcrit , dont je lui ferai part dans la ſuite.

LES SOIRÉES
BRETONNES.

Il y avoit autrefois un prince, nommé Engageant, qui régnoit dans l'Arabie Heureuse. Il étoit parvenu au trône par une longue suite d'ancêtres, qui avoient toujours été l'amour de leurs peuples, & dont la mémoire étoit si chère, qu'on la célébroit tous les ans par des jeux magnifiques qu'on faisoit en leur honneur. C'étoit en cette occasion qu'une brillante jeunesse s'efforçoit de mériter l'approbation de son prince, qui distribuoit lui-même les prix aux vainqueurs. Ils pratiquoient dans ces espèces de carrousels tout ce qui s'exécute dans les véritables combats ; ils y exprimoient même les voix, les plaintes & les cris des combattans, sans oublier leurs chutes, leurs morts & leurs victoires. Le peuple, qui regardoit ces jeux comme une véritable image de la guerre, attendoit ce jour avec une extrême impatience. Les malades avoient coutume de se faire porter aux fenêtres, trouvant le foulagement de leurs maux dans la vue de ces fpectacles ; & les femmes groffes fe mêlant dans la foule , étoient charmées de voir pour quel prince elles devoient mettre au monde des citoyens ; en un mot , la joie étoit ordinairement fi générale , qu'elle parvenoit jufqu'aux plus miférables , & que les efclaves même, oubliant la dureté de leur condition , s'imaginoient être libres, tant l'excès de cette commune joie faifoit d'impreffion fur leurs cœurs !

Le jour que l'on avoit choifi pour cette cérémonie étoit enfin arrivé ; les facrificateurs apprêtoient déjà leurs couteaux pour égorger les victimes ; le lieu où devoit fe faire le facrifice, & enfuite les jeux, étoit rempli d'un nombre infini de perfonnes de toutes fortes d'états, & l'on n'attendoit que la préfence du prince Engageant, lorfque fes principaux officiers, qui le cherchoient depuis la pointe du jour, vinrent avec trifteffe annoncer au druïde que ce monarque ne fe trouvoit ni dans fon appartement, ni dans fon palais. Comme il étoit adoré de fon peuple, on fit promptement une recherche exacte dans tous les lieux où le prince pouvoit être ; & l'on fut dans une conflernation générale de n'en apprendre aucune nouvelle. Il ne paroiffoit pas naturel qu'il eût difparu volontairement dans une conjonéture où fa préfence étoit le plus bel ornement de la fête, & que fes domeftiques les plus affidés ignoraffent la raifon de cette abfence ; cependant, comme on ne pouvoit en porter aucun jugement certain, ce contre - temps ayant fait différer le facrifice & les jeux, chacun fe retira chez foi avec une extrême douleur dans l'ame.

Les principaux de l'état & les chevaliers de diftinétion, qui étoient perfonnellement attachés à ce monarque, fe faifant un mérite de découvrir ce qu'il pourroit être devenu, fe difpersèrent pour aller le chercher, avec promeffe de revenir à un jour nommé s'ils n'en apprenoient aucune nouvelle. Ce temps écoulé, & tous les chevaliers de retour, fans avoir tiré aucun fruit de leurs voyages, on ne douta point que le prince Engageant n'eût été privé de la vie par quelqu'accident très-étrange ; & l'on réfolut fur ce trifte fondement de lui dreffer un cénotaphe magnifique, pour marque de l'extrême regret que l'on avoit de fa perte. Ses fujets, qui s'étoient tous revêtus d'habits lugubres, pleuroient véri-tablement un fi bon prince, qui ne leur laiffoit point de poftérité, & déclarèrent tout haut que jufqu'à ce qu'ils euffent des nouvelles certaines de fa mort, ils ne re-connoîtroient aucun fouverain. Pendant cet intervalle, ils donnèrent l'adminiftration de l'état à trois perfonnes différentes, favoir au plus proche prince du fang, au grand druïde, & à un vieillard d'entr'eux, dont la probité, le défintéreffement & la fageffe leur étoient parfaitement connus, & char-gèrent ces trois miniftres du foin des funé-railles de leur roi.

Tout étoit déjà préparé pour la pompe funèbre ; l'on avoit conduit les victimes à l'autel, & le druïde avoit le bras levé pour facrifier une brebis noire, lorfque l'on en-tendit tout-d'un-coup de grands cris d'allé-greffe, qui furent caufés par la préfence de l'aimable prince que l'on avoit cru ne re-voir jamais. Une joie extrême fuccéda à la plus fombre trifteffe ; & Engageant charmé de la bonté du cœur de fes fujets, & de la tendreffe générale qu'ils lui témoignoient,

les

les en remercia dans des termes fort énergiques, & assemblant autour de lui des principaux de son royaume : si je différois davantage, leur dit-il, à vous raconter la cause de mon absence involontaire, je croirois ne pas répondre à la joie que vous faites paroître de mon heureux retour. Ecoutez des événemens presqu'incroyables.

H I S T O I R E

Du prince Engageant.

LE jour que l'on devoit rendre les devoirs funèbres aux rois mes prédécesseurs avoit à peine commencé à paroître, que me levant sans éveiller aucun de ceux qui étoient auprès de moi, je résolus, en attendant l'heure de la cérémonie, d'aller faire un tour dans la forêt des daims ; je traversai les jardins seul avec mon arc & mes flèches, & sortant par une porte dont j'avois la clef, j'entrai dans cette forêt ; quoique je fusse à pied, j'y poursuivis quelques bêtes ; & sans y penser je m'écartai tellement des routes ordinaires, que je ne pus

jamais retrouver mon chemin. Je conçus
bien l'inquiétude où l'on feroit de mon
abſence ; mais après avoir marché cinq ou
ſix heures, m'appercevant que je m'égarois
toujours de plus en plus, je me repoſai
de laſſitude au pied d'un arbre fort épais ;
la chaleur du jour m'aſſoupiſſoit, & j'allois goûter les douceurs d'un tranquille
ſommeil, lorſque je fus ſurpris d'entendre
près de moi la voix d'une dame qui chantoit avec beaucoup de méthode & d'agrément. Je me levai auſſitôt, & reconnoiſſant cette dame pour être la fée Fleurie, je l'abordai avec reſpeĉt. J'allois lui
témoigner la joie que j'avois de la rencontrer, & la prier de faciliter mon retour au palais, lorſque la fée Terrible,
ſa tante, ſurvint en ces lieux ; elle m'a-
borda d'un air fort grâcieux, & s'infor-
mant de moi pour quel ſujet j'étois ſeul,
& dans des lieux ſi écartés, je lui racontai
comment je m'étois égaré en chaſſant. Il
ne nous ſera pas difficile de vous remettre
dans votre chemin, me dit cette perfide
fée ; mais, prince, n'auriez-vous pas beſoin
de rafraîchiſſement ? Alors me préſentant
une coupe de criſtal de roche garnie d'or,

elle y versa une liqueur rouge, dont l'odeur me fit croire que c'étoit du vin exquis. J'étois altéré d'avoir tant marché, & sans prendre garde aux signes que me faisoit la fée Fleurie, je bus cette liqueur à longs traits; mais à peine eus-je vuidé la coupe, que je sentis tous mes membres s'engourdir, & qu'une épaisse nuit me couvrant les yeux, je tombai dans une espèce de léthargie. Cette cruelle fée alors, pour se venger sans doute du refus que j'ai fait autrefois d'épouser une laide princesse qu'elle avoit mise sous sa protection, me prit par les cheveux, & me transporta tout endormi dans une espèce de grotte profonde & épouvantable, qui ne tire du jour que par un soupirail inaccessible. L'on appelle cette triste prison la tour de l'exterminée, parce que c'est-là que la fée enferme ceux qu'elle veut faire périr.

Je fus surpris à mon réveil, qui arriva quelques heures après, de me trouver dans ce lieu affreux; & ayant repris mes esprits, je jugeai bien que la fée Terrible n'avoit pas dessein de m'épargner. Ces tristes réflexions m'occupoient entièrement, lorsqu'une foible lueur du jour qui baissoit, me fit

appercevoir dans le même cachot, un grand
ferpent ou dragon aîlé, qui paroiffant jeter
fur moi des regards furieux, m'épouvanta
horriblement. J'étois fans armes, & ne pouvant éviter la mort, que je m'imaginois que
ce monftre alloit me donner à tous momens,
j'étois prêt, pour ne point languir dans cette
cruelle attente, de m'y offrir moi-même,
lorfque je vis une petite niche où je pouvois
me mettre à l'abri du ferpent. Je m'y retirai
promptement, & j'y paffai la nuit dans
des frayeurs mortelles.

Le lendemain matin, dès que le jour qui
entroit par le foupirail m'eut fait voir plus
clairement cet épouvantable animal qui fe-
couoit fes aîles & fa queue dont il faifoit
trembler la caverne, je jugeai qu'il s'ap-
prêtoit à me tirer de lieu où j'étois, & à me
dévorer; mais heureufement il ne fortit pas
de fa place. Je paffai encore quelques heures à examiner ce monftre avec attention;
il ne faifoit aucun mouvement qui ne me
fît friffonner d'horreur, & je crus enfin voir
mon dernier moment, lorfque le dragon
s'étant tout d'un coup élevé, plâna quelque
temps par la caverne, & s'abbatit enfuite à
mes pieds. Ma frayeur redoubla alors; mais

je fus surpris qu'au lieu de me faire aucun mal,
il se mit à lécher une pierre noire, dont paroiffant réjoui, il retourna à son gîte jusqu'au
lendemain à pareille heure, qu'il recommença le même exercice, & qu'il continua
les jours suivans, sans que j'ofaffe sortir
de mon trou. Cependant la faim me pref-
fant, je réfolus de me procurer la mort,
puifqu'auffi bien je ne pouvois la fuir. Je
quittai donc mon afyle en tremblant ; le
dragon me regardoit faire, fans abandonner
fa place, & fembloit prendre part à ma
mifère. Je me baiffai enfin fur cette pierre
noire, croyant que ce monftre horrible lui
auroit communiqué le venin dont il devoit
être rempli ; & dans l'efpérance d'être bientôt délivré de tous mes maux, je la léchai
comme je le lui avois vu faire ; mais dans
le moment même je fentis, avec furprife,
que l'horreur de la faim que je fouffrois fe
paffoit, que mon eftomac étoit entièrement
foulagé, & que mon corps reprenoit de
nouvelles forces. J'eus quelque frayeur de
ces effets furprenans ; fi miférable que l'on
foit, l'ufage de la vie paroît toujours doux ;
je commençai à croire que le venin pouvoit

tellement réfroidir la chaleur naturelle, qu'il me procureroit bientôt une prompte mort, qui ne me parut cruelle que dans le moment que je m'imaginai qu'elle s'approchoit ; mais ces craintes s'étant passées avec le temps, je me souvins que j'avois autrefois ouï parler à la fée Fleurie de la pierre raffasiante, & je conclus avec joie qu'il falloit que ce fût cette pierre.

Cette nouvelle découverte me donna l'espérance de sortir quelque jour de l'affreuse demeure où j'étois, puisque j'y trouvois de quoi vivre, malgré les cruelles intentions de la fée, & que le serpent, loin de me faire aucun mal, me donnoit tous les jours de nouvelles marques de bienveillance & d'amitié, par ses caresses réitérées. Ce ne fut pas sans appréhension que j'y répondis les premiers jours, mais ensuite je m'apprivoisai tellement avec ce monstre, que la nuit il m'échauffoit en se couchant auprès de moi.

J'avois remarqué qu'il voloit tous les jours à la même heure vers le soupirail de la grotte, où il restoit attaché assez longtemps. Je ne m'étois pas apperçu que peu-à-peu il en rongeoit la pierre ; & je fus

surpris il y a neuf ou dix jours de voir
que le trou étoit devenu affez large pour
qu'il pût y paffer tout le corps. En effet,
il en fortit le matin, & me laiffa feul dans
cette effroyable caverne. La compagnie la
plus affreufe paroît douce, dans l'état miſérable où j'étois, & l'abfence du dragon, que
je n'efpérois plus qui dût revenir, m'ayant
réduit au défefpoir, je réfolus de me laiffer
mourir de faim, & je ne m'approchai point
pendant cinq jours de la pierre raffafiante.
Enfin j'étois près d'expirer, lorfque je le
vis rentrer dans la grotte. Ce pauvre animal paroiffant m'exciter à prendre la fuite
avec lui, s'élevoit à tous momens vers le
foupirail, me tendoit fa queue, & me la
lançoit autour des jambes. Ces careffes,
fouvent réitérées, me donnèrent courage;
& prenant tout d'un coup mon parti, je m'y
attachai fortement. Le dragon alors m'en
ayant lié de manière que, quand j'aurois
voulu m'en débarraffer, il m'auroit été impoffible de le faire, m'enleva avec lui,
fortit par l'ouverture qu'il s'étoit faite lui-
même, & m'arracha ainfi du miférable
cachot où j'aurois fini mes jours. Enfuite
m'ayant tranfporté dans l'air pendant quel-

ques heures, il me mit doucement à terre, auprès d'une efpèce de cabane de berger.

J'étois en très-mauvais état, mes forces fe trouvoient entièrement épuifées par une longue diète, & je croyois n'avoir plus que quelques momens à vivre, lorfque je vis le ferpent s'éloigner encore de moi. Cette feconde féparation m'accabla, je tombai dans une foibleffe qui auroit terminé ma vie, fi une bonne vieille qui m'apperçut dans le danger, n'eût été promptement chercher du fecours à la maifon voifine ; elle me tourmenta tellement, qu'elle me fit revenir de l'état où j'étois, & me préfenta une grenade pour me réjoüir le cœur. Vous favez que j'aime beaucoup ce fruit. Je le portois à ma bouche, quand le ferpent, qui s'étoit retiré, accourant à tire-d'aîles avec des fifflemens affreux, fe jeta fur moi, m'arracha ce fruit d'entre les mains, & le dévora fur le champ. J'avois été fi effrayé que j'étois retombé évanoui; mais quelle fut ma furprife, quand je me reconnus, de ne plus trouver à mes côtés que la dépouille du ferpent, & d'y voir à fa place la plus charmante perfonne que l'on puiffe s'imaginer ? Mon étonnement

Vous savez que j'aime beaucoup ce serai.

C.P. Marillier, Del. L. Croutelle, Sculp.

furpa
étran
t-il l
mon
poir
les
l'af
vo
fil
fo
p
a

7

furpaffa la crainte que j'avois eue. Par quelle étrange aventure, m'écriai-je, fe trouve-t-il ici une divinité, fous les écailles d'un monftre horrible! & quelle grâce n'ai-je point à lui rendre, puifque, fuivant toutes les apparences, c'eft elle qui m'a tiré de l'affreufe prifon où je devois périr! Si je vous ai fauvé la vie, reprit cette aimable fille, vous venez de me rendre ma première forme; ainfi nos obligations font affez réci-proques. Moi, lui dis-je, & comment ai-je été affez heureux pour contribuer à une chofe que j'aurois voulu acheter aux dépens de mes jours? Vous allez l'appren-dre, pourfuivit-elle; écoutez-moi feulement avec attention. Cette belle perfonne prit alors la parole, & commença ainfi fon hiftoire.

HISTOIRE

De la princeffe Adreffe.

JE fuis fille du roi des pays Imaginaires, & de la reine des Idées creufes. Ma mère, après plufieurs fauffes couches, me mit au monde avec le secours de la fée Légère, qui lui servit de sage-femme. Elle me doua en naissant de toutes les perfections du corps & de l'esprit, & me nomma Adresse, parce qu'effectivement je devois être fort adroite. J'avois atteint déja l'âge de seize ans, lorsque ma beauté faisant du bruit dans le monde, le roi Habile me fit demander en mariage. On ne faisoit rien dans nos états, sans le conseil de la fée Légère. Elle ne nous quittoit presque point ; mais malheureusement, dans le temps que les ambassadeurs du roi Habile arrivèrent, elle étoit allée accorder un différend entre deux jeunes fées qui l'avoient choisie pour arbitre ; & comme on ne savoit où apprendre de ses nouvelles, mon père, de peur de manquer un parti qui lui paroissoit très-avantageux, m'accorda sur le champ, & me fit partir quelques jours après pour aller trouver mon époux. Quoique le roi Habile fût fort vieux, & que j'eusse beaucoup d'antipathie pour cette union, je fus contrainte d'obéir en victime de la politique, & notre mariage se conclut sous les auspices de la répugnance & du dégoût. Mais quand l'heure de se coucher fut venue, & que je me trouvai fur le point de confommer le facrifice, je m'avifai tout d'un coup d'un expédient qui me fut fans doute infpiré par la fée Légère. Je me préfentai devant le roi : fire, lui dis - je, puifqu'il a plu à votre majefté, par une faveur particulière, de me choifir pour fon époufe ; je la fupplie de m'accorder une grâce, pour le prix de ma virginité. Je fais que ce que je vais demander peut tirer à conféquence, mais je croirois n'être pas digne de la tendreffe d'un fi grand prince, fi, dans un jour aufi folemnel, je n'en recevois qu'un refus.

Ce monarque, qui m'aimoit ardemment, & qui ne s'attendoit pas à ce que j'allois lui propofer, m'affura par tout ce qu'il y a de plus facré, qu'il n'étoit rien que je n'obtinffe de lui. Sire, lui dis-je, fouvenez-vous que les promeffes des rois font inviolables ; je fouhaite donc qu'en votre monnoie, mon nom & mon portrait foient gravés à côté du vôtre. Je n'eus pas plutôt achevé de parler, que le roi fronçant le fourcil : vous aviez raifon, me dit-il, de croire que cette grâce fût difficile à obtenir, je ne m'imaginois pas que vous

puſſiez avoir aſſez de préſomption pour exiger des prérogatives dont tous mes pré-
déceſſeurs ont été ſi jaloux, & vous devez
ſavoir qu'en ce pays-ci les ſceptres ne ſont
jamais tombés en quenouilles ; ainſi je vous
conſeille de choiſir toute autre choſe. Sire,
lui repartis-je avec fermeté : vous êtes un
roi très-puiſſant, mais vous êtes encore plus
juſte que vous n'êtes grand : vous vous êtes
lié par des ſermens horribles, que vous ne
pouvez enfreindre ſans appréhender la punition des dieux vengeurs des parjures ; &
quelque pouvoir que vous ayiez ſur moi,
ſoyez ſûr que je ne ſerai jamais votre femme,
qu'après avoir obtenu ce que vous ne pouvez plus me refuſer. Eh bien, me dit alors
le roi, d'un ton aſſez bruſque, je vous
l'accorde, mais à une condition dont vous
ne viendrez peut - être pas à bout ſi facilement. Faites apporter votre arc & vos
flèches, nous tirerons chacun trois coups ;
& ſi vous emportez la victoire ſur moi,
je ne réſiſterai plus à vos injuſtes prétentions. Je me ſoumis volontiers à cette
épreuve, & nous nous rendîmes ſur - le-
champ dans une grande gallerie, au bout
de laquelle le roi fit poſer un aſſez petit

baſſin d'argent ſur un piédeſtal & à la lumière des flambeaux. Il me dit que c'é-toit-là notre but, mais qu'il y falloit tirer à l'aventure, parce que cet exercice devoit ſe faire dans l'obſcurité. On ôta donc toutes les clartés ; & le roi, qui en avoit fait ſou-vent l'eſſai, tira trois coups, qui furent ouis diſtinctement par le bruit que firent les flèches, en touchant le baſſin. Il étoit au comble de ſa joie. Faites-en autant, ou mieux, me dit-il : vous entendez ce que je viens d'exécuter. Sire, lui répondis-je, deux ſens valent mieux qu'un, & le plus exquis en jugera. Ayant alors pris mon arc, je tirai ma première flèche, qui ſe fit bien entendre dans le baſſin. Le roi en fut étonné ; mais il crut avoir bientôt lieu de ſe réjouir, lorſqu'ayant décoché les deux autres, elles ne rendirent non plus de ſon que ſi elles avoient paſſé fort loin du but. Eh bien, me dit le roi, en riant de toutes ſes forces, qui a gagné? Il faut voir, lui répondis-je, la vue en décidera mieux que l'ouïe. Que l'on apporte donc des lumières, puiſqu'elle nous chicane, s'é-cria-t-il. Nous allâmes alors viſiter le but & les flèches ; celles du roi avoient chacune fait leur paffage à travers le baffin ; mais les miennes, dont la première feule avoit fait du bruit, n'avoient fuivi qu'une même voie. J'avois fi bien adreffé mes coups, que les deux autres avoient paffé par la même ouverture, ce qui étoit caufe qu'elles n'avoient pas paru frapper le baffin.

Le roi fut très-confterné à cette vue ; il ne put difconvenir que l'honneur de la victoire ne me fût dû : cependant, ne voulant rien relâcher de fa grandeur, & croyant qu'il y alloit trop de fa gloire d'en communiquer la moitié à une femme, il ne jugea pas à propos de m'accorder fitôt ma demande. Permettez-moi, belle princeffe, me dit - il, d'éprouver encore votre habileté, & de voir fi vous foutiendrez votre nom avec autant de juftice que vous l'avez fait jufqu'à préfent ; mais il eft trop tard pour cela, il faut remettre la partie au grand jour.

Je me retirai alors dans un appartement éloigné de celui du roi, & j'y paffai la nuit avec inquiétude jufqu'au lendemain, qu'on vint m'avertir qu'il m'attendoit.

Dans les jardins du palais étoit la ftatue d'un des ancêtres du roi Habile, tenant un sceptre à sa main ; le roi commanda qu'on ôtât ce sceptre, & qu'on mit à la place une orange ; puis me l'ayant montrée, il me dit que si je pouvois si bien tirer que j'ôtasse cette orange, & la remisse à sa place sans qu'elle touchât la terre, il ne s'opposeroit plus à mes desirs. Je lui répondis alors que j'étois prête à l'effectuer, si lui - même, qui passoit pour le prince du monde le plus adroit, en pouvoit venir à bout. Le roi, qui en avoit fait l'épreuve plusieurs fois, ayant pris une flèche trèsdéliée, la tira avec tant de précision, qu'il enleva l'orange, & que la flèche qui la traversoit, tomba plantée en terre, ayant l'orange près de ses plumes. Ensuite l'ayant arrachée du lieu où elle étoit, il la renvoya en l'air avec tant d'habileté, qu'elle retomba dans l'anneau que formoit la main de cette statue, sur laquelle l'orange étant restée, elle vint seule, par sa pesanteur naturelle, se rendre perpendiculairement au-dessous de la statue.

Ceux qui avoient admiré les coups faits dans l'obscurité, s'étonnèrent encore plus de ceux-ci ; & applaudissant à l'habileté du roi, lui témoignèrent leur joie par des

battemens de mains & des acclamations
dont le refrain marquoit qu'il étoit inutile
que j'effayaffe de tirer après le prince ; que
je devois me confeffer vaincue, & me dé-
partir de mes demandes préfomptueufes.
Doucement, repris - je, meffieurs, avant
de juger fainement cette queftion, il faut
entendre les deux parties. Le roi vient de
faire de beaux coups, j'en conviens, mais
j'efpère que le mien ne leur cédera pas.
Alors, m'étant pofée directement fous la
ftatue, j'ordonnai mon coup avec tant de
juftefse, que la flèche paffant dans l'ouverture de la main, emporta dans les airs
l'orange avec foi ; puis ayant fourni fa
carrière, elle fe retourna, & étant revenue
tomber à plomb au même endroit par où
elle avoit paffé, elle y laiffa l'orange, &
fe ficha en terre auprès de la flèche du
roi. Les courtifans qui venoient de lui ap-
plaudir, il n'y avoit qu'un moment, ne
purent difconvenir que je ne l'euffe fur-
paffé, puifque j'avois fait d'un feul coup
ce qu'il n'avoit pu exécuter qu'en deux.
Mais le roi, au défefpoir d'être vaincu,
& cherchant toujours l'occafion de reculer
l'effet de fes promeffes, me pria de vou-

loir fur-le-champ venir à la chaſſe avec lui, pour pouſſer à bout mon induſtrie, me jurant que ſi j'exécutois ce qu'il m'alloit propoſer, il ne feroit plus aucune difficulté de condeſcendre à mes volontés.

Nous entrâmes dans la forêt, & j'étois à ſes côtés, lorſque nous apperçumes un cerf qui venoit à nous fort lentement : voilà, me dit le roi, la dernière preuve que je vous demande de votre adreſſe. Vous voyez ce cerf ; ſi vous pouvez d'un ſeul trait lui percer l'oreille gauche & le pied de derrière du même eôté, je ne réſiſte plus à vos deſirs. N'eſt-ce que cela, ſire, lui dis-je en riant : je ſuis donc ſûre d'obtenir bientôt toutes les prérogatives dûes à ma naiſſance. Alors ayant ramaſſé une petite balle de terre, que j'ajuſtai à l'un des bouts de mon arc, qui étoit creuſé en forme de houlette, je la lançai droit en l'oreille gauche du cerf qui, ſentant le fretillement que la balle lui fit en ſe briſant, s'arrêta tout court, & du pied de derrière du même côté, ſecoua cette pouſſière qui l'importunoit. Il étoit dans cette attitude lorſque, ſans perdre de temps, je décochai une flèche ſi juſte, qu'elle lui enfila l'oreille

& le pied. Le roi fut tellement furpris de ce dernier trait, qu'il demeura immobile. Nous revînmes au palais, fans qu'il proférât une feule parole ; aucun de fes courtifans n'ofa entreprendre de le tirer de l'humeur noire dans laquelle il étoit plongé, & je commençai à me repentir de lui avoir fait connoître que j'étois en droit d'obtenir par mon induftrie ce que fon cœur ne devoit pas me refufer avec tant d'obftination.

A peine fûmes-nous de retour au palais, que ce prince, feignant d'être fatigué de la chaffe, entra dans fon appartement, & m'ordonna de me retirer dans le mien ; fon amour alors s'étant converti en rage, il envoya chercher la fée Terrible, qui par hafard étoit à fa cour, & m'abandonnant à cette cruelle perfonne, il la pria inftamment de le défaire de moi à quelque prix que ce fût.

La fée exécuta fes ordres avec joie ; c'étoit une trop belle occafion de fignaler fa malignité pour la laiffer échapper. Elle prit auffitôt la forme d'une de mes dames d'honneur, vint me fervir à table ; & m'ayant verfé à boire d'une liqueur pareille à celle qu'elle vous a fans doute donnée dans la forêt des daims, je m'affoupis peu de temps après. Comme on attribuoit l'extrême envie que j'avois de dormir à la fatigue que j'avois eue tout le jour, on me conduifit dans mon appartement, & on me coucha ; la fée fe trouvant feule avec moi, profita de ce moment pour m'enlever. Elle me porta à l'entrée d'un bois, où prononçant quelques paroles barbares, elle me jeta d'une eau rouffe fur la tête, & me changea en dragon, tel que vous m'avez vu. Tu n'en es pas quitte pour avoir cette exécrable forme, me dit-elle, je vais te mettre dans un lieu dans lequel tu invoqueras fouvent la mort, fans qu'elle vienne à ton fecours. Alors, par la vertu de fes charmes, elle me précipita dans la tour où elle vous a enfermé depuis, & dans laquelle plufieurs miférables princes ont péri par le feul caprice de cette fée cruelle.

Le roi Habile, ainfi que je l'ai appris de la fée Légère, contrefit fort l'affligé, quand on lui vint dire le lendemain qu'on ne me trouvoit pas dans mon appartement. Il me fit chercher par tout fon

royaume, & fit croire au roi mon père,
qu'ayant eu de l'averfion pour le mariage,
j'avois apparemment trouvé le moyen de
m'échapper.

Mais revenons à la bonne fée Légère,
dont l'abfence avoit été caufe de tous mes
malheurs. Quand elle apprit à fon retour
de quelle manière les chofes s'étoient paf-
fées, elle fe douta qu'il y avoit quelque
myftère là-deffous : elle confulta fes livres,
& ayant appris avec douleur que j'étois
fous la puiffance de la fée Terrible, elle
alla la trouver, pour en obtenir ma grâce.
Cette barbare fut inexorable ; tout ce que
je puis faire pour vous, ma chère fœur, lui
dit-elle, c'eft que la princeffe, au lieu de
finir fes jours dans la tour de l'exterminée,
comme je l'avois réfolu, n'y reftera que
trois ans & un mois, pourvu que pendant
ce temps elle acquierre l'amitié d'un prince
qui, fans en être détourné par fa laideur,
foit prêt à mourir de regret de l'avoir perdue, après quoi elle recouvrera fa première
forme, en mangeant par hafard un fruit
qui porte le nom d'un grand royaume, &
qu'elle arrachera au prince qui doit la délivrer de cet affreux état, & l'époufer après
plufieurs aventures.

Aimable princeſſe , m'écriai - je alors, puiſque voilà la prédiction accomplie par la grenade que vous m'avez ôtée des mains, ſerois-je aſſez heureux pour ne vous point trouver rebelle aux ordres du deſtin ? Je n'ai point héſité à vous donner mon cœur dès le premier moment que je vous ai vue ; & ſans attendre que vous m'euſſiez déclaré la volonté des dieux , je n'étois déjà plus à moi-même. Je vous ſais bon gré , prince , me dit-elle, de la paſſion que vous me témoignez ; mais ne donneriez-vous point à la reconnoiſſançe ſeule des ſentimens que je voudrois ne tenir que de l'amour. Je la raſſurai contre des ſoupçons ſi injuſtes, par des proteſtations ſinçères de l'aimer toute ma vie. La princeſſe me crut. Enſuite après avoir appris d'elle que la fée Légère , qui la venoit voir tous les jours dans la priſon, l'avoit inſtruite de tout ce qui devoit ſe paſſer, & avoit conduit elle-même cette affaire; elle me dit encore, qu'avant d'accomplir un hymen qui devoit nous combler de bonheur, nous étions deſtinés l'un & l'autre à rompre un en-chantement extraordinaire. Voici , conti-nua-t-elle, de quoi il s'agit.

La ville de Sobarre dépend de l'empereur des Songes, qui y fait sa résidence, & qui se nomme le prince Fantasque, à cause de son humeur bisarre qui efface une partie de ses bonnes qualités. Il y a environ six mois que, sur un léger soupçon qu'il auroit pu éclaircir s'il n'avoit point trop écouté sa colère, il sacrifia à son ressentiment trois princes d'un mérite distingué, & fit enfermer sa fille dans une prison horrible, avec le dessein de l'y faire périr cruellement ; mais les Dieux ont eu pitié de leur innocence.

Les apparences sont quelquefois trompeuses, & les choses ne nous paroissent souvent criminelles, que parce que nous les regardons avec des yeux préoccupés. L'empereur Fantasque ne voulut pas s'instruire de la vérité que l'un de ces princes s'efforçoit de lui faire connoître, & les Dieux, pour le punir de cette prévention cruelle, ont ordonné au mensonge de le punir par les endroits les plus sensibles. Ce dieu chimérique, engendré de l'illusion & de la malice, s'est acquitté en peu de temps des ordres supérieurs qu'il a reçus.

L'empereur se promenoit un matin avec grand nombre de courtisans sur le bord de la mer, au moment que le soleil commence à paroître, lorsqu'on vit tout d'un coup s'élever du côté de l'orient une grande main étendue, qui le long du jour demeura stable ; tous les habitans de Sobarre accoururent pour voir un phénomène si extraordinaire, chacun en parloit diversement ; & les astrologues qui y étoient les plus embarrassés, cherchoient vainement les raisons de ce prodige. Enfin, au soleil couchant, cette barbare main s'élançant sur le bord du havre, y empoigna un des princes du sang, que la curiosité avoit fait rester en ce lieu, ainsi que l'empereur : & après l'avoir ravi en la présence de tout le peuple, elle le précipita au fond de la mer. L'on fut surpris d'un événement aussi tragique, & l'on déplora fort le sort de la malheureuse victime que la main avoit choisie. L'empereur, qui aimoit beaucoup sa famille, en fut très-touché, & sa douleur redoubla le mois suivant. Lorsqu'il vit que, malgré les armes défensives que l'on employoit, cette main fatale s'élançant jusques dans les cours & les jardins du palais, y enlevoit alternativement un prince ou une princesse du sang, qu'elle jetoit ensuite dans la mer, & qu'elle continuoit ce cruel exercice tous les premiers jours de la lune.

C'est cet enchantement que nous devons travailler à détruire ; mais nous devons nous munir auparavant *de la statue de Vérité, & du miroir de Sagesse*, qu'il nous faut chercher avec soin, & que nous n'acquérerons qu'après plusieurs travaux étranges.

Charmante princesse, lui dis-je alors, nous avons trop éprouvé l'un & l'autre quel est le sort des malheureux, pour différer plus long-temps de travailler à rendre à l'empereur de Sobarre la tranquillité qu'il a perdue. Partons donc, sans attendre davantage, & livrons-nous à notre glorieuse destinée.

Je n'en espérois pas moins de votre courage & de votre générosité, répartit Adresse ; mais avant de rien entreprendre, il faut que vous vous fassiez voir à votre peuple, qui vous croit mort. Vous me reviendrez trouver ensuite dans le palais

de

de la Gaieté, qu'occupe la fée Légère, & c'est là que nous recevrons les instructions nécessaires pour venir à bout de nos desseins.

Voilà de quelle manière me parla la princesse ; & ce ne fut qu'avec un extrême regret que je pus me résoudre à me séparer de cette charmante personne, à qui je témoignai encore avant que de m'éloigner, que je faisois consister mon unique bonheur à lui plaire. Je ne suis pas insensible à vos feux, me dit-elle, mais il faut exécuter les ordres que j'ai reçus de la fée. Alors elle me conduisit vers une espèce de barque dont un petit amour étoit le patron, & ce dieu m'a amené jusqu'ici pour vous tirer d'inquiétude, & préparer ce qu'il me faut pour un voyage qui, selon les apparences, sera d'un fort long cours.

Le prince Engageant ayant ainsi raconté ses aventures aux grands de son royaume, ils les trouvèrent fort surprenantes, & bénirent mille fois la princesse Adresse, d'avoir tiré leur roi du triste cachot, où sans elle il auroit fini ses jours. On fit des réjouissances publiques & des facrifices pour en remercier les Dieux : & ce monarque ayant enfuite mis ordre à fon royaume , dont il laiffa l'adminiftration à ceux que fon peuple avoit déjà choifi en fon abfence , il retourna fur le bord de la mer , où fa barque étoit à l'ancre. Le petit amour qui commençoit à s'impatienter , le querella fort de l'avoir fait attendre fi long-temps ; & ayant pris auffitôt la route du palais de la Gaieté , il y aborda en peu de jours. Partez, mes chers enfans , leur dit la fée Légère, après les avoir embraffés tendrement , foutenez avec courage les dangers qui vous font préparés , ce feront autant de degrés qui vous conduiront à un bonheur parfait; les biens les plus long-temps attendus font les plus charmans , & l'on ne fait les goûter dans toute leur pureté , que lorfqu'on les a acquis avec peine. Que la fageffe foit toujours le principe de vos actions , ne faites rien d'indigne d'elle ; craignez les dieux , fecourez les miférables , & foyez fûrs qu'en fuivant ces préceptes , je ne vous abandonnerai jamais dans le befoin.

La fée les conduifit enfuite dans un

vaiſſeau magnifique, fait d'un bois très-rare, dont les voiles étoient parſemés des chiffres de ces deux illuſtres amans, & tous relevés en broderie d'or & de ſoie ; enſuite, après leur avoir fait de tendres adieux, elle fit mettre promptement en mer.

Le vaiſſeau d'Engageant & d'Adreſſe, après environ quinze jours d'heureuſe navigation, tiroit vers l'iſle de Sobarre, lorſ-que les vents devinrent tout d'un coup con-traires. Il s'éleva une tempête furieuſe, un épais brouillard répandit un voile ſi obſ-cur en plein midi, qu'on ne voyoit ni le ſoleil ni la mer. Cet élément perfide, agité par le vent & par l'orage, mugit effroyablement ſous le poids du vaiſſeau ; l'air fut perpétuellement allumé d'éclairs, le ciel tout en feu retentit d'épouvanta-bles tonnerres ; la mer s'élève, & touche preſque au ciel ; un moment après, elle précipite ſes flots comme dans un abîme, dans lequel il paroît que le vaiſſeau va s'engloutir ; les cris des matelots, le fré-miſſement des ondes, empêchent d'enten-dre ce que le pilote commande ; les vents ſont ſi furieux qu'on ne peut pas faire la manœuvre ; la mort inévitable se présente de tous côtés ; mais lorsque le prince & Adresse croyoient toucher à leur dernière heure, la mer s'appaise enfin, & devient plus tranquille ; le vent s'abat entièrement, les flots ne sont presque plus en mouvement, & un air doux & salutaire, qui succède au temps le plus affreux, fait presque oublier le péril dans lequel on étoit un moment auparavant. Comme le vaisseau avoit été très - maltraité pendant douze heures qu'avoit duré ce terrible ouragan, on fut obligé de relâcher vers l'isle la plus prochaine pour le radouber ; mais à peine le prince & la princesse y avoient - ils mis pied à terre, qu'ils se virent environnés d'une affreuse quantité de lions qui vinrent se jeter sur eux. Engageant, effrayé du danger où se trouvoit Adresse, lui fit promptement un rempart de son corps, & mettant le sabre à la main, résolut de mourir à ses yeux, ou de la délivrer de ce péril. Malgré toute la bravoure de ce prince, ils alloient bientôt servir de curée à ces monstres furieux, si un habitant de cette isle ne fût accouru à leur secours. D'abord que cet homme parut, les lions épouvantés par sa seule présence ayant pris la fuite avec des rugissemens épouvantables, se retirèrent dans les bois. Ah ! généreux chevalier, lui dit Engageant, est-il des termes assez forts pour vous marquer l'excès de ma vive reconnoissance ? Mais je me trompe, ce n'est point à un homme que je dois un secours si extraordinaire ; & je ne puis regarder, avec trop de respect, une divinité pour laquelle les animaux les plus farouches ont de la vénération. Il alloit à ces mots se prosterner à ses pieds lorsque cet inconnu l'arrêta. Qu'allez-vous faire, brave étranger, lui répartit-il ? ce n'est qu'aux dieux qu'on doit des soumissions de cette nature ; & c'est les offenser, que d'en rendre à un simple mortel comme moi. Qui que vous soyez, dit alors la princesse Adresse qui avoit eu le temps de se remettre de sa frayeur, nous vous devons la vie, & nous ne perdrons jamais le souvenir de la générosité que vous venez de faire paroître à notre égard. Hélas ! madame, repartit l'inconnu, en versant quelques larmes que le souvenir de ses malheurs lui arrachoit ; loin d'être un

Dieu, je ne suis qu'un prince malheureux, exposé dès ma plus tendre enfance aux assauts de la fortune ; & j'aurois été moi-même dévoré par ces cruels monstres, à mon abord en cette isle, si je ne m'étois servi promptement d'une recette que je tiens d'un habile philosophe. Il y a six mois & plus que je languis dans cette affreuse demeure ; & si vous êtes touchée des maux d'un homme accablé de tristesse & de douleurs, permettez que je m'embarque avec vous ; quelque route que vous teniez, je m'estimerai toujours heureux d'être sorti d'un pays affreux, où la mort se présente à tout moment devant mes yeux. Engageant & Adresse, attendris par les plaintes de l'inconnu, furent charmés de pouvoir sitôt reconnoître le bienfait qu'ils venoient d'en recevoir. Ils lui témoignèrent la joie qu'ils avoient de diminuer ses peines en l'emmenant avec eux ; & après avoir fait promptement réparer le tort que la tempête avoit fait à leur vaisseau, ils s'éloignèrent avec une extrême satisfaction d'une terre où les uns & les autres ne pouvoient, sans trembler, se ressouvenir d'avoir abordé. A peine fut-

on en pleine mer, que la princeſſe, cu-
rieuſe de ſavoir les aventures de leur libérateur, le pria de les leur raconter.
L'inconnu ne pouvant lui refuſer ce plaiſir, parla auſſitôt en ces termes.

HISTOIRE

Du prince Bel Eſprit, & de la princeſſe
Brillante.

MON père s'appelle le roi Jugement; il
épouſa la princeſſe Mémoire, de laquelle
il eut trois fils dont je ſuis l'aîné. On me
nomma Bel Eſprit, mon ſecond frère
Entendement, & le troiſième Langue d'Or.
Nous avions tout lieu d'être contens de
notre deſtinée, lorſqu'il prit tout d'un coup
fantaiſie à notre père de faire divorce avec
la reine. Comme cette princeſſe ne méritoit pas un pareil traitement, elle en
mourut de douleur, & nous laiſſa tous
dans une affliction extrême. Mon père qui
commençoit à ne plus l'aimer, l'oublia
bientôt tout-à-fait pour épouſer la princeſſe Chimère, veuve du prince des Fous;

& non content de s'être ainſi méſallié, il voulut encore nous faire épouſer les trois filles qu'elle avoit eues de ſon premier mari; l'une s'appeloit Sans-Cervelle; l'autre, Etourdie; & la troiſième Caquette.

Quoique nous ne fuſſions encore que des enfans, lorſque le roi Jugement nous propoſa de nous unir avec les trois princeſſes Chimériques, nous montrâmes tant de répugnance, que loin d'avoir pour elles & pour la reine leur mère les moindres égards, nous ne leur témoignâmes jamais que de l'averſion & du mépris. Cette conduite nous fit ſouvent eſſuyer des réprimandes de notre père qui, voyant enfin que nous avions atteint l'âge de dix-huit ans, & les princeſſes celui de treize, réſolut de conclure, malgré nous, nos mariages avec elles.

Sans Cervelle m'avoit déjà fait une déclaration dans toutes les formes, & loin de me cacher des ſentimens que les autres filles ont tant de peine à avouer, & que la pudeur leur fait ſouvent ſe cacher à elles-mêmes, elle fit auprès de moi toutes les avances néceſſaires pour me perſuader qu'elle étoit extravagante au dernier degré.

Etourdie tourmentoit tous les jours mon frère Entendement ; il n'y avoit ni fens ni fuite à fes difcours importuns ; mais ils tendoient toujours à lui faire connoître la paffion qu'elle avoit pour lui.

Et Caquette rompoit tellement les oreilles de Langue d'Or, par des médifances de toutes les dames de la cour, s'attribuant à elle feule la fageffe d'une Lucrèce, & la conduite d'une Pénélope, que mon frère fatigué de fes ridicules entretiens, nous propofa un jour à Entendement & à moi, de nous éloigner d'une cour dans laquelle le roi s'oublioit fi fort, qu'il étoit l'objet de la raillerie de fes voifins.

Il ne nous appartient pas, lui dis-je, de cenfurer la conduite de notre père ; ainfi, mon cher frère, n'en parlons qu'avec refpect ; mais évitons de tomber dans de pareils malheurs, en confentant à des alliances auffi difproportionnées que celles qu'il veut faire de nous avec les filles de Chimère. Fuyons donc un malheureux pays où l'on veut nous faire fervir d'opprobre ; & fous des noms & des déguifemens empruntés, tâchons, par notre feul mérite, d'arracher de la fortune ce qu'elle nous refuse dans notre propre terre.

Ce que j'avois proposé fut reçu d'un commun accord ; nous nous munîmes d'un vaisseau, & nous nous abandonnâmes à notre destinée. Nous ne cherchions qu'à nous éloigner ; ainsi après avoir vogué pendant cinq mois le plus heureusement qu'il se puisse, nous abordâmes à l'isle de Sobarre. L'empereur Fantasque, prince des Songes, qui en fait sa capitale, nous y reçut comme d'illustres voyageurs ; il nous fit tout l'accueil possible, & nous donna des marques de distinction par la manière familière dont il nous traita. Voilà, madame, l'origine de mes malheurs & de ceux de mes frères. A peine vis-je la princesse Brillante, seule héritière de ce grand monarque, que touché de son éclatante beauté, j'en devins passionnément amoureux. L'accès que j'avois auprès de cette princesse, par le plaisir qu'elle prenoit à m'entendre lui réciter des aventures fabuleuses que je feignois nous être arrivées, & dans lesquelles je lui dépeignois des malheurs imaginaires, firent entrer l'amour dans son cœur sous le nom de la pitié. Je m'en apperçus, & croyant ne devoir plus rien déguiſer avec elle, je lui déclarai ma naiſſance. La princeſſe charmée que je puſſe aſpirer ſans inégalité à l'obtenir de ſon père, m'avoua enfin que j'étois le ſeul prince avec lequel elle pourroit s'eſti-mer heureuſe. Un aveu de cette nature redoubla mes ſoins & mon reſpect, & je l'aſſurai d'une conſtance & d'une fidélité à l'épreuve de la mort même.

Je paſſois à la cour pour un fameux botaniſte. En effet, j'avois acquis une con-noiſſance parfaite de tous les ſimples ; & la princeſſe trouvant ce prétexte merveil-leux pour avoir occaſion de m'entretenir plus ſouvent, ſupplia l'empereur de permet-tre que je lui enſeignaſſe la vertu & l'uſage des herbes & des plantes : elle l'obtint aiſé-ment ; ainſi j'étois continuellement à ſes pieds, ſans qu'on pût avoir le moindre ſoupçon de notre intelligence. Déclarez votre naiſſance à l'empereur, me diſoit un jour l'aimable Brillante ; les princes comme vous portent toujours un caractère qui les fait diſtinguer, & je ſuis perſuadée que votre mérite fera la même impreſſion ſur l'eſprit de mon père qu'il a fait ſur mon cœur.

C vj

Eh bien, belle princesse, lui répondis-je, je vais vous obéir; & si je trouve autant de bonté dans l'empereur que la charmante Brillante m'en témoigne, je m'estimerai le plus heureux de tous les mortels. Je lui baisai alors la main, avec les transports de l'amant le plus passionné; & j'étois encore dans cette posture, quand l'empereur, qui vint sans aucune suite à l'appartement de sa fille, nous surprit. Traître! me dit-il, les yeux étincelans de colère, c'est donc ainsi que tu abuses de la liberté que je t'ai donnée? & vous, indigne princesse, vous êtes assez lâche pour commettre des actions aussi. éloignées de votre rang? vous ne le porterez pas loin l'un & l'autre, & je vais vous apprendre à vous jouer ainsi de votre maître.

Je fus si étonné de la présence de l'empereur, que j'en perdis long-temps l'usage de la parole; & lorsque je la recouvrai, je vis la princesse entre les mains des satellites, qui eurent ordre de la conduire dans la fosse des chiens dangereux. Cette triste prison est dans une tour placée au milieu de l'étang Malheureux, ainsi nommé à cause que l'eau en est toujours bouillante, & que du haut de cette tour on y précipite les criminels. On n'y aborde que par une avenue fouterraine, ménagée au-deffous de l'eau, & dont l'entrée eft défendue par le cruel Cubulambuc, fameux enchanteur. Barbare empereur, m'écriai-je, épargne la princeffe, elle n'eft point coupable d'avoir écouté les vœux d'un prince tel que moi. Je fuis fils du roi Jugement; j'ai voulu fonder fon cœur avant que de t'offrir en moi un gendre qui n'eft pas indigne de ton alliance; & fi cette témérité eft condamnable, tourne fur moi feul toute ta fureur.

L'empereur n'ajoutant aucune foi à mes difcours: impofteur, me dit-il, écumant de rage, fi je traite ma fille avec tant de rigueur, tremble pour toi, fachant ce que tu mérites. J'eus beau protefter de notre innocence, & faire appréhender à ce prince que les dieux ne vengeaffent bientôt fa cruauté; il ne m'écouta pas davantage, me fit tranfporter dans un vaiffeau, & donna des ordres qui ne furent que trop rigoureufement exécutés.

Quoique je fuffe le feul coupable en apparence, on comprit mes malheureux frères dans la punition; mais l'on commença par moi à fuivre les ordres cruels de l'empereur Fantafque, & l'on me jeta quelques mois après dans l'île où vous m'avez trouvé feul, & fans armes.

Cette isle s'appelle l'isle des Lions, parce que ces fiers animaux en font les uniques habitans. Selon toute raifon, j'y devois bientôt être déchiré par ces monf-tres, fi en y abordant je n'avois heureufe-ment trouvé fous mes pas un préfervatif fûr contre leur fureur. Je vous ai déjà dit que je connoiffois parfaitement la vertu de tous les fimples, & cette fcience me fauva la vie. Parmi les plantes qui fe préfentèrent d'abord à mes yeux, je diftinguai aifément celle que l'on nomme lionée : j'eus la pré-caution d'en cueillir promptement. Cette plante a la propriété, que fi le lion la rencontre en fon chemin, & qu'il n'y ait point d'hommes en ce lieu-là, il s'en ré-jouit, & fe roule deffus avec plaifir ; que fi au contraire quelque perfonne l'arrache, & en porte fur foi, il arrive, par une antipathie fecrète, que le lion s'épouvante & s'enfuit avec des rugiffemens effroyables.

Voici, continua le prince Bel-Efprit, l'herbe dont il eft queftion : fa feuille, comme vous voyez, eſt longue, découpée par les bords, vermeille, repréſentant en quelque façon la crête d'un coq, d'où ſans doute eſt ſortie l'opinion que l'on a, que le lion fuit la préſence de ce foible animal : & c'eſt avec ce ſecours, que je puis bien appeler divin, que je me ſuis préſervé, & que je vous ai heureuſement ſauvés des dents carnacières de ces monſtres cruels. Au reſte, n'ayant eu aucune nouvelle de mes malheureux frères, je crois qu'on leur aura fait auſſi porter la peine de mon imprudence, & qu'ayant été comme moi expoſés dans quelques pays inhabitables, ils y auront été dévorés, ou feront infailliblement morts de faim, n'ayant pas comme moi la connoiſſance d'une eſpèce d'arbriſſeau dont les fleurs, par le ſeul odorat, peuvent ſoutenir un homme pendant trois jours de ſuite, ſans qu'il ait beſoin d'aucune nourriture. C'eſt par ce moyen que j'ai vécu dans cette iſle affreuſe, toujours occupé de l'adorable Brillante, ſans laquelle je ne puis m'eſtimer heureux.

Le prince Bel-Eſprit ne put achever ſon hiſtoire, ſans donner encore des larmes à la perte de fa princeffe & de fes deux frères. Mais Engageant l'ayant confolé par l'efpérance que les dieux, ayant pitié de leur innocence, les préferveroient d'une mort cruelle qu'ils n'avoient pas méritée ; il quitta quelques momens de fi triftes réflexions , pour regarder une efpèce d'isle, dont les bords étoient tous couverts de vipères d'une groffeur prodigieufe; le vent les y pouffoit, malgré l'induftrie des pilotes, & ils ne favoient comment éviter ces dangereux animaux, lorfqu'ils apperçurent dans un efquif une fort aimable dame qui vint pour les reconnoître. Elle avoit avec elle un jeune homme parfaitement bien fait, qui n'eut pas plutôt jeté les yeux fur le prince Bel-Efprit, qu'il s'écria avec tendreffe : ah! mon cher frère, eft-il poffible que ce foit vous que je retrouve, après avoir perdu pour toujours l'efpérance de vous revoir? En effet, c'étoit le prince Entendement, que l'on avoit tranfporté dans l'isle des Vipères par ordre de l'empereur des Songes ; & qui ayant eu le bonheur de plaire à la princeffe Viperine , reine de cette isle , en avoit été préfervé des piqûres venimeufes de ces animaux.

L'on peut aifément juger de la joie que ces princes eurent de fe revoir, & des marques réciproques de tendreffe qu'ils fe donnèrent, étant alors en fûreté dans la compagnie de Vipérine qui commandoit à ces dangereux reptiles. Les princes avoient trop d'empreffement de favoir les aventures l'un de l'autre, pour tarder plus long-temps à s'en inftruire. Bel-Efprit ayant raconté les fiennes, à-peu-près comme il l'avoit déjà fait au prince Engageant; Entende-ment prit enfuite la parole.

HISTOIRE

Du prince Entendement & de la princeffe Vipérine.

LORSQUE je vous eus vu abandonné dans l'isle des Lions, & qu'on nous ôtoit à mon frère & à moi la trifte confolation de mourir avec vous, je devins furieux, & donnai des marques fi vifibles d'un violent défefpoir, qu'on fut obligé de me lier. C'eft dans cet état que l'on m'expofa fur le bord de cette isle, pendant une nuit très-obfcure. J'attendois l'heure que les vipères vinffent fe raffafier de mon fang, & je croyois déjà ouïr leurs fifflemens aigus, lorfque mon bonheur voulut que cette princéffe abordât à la pointe du jour vers l'endroit où j'avois été laiffé. Cette isle eft tout-à-fait déferte : & l'unique Vipérine, à qui elle appartient, peut impunément avec fa fuite y faire des defcentes. Elle y venoit heureufement ce matin-là, pour compofer la véritable thériaque dont elle feule a le fecret ; lorfque m'ayant rencontré, elle eut pitié de mon malheur & me fit délier. Elle eut alors la bonté de s'informer de mes aventures, & de fouffrir que je l'accompagnaffe par toute l'isle pendant le féjour qu'elle y fit. Enfuite, ayant accepté ma main pour la remettre dans le même efquif que vous voyez, elle fit prendre la route de fon palais, qui eft à une lieue d'ici, en terre ferme. La princeffe y avoit tout laiffé tranquille en partant, mais elle y trouva bien du défordre à fon retour. Le roi Brutalin, dont les états étoient contigus à ceux de Vipérine, & qui depuis long-temps avoit envie de les joindre aux fiens, profitant de l'abfence de la reine, s'en étoit brufquement emparé, & en avoit chaffé tous fes fidèles ferviteurs ; elle apprit avec douleur une auffi trifte nouvelle. Que vais-je devenir, prince, me dit-elle les yeux baignés de larmes ? & comment pourrai-je furvivre à la perte de mon royaume, qu'un infolent ufurpateur vient d'envahir contre le droit des gens ? Madame, repartis-je avec des tranfports de fureur que je ne pouvois modérer, je vais vous remettre dans vos états ; ou je périrai à la peine ; & le cruel Brutalin paiera cher les pleurs qu'il vous fait verfer. Je partis alors fans perdre un feul moment, & m'étant préfenté devant Brutalin : vous venez, lui dis-je, de commettre une action trop indigne de votre rang, pour qu'elle demeure impunie, il eft encore temps de vous en repentir, en reftituant à la princeffe Vipérine les états dont vous vous êtes rendu le maître par furprife, finon je vous ferai connoître que les dieux m'ont commis le foin du châtiment que mérite votre trahifon. Téméraire ! me dit Brutalin d'un rire forcé, fi j'en croyois ma jufte colère, tu ferois déjà anéanti ; mais j'ai pitié de ton âge ; vas

retrouver ta fugitive princeſſe, & lui témoigner le peu de cas que je fais de tes
menaces. Je crus alors devoir piquer au
vif ce prince brutal, afin qu'il s'engageât
au combat ſans réflexion. Je faiſois quelque cas de ta valeur, lui répartis - je,
mais je vois bien que toute ta bravoure
ne conſiſte que dans la perfidie, & ſe
borne à dépoſſéder une femme de ſes
états. Tu n'es qu'un lâche uſurpateur,
dont je ſaurois bien abaiſſer la fauſſe
fierté, ſi tu oſois meſurer ton épée avec
la mienne.

Brutalin grinçant les dents de rage à
ces dernières paroles, mit le ſabre à la
main, & fondit ſur moi comme un lion.
J'avois trop examiné ſes yeux & ſon viſage, pour ne pas me précautionner contre
ſes coups. Je les parai adroitement ; &
profitant de la fureur qui l'aveugloit, je
lui perçai le cœur du premier coup que
je lui portai.

Les officiers de Brutalin, laſſés depuis
long-temps de ſa tyrannie, & qui n'avoient
exécuté ſes ordres qu'avec regret, lorſqu'il avoit ſurpris la ville capitale de Vipérine, ayant mis bas les armes dès qu'il

le virent mort, en témoignèrent leur joie par des acclamations redoublées; vive la princeffe Vipérine, s'écrièrent-ils, vive fon brave défenfeur; qu'il foit notre roi! qu'elle foit notre reine! & que leur poftérité commande un jour à nos defcendans!

Défavouerez-vous les vœux de ce peuple, m'écriai-je à Vipérine, qui, ayant appris ma victoire, parut dans le moment; & les foibles marques que je viens de vous donner de mon amour pourront-elles quelque chofe fur votre cœur? oui, prince; j'accepte votre nain, me dit-elle en me tendant la fienne; jouiffez d'un bien que vous vous êtes acquis par votre feule valeur; ce royaume vous appartient par droit de conquête légitime; vous y joignez encore celui de Brutilin, que fes fujets remettent à vos pieds. & cette offre m'eft trop avantageufe pour que mon cœur ne foit pas tout-à-fait d'intelligence avec les vœux de ce peuple. Je me jetai alors à fes genoux, que j'embraffai mille fois malgré fa réfiftance. On fit venir fur-le-champ le facrificateur. J'époufai la princeffe parmi les applaudiffemens de toute l'armée; & après avoir fait des largeffes aux foldats & au peuple, nous allâmes goûter les douceurs d'un amour tendre & pur. Mais, mon cher frère, vous n'avez vu jufqu'à préfent que des aventures agréables, je vais maintenant vous en raconter d'autres dans lefquelles je me fuis vû réduit à tout ce qu'il y a de plus affreux, par ma propre indifcrétion, & dont je fuis forti heureufement depuis fix jours.

J'étois un foir dans mon cabinet, où, pour me délaffer d'avoir expédié plufieurs affaires étrangères, je voulus paffer quelques momens à lire ; je pris pour cet effet le premier livre qui fe trouva fous ma main, & ce fit juftement le Traité de la Métempficofe de Pythagore ; ce fameux philofophe, fils d'un habile fculpteur de Samos, avoit embraffé une doctrine toute particulière, & prétendoit que nos ames paffoient fucceffivement dans les corps d'autres hommes, ou dans ceux des bêtes. Comme cette opinion étoit difficile à prouve, il appuyoit fes raifons par des exemples furnaturels, & foutenoit que lui originairement étoit fils du dieu Mercure, qui lui ayant promis de lui accorder ce qu'il lui demanderoit, à l'exception de l'immortalité, il en avoit obtenu de ne rien oublier pendant fa vie & après fa mort de tout ce qu'il auroit jamais fait : que ce dieu lui ayant accordé cette grâce, il fe reffouvenoit parfaitement d'être venu d'abord au monde fous le nom d'Ætalide ; enfuite d'avoir été Euphorbe, foldat troyen, qui fut bleffé à la guerre de Troye par Ménélas. Qu'Euphorbe étant mort, il étoit revenu fur la terre fous le nom d'Hermotine ; qu'après avoir encore paffé par le corps d'un vil pêcheur, il fe trouvoit être enfin Pythagore, & racontoit mille fables qu'il prétendoit lui être arrivées dans les différens états par où il avoit paffé.

Je ne pouvois m'empêcher de rire en moi - même, de toutes ces imaginations extravagantes, & de blâmer l'impudence de ce philofophe. Mais quelle fut ma furprife, de voir dans ce moment la muraille de mon cabinet s'ouvrir d'elle - même, & un vieillard vénérable fe préfenter devant moi? Je penfai mourir de frayeur à cette apparition. Raffurez - vous, mon fils, me dit - il, je ne viens point ici pour vous faire aucun mal ; au contraire, je n'y parois que pour vous défabufer de vos préjugés. Vous doutez donc des principes que j'ai enseignés publiquement avec succès : car je suis le même Pythagore dont vous traitiez tout-à-l'heure les raisonnemens d'absurdes & de ridicules ; mais il est aisé de vous convaincre d'une vérité que je ne vous veux aucun mal de n'avoir pas cru, parce qu'effectivement elle paroît répugner au bon sens. Je vais pour cela vous faire part d'un secret que je n'ai communiqué qu'à mes favoris; mais prenez garde de le confier à qui que ce soit, vous payeriez peut-être trop cher une indiscrétion dont il ne seroit plus temps de vous repentir ; faites-moi venir seulement quelqu'oiseau, tel qu'il vous plaira. Ayant fait sur-le-champ apporter une tourterelle, ce philosophe la prit & me parla en ces termes : ne soyez point surpris, mon fils, de ce que vous allez voir. Je vais tuer ce foible animal, puis son ame étant partie, je coulerai la mienne dans son corps, laissant le mien privé de vie ; & conservant toute ma raison, quoique dans celui d'une bête, je me donnerai carrière, suivant les mouvemens naturels de ce corps étranger. Alors quand je voudrai retourner

dans

dans le mien, ufant du même moyen dont je me ferai fervi fur cette tourterelle, j'y ferai rentrer mon ame, par la vertu de certaines paroles myftérieufes, tirées de la clavicule de Salomon.

Eft-il poffible, lui dis-je, mon père, que l'ame s'allie ainfi à un corps qui n'a point d'union avec elle? oui prince, me dit-il, l'ame eft quelque chofe de fi pur, qu'elle n'occupe point de lieu, tout corps lui eft indifférent, puifqu'elle n'a rien de commun avec la matière dont elle ne fe revêt que comme d'un organe. Vous allez à l'inftant être perfuadé, par vos yeux, de cette vérité. Ayant alors étouffé la tourterelle, il fe coucha à terre, & s'étant incliné fur cet oifeau, il lui infpira fon ame, & laiffa fon propre corps fans aucun mouvement. La tourterelle s'éleva auffitôt, comme étourdie; & ayant enfuite fecoué légèrement fes aîles, elle prit fon vol autour de la chambre. Je reftai dans un étonnement mêlé d'horreur; mais quelque furpris que je fuffe, je ne laiffai pas de confidérer attentivement que la tourterelle en volant, s'arrêta contre la muraille, vers un petit trou du lambris, qu'elle becqueta affez longtemps, puis s'étant venue repofer fur le

XXXII. D

corps du philosophe, & joignant le bec à sa bouche, elle y restitua l'ame qu'elle occupoit, & tombant morte sans retour, Pythagore se leva alors sur ses pieds. Et bien, me dit-il, vous êtes étonné d'un effet aussi singulier. Oui, sans-doute, repris-je. Ce n'est pas tout, continua-t-il. Pour vous faire connoître que j'ai conservé tout mon jugement dans le corps de cet oiseau, vous souvenez-vous de m'avoir vu arrêté contre cette muraille? Je vous donne avis qu'à cet endroit doit être quelque chose de conséquence: car j'ai remarqué à travers d'un petit trou, que le cachet royal est apposé dessus. Je fis aussitôt apporter une échelle, & ayant moi-même levé un morceau du lambris, je vis dans le mur un petit coffret de velours cramoisi, sur la serrure duquel étoit effectivement le sceau royal. Je l'ouvris, & j'y trouvai deux lames d'or, marquées de hiérogliphes qui m'étoient tout-à-fait inconnus. Je priai le philosophe de me les interpréter; & ce grave vieillard, après les avoir examinées attentivement, m'assura qu'elles signifioient que sous la colonne de la salle, qui étoit à côté de mon cabinet, devoit être un grand vase de cryſtal de roche, que la fée Kirille avoit autre-

fois donné à l'un de mes prédéceffeurs qui
l'avoit caché en cet endroit. Je fis fouiller
fous la colonne pendant que Pythagore
m'attendoit dans le cabinet. J'y trouvai
effectivement le vafe rempli de richeffes
immenfes, & parmi lefquelles il y a deux
pièces que j'eftime plus que tout mon royaume; l'une eft une petite figure d'argent,
que l'on nomme la ftatue de Vérité; &
l'autre une bague dans laquelle eft enchaf-
fée une agathe onix, par le moyen def-
quels on découvre sûrement le menfonge
& la flatterie. Voici le rare effet de ces
deux pièces fi extraordinaires. Je fais pofer
la ftatue fur une table, vis-à-vis de celui
qui veut être inftruit de quelque chofe de
douteux; & tournant la bague au-dedans
de la main, l'on interroge la perfonne dont
on fe defie; s'il déguife la vérité, la figure
treffaille, & fe met à rire; & s'il parle con-
formément à ce qu'il penfe, elle ne change
point d'état. Cette ftatue fut faite par le
même négromancien qui conftruifit la fphère
de Léon empereur de Grèce, fur la furface de laquelle on découvroit vifiblement
les confpirations qui fe faifoient contre lui
& fes états. J'ai fait tant de fois l'épreuve
de la ftatue de Vérité, que j'ai éloigné de

ma cour & de ma perſonne le menſonge;
& ſurtout les flatteurs, qui ſont les peſtes
les plus pernicieuſes des rois.

Mais revenons à notre philoſophe; il ne
ſe contenta pas de m'avoir convaincu par
lui-même de la tranſmigration des ames,
il voulut encore m'en donner le ſecret,
comme il me l'avoit promis, & m'ayant
enſeigné les excellentes paroles qui ont cette
vertu, il m'en fit faire l'expérience ſur la
même tourterelle, & diſparut enſuite. Je
remarquai alors l'uſage des aîles & des
organes qui les font agir pour s'élever &
parcourir les airs, & m'étant rendu ex-
pert dans cette ſcience ſublime, j'avois ſouvent le plaiſir de me promener parmi le
peuple ſous quelque forme d'animal qu'il
me plaiſoit, & je m'inſtruiſois ainſi de mille
choſes qui, ſans cela, m'auroient été inconnues.

La reine Viperine fut la ſeule qui ſût que
j'euſſe ainſi le pouvoir de me transformer,
parce que, pendant mon abſence, elle auroit été dans des inquiétudes extrêmes;
mais quoique je lui euſſe raconté toute
l'hiſtoire de Pythagore, elle ignoroit par
quelle vertu j'avois ce pouvoir ſurnaturel.
Heureux! ſi j'avois toujours pu garder un

secret de cette importance, & si, ayant eu la force de le cacher à mon épouse; je n'avois pas eu la foiblesse de le déclarer à un jeune homme dont j'avois fait mon favori. Je reconnoissois en Fourbadin, c'est ainsi que s'appeloit ce traître, une si grande complaisance pour moi, une telle droiture de cœur, & des sentimens si détachés d'intérêt, que j'avois toujours négligé de consulter à son égard la statue de Vérité. Je lui ouvrois souvent mon cœur; & dans un de ces momens de plénitude où j'étois charmé des assurances d'attachement & de respect que me donnoit Fourbadin, je lui déclarai malheureusement le fatal secret qui a pensé me coûter la vie, & lui enseignai les mystérieuses paroles qui communiquent le pouvoir de la transmigration. Nous en fîmes plusieurs fois l'expérience; mais ce traître abusant bientôt de l'aveugle confiance que j'avois en lui, se noircit envers moi de la plus insigne trahison.

Nous étions un jour seuls à la chasse dans un endroit écarté où la bête nous avoit conduit; lorsque rencontrant deux renards, Fourbadin me proposa de tirer dessus, de nous mettre dans leurs corps, & de nous donner le plaisir d'aller voler les poules des payſans les plus proches. J'acceptai cette propoſition, ſans m'imaginer que ce malheureux méditoit une action auſſi noire que celle qu'il exécuta. Nous abbatîmes les deux renards, & après avoir attaché nos chevaux à des arbres, je paſſai le premier dans le corps de l'un de ces deux renards. Je m'attendois que mon favori en ſeroit autant. Hélas! quelle fut ma ſurpriſe, de voir qu'au lieu d'entrer dans le corps de cette autre bête, ce perfide s'empara du mien, & montant auſſitôt ſur mon cheval pour rejoindre mes gentilshommes, qui n'avoient pu me ſuivre, leur dit ſans-doute, que Fourbadin venoit de mourir ſubitement. Tout ce que je pus faire dans mon étonnement, ce fut de prendre promptement la fuite, pour éviter la mort que le traître n'auroit pas manqué de me procurer. J'étois ſi effrayé par le bruit que faiſoit la moindre feuille, que je fus le reſte du jour, & toute la nuit ſuivante, errant & ſans oſer m'arrêter en aucun endroit.

Mais il faut retourner à Fourbadin. Ce traître étant revenu le ſoir au palais, y entretint la reine Viperine, à-peu-près comme j'avois coutume de le faire; mais cette princeſſe apprenant la mort extraordinaire de Fourbadin, craignit quelque surprise, & soupçonna que ce pouvoit bien être lui qui se présentoit ainsi sous ma figure. Elle voyoit bien le corps aimé de son roi, mais elle n'y appercevoit pas la même vivacité d'esprit. Les grands crimes sont suivis de remords cuisans, & portent toujours avec eux leur syndérèse. Ce prétendu roi étoit morne, rêveur, & fort distrait. Les courtisans attribuoient sa tristesse à la perte de son favori; mais la reine plus éclairée, & comme inspirée par la nature, sentit une extrême aversion pour ce faux prince. Elle tâcha pourtant de ne lui point faire connoître ses sentimens, & poussa même la dissimulation jusqu'à lui faire quelques légères caresses. Fourbadin étoit charmé de son bonheur; il goûtoit par avance le fruit de sa trahison, lorsque la reine feignant de se trouver très-mal, se laissa tomber comme morte; il parut fort effrayé d'un accident si inopiné, & n'oublia rien pour la faire revenir de cet état. Viperine ouvrit enfin les yeux, & les tournant tendrement vers ce traître: Ah prince! lui dit-elle, que je suis sensible à ce que vous faites paroître pour moi; voilà la deuxième fois aujourd'hui que j'éprouve, à votre sujet, toute la douleur que l'on peut reſſetir. Hélas! mon cher prince, je vous ai cru mort, & cette idée funeſte m'occupe uniquement depuis mon réveil. Je m'étois jeté cet après-midi ſur un lit de repos, pour y dormir quelques heures, lorſque dans le ſommeil, je me ſuis imaginée vous voir entouré de tigres affreux, qui ſe jetoient ſur vous; votre valeur ſuccomboit ſous le nombre. Je voulois vous ſecourir, ou mourir avec vous; mais tous mes efforts étoient inutiles, je me ſentois liée par quelque charme qui m'ôtoit ce pouvoir. Vous étiez tout couvert de ſang; & ces monſtres terribles, acharnés ſur votre royale perſonne, me faiſoient reſſentir une douleur ſi violente, que ne pouvant plus ſurvivre à votre mort, que je croyois certaine, j'ai tiré un poignard dont j'allois me frapper, quand je me ſuis réveillée en ſurſaut. Jugez, ſeigneur, des effets d'un rêve ſi affreux, puiſque voilà deux fois que je retombe dans de pareilles ſyncopes, ſans que votre chère préſence ait pu diſſiper ma frayeur. Mais, ſeigneur, puiſque mes craintes ſe ſont heureuſement trouvées vaines, j'eſpère que vous ne voudrez point vous oppoſer à l'exécution d'un vœu que j'ai fait en me réveillant; en cas que mon ſonge ſe trouvât faux, il n'y a rien que vous ne foyez en droit d'obtenir de moi. Madame, lui dit Fourbadin, vous connoiffez trop l'empire que vous avez fur mon cœur, pour en douter un feul moment. Eh bien, reprit la reine, puifquè vous m'affurez de votre complaifance, permettez donc que je me retire avec mes femmes feulement, pendant quarante jours, dans le temple des Veftales, fans qu'aucun homme, pas même votre majefté, puiffe approcher de moi. Voilà, feigneur, ce que j'ai promis aux dieux. Je vais leur tenir ma parole.

Fourbadin fut extrêmement furpris de cette demande; c'étoit autant le défir de pofféder la princeffe dont il étoit amoureux, que l'ambition de régner qui lui avoit fait commettre cette lâche trahifon; mais quoiqu'il vît fes deffeins reculés de quarante jours, par les engagemens qu'il venoit de prendre avec la reine, il n'ofa pas manquer à fa parole, de peur de faire foupçonner la vérité; ainfi Viperine fe retira dans le temple, pendant que le fantôme de roi s'occupoit depuis le matin jufqu'au foir à exterminer tous les renards qu'il pouvoit découvrir. Il voyoit bien la faute qu'il avoit faite en me laiffant vivre; mais les crimes, dans

D v

le moment qu'on les exécute, aveuglent tellement l'esprit, qu'on ne pense point aux suites qu'ils peuvent avoir.

A mon égard, je vous ai déjà dit que j'avois été si troublé, lorsque je m'apperçus de la perfidie de mon favori, que fuyant précipitamment du lieu où cette tragique scène venoit de se passer, je ne songeai qu'à éviter les poursuites de mon ennemi. Je ne marchois que de nuit, encore n'étoit-ce qu'en tremblant; j'appréhendois toujours de tomber dans quelque piége, le corps me frissonnoit au moindre bruit, & je vécus dans ces frayeurs mortelles pendant un mois entier. J'avois à la fin choisi une tanière fort écartée, où je me retirois, sans oser presque m'en éloigner, lorsqu'un matin, à la pointe du jour, comme j'en sortois pour aller chercher la pâture, je rencontrai le remède à tous mes maux, au pied de l'arbre où j'avois fait ma retraite. C'étoit une petite perruche morte d'une flèche qui lui traversoit le corps. Je ne puis vous exprimer quelle fut ma joie à cette vue. Mon premier soin fut de lui arracher cette flèche avec les dents; & ayant ensuite ranimé promptement le corps de cet aimable oiseau, je pris mon vol vers le palais; j'y appris que la reine étoit chez les Vestales, où elle vivoit dans une extrême retraite. Je m'y transportai dans le moment ; & l'ayant trouvée qui se promenoit dans les jardins, je vins familièrement me percher sur son épaule, où je lui dis les plus jolies choses du monde.

Viperine fut charmée que le hasard lui en-voyât un si bel oiseau. Il sembloit effective-ment que la nature se fût réjouie, en fai-sant celui dont j'occupois le corps : j'avois la tête & la queue du plus beau couleur de feu que l'on pût voir, les aîles vertes, mou-chetées de gris de lin, & le ventre blanc comme de la neige. La reine me porta dans son appartement où je faisois son unique oc-cupation. Je tâchois de la réjouir par mes discours badins ; mais quelques amitiés qu'elle me fît, je la trouvai si triste pendant que je fus avec elle, que je fus tenté plusieurs fois de lui découvrir qui j'étois. Je résolus cependant d'en attendre l'occasion favora-ble, qui ne se présenta que la veille du jour qu'elle devoit sortir de la maison des Vesta-les. Plus le terme approchoit, plus son cha-grin paroissoit redoubler. Enfin cette aima-ble princesse voyant qu'elle n'avoit plus qu'une nuit à demeurer dans cet asyle, ne put s'empêcher de découvrir ses soupçons à une de ses dames d'honneur, qui avoit toute sa confiance, mais à qui pourtant jusqu'alors elle avoit caché son secret. Ma chère Faraïda, lui dit-elle, en versant des larmes avec abondance, conçois quelle est l'horreur des maux que je ressens : j'aime tendrement le roi mon époux, & cependant j'appréhende, plus que la mort, de lui donner des preuves de ma tendresse. Celui qui régne à présent dans ces lieux, & que tout le monde prend pour le prince Entendement, n'est assurément pas un monarque légitime ; je m'en apperçois à la répugnance extrême que je ressens à le voir. C'est sans-doute le traître Fourbadin, qui par des moyens que je ne puis t'expliquer, ayant pris la forme de mon époux, qu'il a peut-être lâchement assassiné, se présente ainsi à nos yeux. J'ai reculé jusqu'à présent l'effet de ses désirs, dans l'espérance d'apprendre des nouvelles de mon cher prince ; & voilà le quarantième jour achevé, sans que j'aie pu obtenir des dieux qu'ils m'éclaircissent sur ce point ; mais je les atteste, ces mêmes dieux, que l'on aura plutôt ma vie, que de me tirer de ce lieu sacré avant que mes soupçons soient entièrement dissipés.

Quelle joie ne reſſentis-je pas, continua Entendement, d'apprendre par cette tendre confidence, que le traître Fourbadin n'avoit pû exécuter qu'une partie de ſes perfides deſſeins, & que la reine m'avoit entière-ment conſervé ſon cœur ? J'en penſai mourir de plaiſir, & croyant ne devoir plus cacher à la reine que j'étois ce cher époux dont elle pleuroit la perte ſi amèrement, je lui racontai de quelle manière mon ſcélérat de favori m'avoit traité. Je ne puis vous ex-primer quels furent les tranſports de la prin-ceſſe ; elle me les témoigna par les careſſes les plus touchantes ; & après nous être réci-proquement donné des marques d'une ten-dreſſe exceſſive, nous réſolûmes de punir Fourbadin de la manière que vous allez l'entendre.

A peine le jour commençoit-il à paroî-tre, que ce perfide étant venu reprendre la reine, la conduiſit à ſon palais ordinaire. Nous n'y fûmes pas plutôt arrivés, que la reine qui trouvoit les momens précieux, lui parla en ces termes : il ſemble, mon cher prince, que je ſois née pour être agi-tée par des ſonges affreux, où vous avez toujours la plus grande part. Je n'ai fait autre choſe pendant ma retraite ; & cette nuit même encore, j'ai reffenti à votre fujet toute l'affliction poffible. Je fongeois que vous ayant priée de vous mettre, pour l'amour de moi, fous la figure de quelque oifeau, ainfi que vous avez coutume de le faire, vous vouliez me donner des marques de votre complaifance, mais inutilement en faifiez-vous l'effai. Vous aviez perdu un fecret fi rare, & je tâchois vainement de vous confoler de la douleur que vous m'en témoigniez, lorfqu'un vieillard affreux, tel à-peu-près que le philofophe que vous m'avez dit vous être autrefois apparu, s'eft tout d'un coup montré à nous, armé d'un cimeterre. Il alloit vous en frapper, lorfque m'étant jetée au-devant de fes coups, ce malheureux vieillard m'a abattu le bras droit, dont j'ai reffenti dans l'ame une fi grande douleur, que je me fuis réveillée dans le moment, toute épouvantée d'un préfage auffi finiftre.

Fourbadin tâcha en vain d'affurer la princeffe qu'il n'y avoit rien de plus trompeur qu'un fonge; elle s'obftina à feindre d'y ajouter foi, & ce malheureux ne pouvant la détromper de fes fauffes préventions: eh bien, madame, lui dit-il, il faut donc vous convaincre d'erreur par vos propres yeux; faites apporter tel oifeaux qu'il vous plaira, je vais vous faire voir que je poffède encore mon fecret : mais fans aller fi loin, j'en vais faire l'épreuve fur votre perruche. En même temps il fe faifit de moi, & m'alloit tordre le col, lorfque la reine tranfportée de fureur, fe jeta à corps perdu fur lui, & m'arrachant demi-morte de fes mains fcélérates : Ah! feigneur, s'écria-t-elle, qu'allez-vous faire? cet oifeau eft la chofe du monde que je chéris le plus, après votre augufte perfonne, & j'aimerois autant renoncer à ma curiofité, que de le perdre. On va vous préfenter une autre bête, & l'on apporta auffi-tôt un oifon. La reine avoit choifi exprès cet animal, parce qu'ayant le jugement très - tardif, l'ame de Fourbadin feroit longtemps dans ce corps avant que de pouvoir ufer de fes propres fonctions, & nous donneroit le temps d'exécuter nos deffeins.

Ce perfide favori avant alors étouffé l'oifon, & s'étant difpofé, comme je le lui avois enfeigné, fit entrer fon ame dans le corps de cette fotte bête qui en fut fur le champ animée, & fe promena par la chambre. Et la reine s'étant mife auffi-tôt entre ce ftupide animal & le corps qui étoit étendu sur une espèce de sopha ; je m'élançai promptement dessus, & par la vertu d'expiration, & d'inspiration, j'y fis entrer mon ame, qui en avoit été si cruellement séparée, & je me levai sur mes pieds. Le traître Fourbadin fut bien étonné à cette vue, & se repentant trop tard de la complaisance fatale qu'il venoit d'avoir, il chercha à s'envoler pour fuir le juste châtiment qu'il méritoit : mais la reine avoit trop bien pris ses mesures, tout étoit clos, il ne put éviter la vengeance de cette aimable princesse. Imposteur, lui dit-elle, il est temps que ta perfidie reçoive sa peine. Alors ayant fait prendre l'oison, elle le fit mutiler par tous les membres, & ordonna qu'il fût ensuite jeté dans une chaudière d'huile bouillante, où il fut consumé sur le champ. Ainsi périt dans des tourmens encore trop doux, ce monstre de trahison & d'ingratitude.

Je répondis, comme vous pouvez croire, avec une extrême tendresse, à tout l'amour que la princesse m'avoit témoigné en cette rencontre, poursuivit le prince Entendement, & je rendis grâces aux dieux de m'avoir préservé du danger que j'avois couru, avec protestation de ne plus me servir du secret de Pythagore, que dans une urgente né-

ceffité, & de ne jamais communiquer à
perfonne les myftérieufes paroles qui me donnent le pouvoir de tranfmigration.

Voilà, mon cher frère, le récit de mes
aventures ; elles font mêlées d'incidens affez
extraordinaires, & comme vous venez de
l'entendre, il n'y a que fix jours que j'étois
encore logé dans le corps d'une jolie perruche, dont je ne ferois peut-être jamais
forti, fans le fecours de cette divine princeffe. Je lui dois la vie de plus d'une manière, & j'en garderai le fouvenir jufqu'au-
delà du tombeau.

A peine le prince Entendement avoit-il fini
fon hiftoire, que le vaiffeau d'Engageant &
d'Adreffe, fur lequel il étoit monté avec la
reine Viperine, aborda à la capitale de leurs
états. Entendement fe fit un plaifir d'y recevoir fon frère, & ceux qui l'accompagnoient,
avec toute la magnificence poffible. On leur
fervit une collation fuperbe dans un vafte
fallon dont la mer battoit le pied des murs.
Après qu'on eut deffervi, le prince Bel Efprit, qui n'avoit pas voulu interrompre fon
frère dans le cours de fon hiftoire, prit ainfi
la parole: tout ce que vous venez de nous
raconter eft merveilleux, mon cher Entendement ; mais permettez-moi de fufpendre

les réflexions que l'on peut faire sur des aventures aussi particulières que les vôtres, pour vous demander si vous êtes encore possesseur de la statue de Vérité. Oui, mon cher frère, répondit Entendement. Que je suis donc heureux ! reprit le prince, vous avez appris que la princesse Brillante étoit enfermée par un ordre cruel, dans la tour des Chiens dangereux ; mais vous ignorez qu'à peine l'empereur des Songes eut fait exécuter ses barbares volontés, qu'il parut sur la ville de Sobarre une main terrible qui, depuis ce temps enlève un homme ou une femme de la famille royale, tous les premiers jours de la lune ; c'est ce que nous a raconté la princesse Adresse, que la fée Légère a destinée, avec le prince Engageant, à rompre cet enchantement dont ils ne peuvent venir à bout qu'après avoir trouvé la statue de Vérité & le miroir de Sagesse. J'espère, mon cher frère, que possédant cette statue, vous voudrez bien nous la confier, puisque ce n'est qu'après avoir délivré l'empereur Fantasque de cette main fatale, que je puis espérer de revoir l'aimable Brillante. Que je suis charmé, mon cher prince, reprit Entendement, de pouvoir si facilement contribuer à votre bonheur ! Oui, vous

pouvez à votre gré difpofer non-feulement
de cette ftatue, mais encore de tout ce que
je poffède; ma reine y voudra bien confentir.

Viperine témoignant au roi qu'il étoit le
maître abfolu, envoya auffi-tôt chercher la
ftatue de Vérité pour la remettre entre les
mains d'Engageant. Mais quelle fut la furprife du prince Entendement, & de fon
illuftre époufe, lorfqu'on leur vint dire qu'elle
ne fe trouvoit plus dans le tréfor ? Ah !
malheureux que je fuis, s'écria ce prince ;
le traître Fourbadin me l'aura enlevée, ap-
préhendant fans-doute qu'elle ne découvrît
fes impoftures à la reine, & je ne fuis plus
en état d'arracher de lui, par la force des
tourmens, l'aveu de ce qu'il en a fait.
L'on fit auffi - tôt des perquifitions exactes
par tout le royaume, & ce ne fut qu'a-
près bien des peines que l'on découvrit que
ce fourbe l'avoit vendue une fomme très-
confidérable à un marchand étranger qui
étoit parti fans qu'on pût favoir quelle
route il avoit tenue ; ainfi la joie que les
princes avoient eue de fe croire bientôt
poffeffeurs de la ftatue de Vérité fut de
courte durée. On réfolut fur le champ de
s'embarquer pour chercher ce marchand, &
Viperine & Entendement qui voulurent être
de la partie, ayant laiffé à leur place un

vice-roi dont la probité leur étoit connue, montèrent avec Bel Efprit, Engageant & Adreffe, le meilleur voilier qui fût dans le port.

Ces princes furent plufieurs mois fans rien découvrir de la ftatue de Vérité, mais ayant abordé un jour dans l'ifle des Nouvelles, ils y apprirent que celui qui l'avoit achetée de Fourbadin fe nommoit Surfaifant, & qu'après l'avoir voulu vendre des fommes immenfes à plufieurs fouverains, il s'en étoit enfin accommodé avec un prince nommé Brigandor. Ce Brigandor étoit un affez bon roi ; mais il terniffoit toutes les excellentes qualités qui avoit, par un excès de cruauté, fondé fur une malheureufe fuperftition qu'il avoit reçue de fes ancêtres. Il étoit dangereux d'aborder fur fes terres ; il y facrifioit tous les étrangers à une idole qu'il nommoit Sanguine. Cependant nos illuftres voyageurs, foutenus par les promeffes de la fée Légère, n'héfitèrent pas à tourner la proue de leur vaiffeau du côté des états de ce prince ; mais il eft néceffaire de raconter dans quelle fituation ce monarque étoit dans le temps que les princes fe préparoient à entrer fur fes terres ; c'eft ce que l'on verra dans l'hiftoire qui fuit.

HISTOIRE

Du roi Brigandor, des princes Parlepeu & Franchot, & de la princeſſe Bienfaiſante.

Brigandor, roi de l'iſle Farouche, avoit une nièce d'une beauté raviſſante, & qui témoignoit autant d'averſion pour les ſanglans ſacrifices dont je viens de parler, que ſon oncle marquoit d'empreſſement pour les faire exécuter; ſouvent même cette princeſſe que l'on nommoit Bienfaiſante, faiſoit adroitement échapper les malheureux que le vent jetoit ſur leurs terres, & les préſervoit ainſi d'une mort cruelle. Le prince Parlepeu, l'un des fils de Brigandor, faiſoit ſon poſſible pour ſe faire aimer de l'aimable Bienfaiſante; mais elle avoit déjà diſpoſé de ſon cœur, & donné toute ſa tendreſſe au prince Franchot ſo aîné, ainſi nommé à cauſe de ſa franchiſe.

La liberté avec laquelle Franchot parloit au roi ſon père, & la vivacité avec laquelle il lui repréſentoit ſouvent que ſes

cruautés le rendoient l'horreur du genre humain, déplaisoient à Brigandor. Il lui avoit
plusieurs fois imposé silence ; mais ce prince
sans trop s'écarter du respect qu'il lui devoit,
n'avoit pas la force de dissimuler ses sentimens. Cela faisoit que Parlepeu , quoique
son cadet , mais d'une humeur bien opposée à celle de son frère , étoit plus aimé
de Brigandor ; & même , que son père lui
destinoit hautement son royaume & la princesse Bienfaisante , à l'exclusion de Franchot. Ce dernier n'étoit pas insensible à la
gloire , les sentimens qu'il voyoit que son
père avoit pour Parlepeu le firent s'expliquer un peu trop haut ; & Parlepeu ,
voulant s'en venger , & se débarrasser en
même-temps d'un double rival , ne balança
point à chercher les moyens de se défaire
de son frère. Il n'en trouva point de plus
sûr que de lui faire donner un poison lent.
Et ce prince étant aussi-tôt tombé en langueur , sa maladie augmenta insensiblement
à tel point , que l'on appréhenda pour ses
jours.

La princesse Bienfaisante , au désespoir
de voir son amant en cet état, ne le quittoit
pas un seul moment ; les médecins épuisè-
rent leurs sciences , ils ne connoissoient rien

à cette maladie qu'ils traitoient de phtyſie ;
tous leurs remèdes n'opérèrent point la gué-
riſon du prince : & cette malheureuſe victime de la jalouſie n'avoit plus que quelques jours à vivre , lorſque le roi Brigandor , alarmé du péril où étoit Franchot,
paſſa dans ſon appartement. L'état pitoya-
ble dans lequel il le trouva remuant ſes
entrailles , réveillant toute ſa tendreſſe , fit
entrer la pitié dans ſon cœur. Je ne vois
que trop le ſujet de votre maladie , mon
cher fils , lui dit-il , ren l'embaſſant ; l'a-
mour & l'ambition en ſont les principales
cauſes ; vous avez juſqu'à préſent ſouffert
impatiemment la prédilection que j'ai toujours témoignée pour votre frère. Et bien,
il faut vous rendre plus de juſtice ; je vous
donne votre aimable princeſſe , & je vais
de ce pas vous déclarer mon ſucceſſeur.
Franchot , à cette agréable nouvelle , fit
un effort ſur lui-même , & ouvrant des yeux
à demi mourans pour remercier ſon père ,
il n'eſt plus temps , lui dit-il , de m'accorder Bienfaiſante , je vais finir bientôt une
malheureuſe vie , que les douleurs cuiſan-
tes que je reſſens me rendent inſuportable ;
& je vois ſans crainte la pâle mort prête à
trancher le fil de mes jours ; je prie les

Dieux, mon cher père, qu'ils confervent les vôtres, qu'ils oublient les fautes que je puis avoir commifes envers eux. Voilà le feul foin qui m'occupe, & je mourrois fatisfait, fi vous m'affuriez de ne point gêner, après ma mort, les inclinations de la princeffe. Je vous le demande, au nom de tout ce que vous avez de plus cher au monde.

Brigandor attendri par ces dernières paroles, promit au prince Franchot tout ce qu'il venoit de lui demander. Il fondoit en larmes à ce trifte fpectaclé ; Bienfaifante étoit inconfolable : le feul prince Parlepeu, qui étoit préfent à cette trifte converfation, cachoit fa rage & fon défefpoir fous un vifage affligé ; & mafquant fon perfide cœur, paroiffoit fenfiblement touché de la mort prochaine de fon frère.

Le roi Brigandor étoit dans une trifteffe mortelle, rien ne pouvoit diminuer fa douleur, lorfqu'on le vint avertir qu'un vaiffeau fur lequel il y avoit trois hommes les mieux faits qu'on eût jamais vu, & deux femmes d'une beauté exquife, venoit d'entrer dans le port. Voilà, mon cher fils, dit le roi à Franchot, voilà des hofties dignes du facrifice que je vais ordonner pour

votre

votre santé ; & j'espère que la dèesse Sanguine aura quelque reconnoissance de ce que
je vais faire pour elle. Ah ! mon père, s'é-
cria le prince , craignez plutôt la juste colère des Dieux ; & qu'ils ne tirent vengeance de tant de sang humain répandu.
Que je périsse mille fois plutôt que d'être
la cause , quoiqu'innocente , du massacre
de ces malheureux étrangers.

Brigandor , sans écouter les supplications
de son fils, sortit de sa chambre pour faire
arrêter les princes Engageant, Bel Esprit ,
Entendement , & les princesses Viperine
& Adresse; car c'étoit leur vaisseau qui
venoit d'aborder sur les terres de ce cruel
monarque. Ma chere Bienfaisante , s'écria
Franchot, voyant que son père suivoit ses
barbares intentions , veillez, je vous en
conjure , à la sûreté de ces cinq miséra-
bles que le roi va faire périr sans sujet.
Loin de me procurer la santé par ce san-
glant sacrifice , leur mort irritera les dieux
contre moi; je ne suis pas en état de m'opposer à la violence qu'on va leur faire.
Agissez, entreprenez tout pour détourner
le roi d'une action si horrible, & si contraire au droit des gens. Bienfaisante courut
où le prince souhaitoit , elle trouva qu'on

conduifoit déjà au fupplice ces malheureufes victimes, les mains liées derrière le dos.
On les avoit furpris par de feintes careffes,
fans cela, on n'en feroit pas venu à bout
fi aifément. Elle admira leur conftance, &
la beauté des deux princeffes qui les accompagnoient : elle fe jeta aux pieds de Brigandor, lui remontra de la part du prince
ce qui pouvoit le détourner de cette fuperf-
titieufe idolâtrie : & tout ce qu'elle en put
obtenir, fut qu'on différa leur mort jufqu'au
lendemain, pendant lequel temps on les
enferma dans une forte tour. Le prince
Franchot eut grand foin qu'on foulageât
leurs peines, & l'aimable Bienfaifante vint
elle-même les y confoler. Elle ne put s'empêcher de répandre des larmes à la vue
de ces illuftres malheureux. Je périrai, leur
dit-elle, ou je vous tirerai de cette affreufe demeure, & vous rendrai la liberté ;
mais j'imagine un moyen pour y parvenir.
Le prince Franchot touche prefqu'à fon
dernier moment ; que l'un de vous pro-
mette de le guérir par quelque remede inconnu : en allongeant ainfi votre vie de
quelques jours, nous trouverons peut-être
le moyen de vous tirer du péril où vous
êtes. Elle leur apprit alors la maladie du

prince, avec tous les ſymptômes qui l'a-
voient accompagnée. Juſte ciel , s'écria Viperine, qui étoit très-habile en médecine,
voilà toutes les marques d'un poiſon lent!
Oui, charmante princeſſe , le jour ne ſe
paſſera pas , que je n'arrache votre amant
des bras de la mort. En effet, la véritable
thériaque qui dans ce temps-là n'étoit pas
ſi commune qu'elle l'eſt aujourd'hui , &
dont Viperine ſeule ſavoit la compoſition,
étoit un remede immanquable pour Franchot. Elle étoit au comble de la joie, de
pouvoir rendre la vie à un prince ſi généreux à leur égard. Je ne promets rien que
je ne puiſſe bien tenir, continua-t-elle,
voyant Bienfaiſante fort étonnée ; vous pouvez aſſurer Brigandor, que s'il veut permettre
que je voye le prince , & qu'il prenne de ma
main une eſpèce de remède , dont je poſ-
ſéde ſeule le ſecret , je lui rendrai ſa première vigueur , j'en réponds ſur ma vie ;
& ce n'eſt pas le premier que j'aie ré-
chappé d'un état auſſi périlleux. Eh quoi ,
dit alors Bienfaiſante , vous pourriez effectivement guérir mon cher prince , & lui
rendre une ſanté pour laquelle je ſacrifie-
rois volontiers la mienne ? Oui , reprit Viperine ; mais ne perdez point de temps , le

mal preffe, peut-être plus qu'on ne penfe; & les momens font précieux dans la fituation où eft le prince.

Bienfaifante courut promptement trouver le roi : fire, lui dit-elle, fi la vie de votre fils vous eft chère, gardez-vous de faire mourir vos prifonniers, puifque ce n'eft que par leur moyen que vous la lui pouvez conferver. Le prince continua-t-elle, eft empoifonné, fans qu'on fache de quelle main, part un crime fi horrible : & la feule princeffe Viperine que vous tenez dans les fers, eft en état de le préferver d'une mort certaine, fi vous voulez fouffrir qu'elle y apporte un prompt remède. Eh bien, dit brufquement le roi, qu'elle s'en ferve donc au plutôt ; mais, fi elle ne réuffit pas, qu'elle fache qu'elle ne diffère fon fupplice que de quelques heures, & que je la ferai mourir, elle & fes compagnons, dans les plus cruels tourmens.

Bienfaifante vola auffitôt vers la tour, & rompit elle-même les chaînes de Viperine. Cette reine fut bientôt confirmée dans fes préjugés, en voyant le prince Franchot : elle lui fit prendre de fa thériaque qui, ayant eu tout l'effet que l'on en pouvoit attendre, lui rendit en peu de temps une santé parfaite.

Le roi ne se sentit pas de joie à cette nouvelle : il fit aussitôt rendre la liberté aux autres prisonniers : & ayant appris leurs qualités, il se montra plus humain envers eux, que l'intérêt de Sanguine ne le demandoit. Il fut même touché de la beauté d'Adresse : & se reprochant le dessein qu'il avoit eu de la faire mourir avec les autres ; belle princesse, lui dit-il, je ne sais de quel œil vous regarderez un roi cruel qui a été sur le point de vous arracher la vie : mais je n'en suis que trop puni par les remords que j'en ressens depuis que je vous ai vue : je veux réparer cette faute, en cessant une coutume barbare qui me rendoit l'horreur de toutes les nations. Que nos dieux se contentent, s'ils veulent, de sacrifices ordinaires, & qu'ils n'exigent plus de moi que leurs autels fument de sang humain, puisque je déclare aujourd'hui que je ne veux plus sacrifier qu'à vos beaux yeux.

Le prince Engageant, amant d'Adresse, étoit au désespoir d'une pareille déclaration. Il alloit peut-être en marquer son ressentiment, si la princesse qui s'étoit apperçue de l'altération qui paroissoit sur son visage,

E iij

n'eût ainſi répondu à Brigandor : Je m'eſti-
merois fort heureuſe, grand roi, d'avoir
inſpiré à votre majeſté des ſentimens ſi éloignés de ceux dans leſquels elle étoit il y a
quelques momens, ſi je ne devois plutôt
croire que toute la gloire en appartient aux
dieux qui, laſſés de ces ſanglans ſacrifices,
ne nous ont envoyés dans ces lieux que
pour les faire ceſſer. Au reſte, je ſupplie
votre majeſté de ne point exiger de moi
que je réponde à l'amour qu'elle me témoigne. Je ſuis liée par des engagemens ſolem-
nels avec un prince dont la ſeule tendreſſe
fait tout mon bonheur, & la mort la plus
cruelle n'eſt pas capable d'altérer une conſtance que vous trouveriez toujours inébranlable. Eh bien ! charmante princeſſe, reprit
Brigandor, il faut donc aujourd'hui que je
me dépouille de toutes mes paſſions, ſi je
ne puis eſpérer de vous voir ſenſible à mes
feux ; comptez du moins que le reſpect que
vous m'inſpirez m'empêchera de rien entreprendre pour vous détourner de la tendreſſe
que vous avez pour cet heureux prince,
que je ne tâcherai de l'effacer de votre cœur
qu'à force de générofité, & que vous ſerez toujours la maîtreſſe abſolue dans mes
états. Ah ! ſire, dit-elle, ſi ces ſentimens

étoient bien sincères, je prendrois la liberté de vous en demander des marques sur le champ. Vous le pouvez, adorable princesse, continua Brigandor; parlez, vous serez aussitôt obéie. Sire, reprit-elle, puisque votre majesté me flatte d'obtenir d'elle tout ce que je lui demanderai, j'ose la prier d'unir dans ce moment la princesse Bienfaisante avec le prince Franchot, c'est le moins que nous devions à leur généreuse bonté; & l'autre grace, que j'appréhende que vous ne m'accordiez pas si facilement, c'est de rendre au prince Entendement, que voici, la statue de Vérité qu'on lui a enlevée de ses trésors, & dont nous avons besoin pour terminer un enchantement considérable.

A l'égard de votre première demande, je vous l'accorde sans peine, adorable princesse, je ne fais qu'exécuter la parole que j'ai déjà donnée à mon fils; ainsi je déclare dès à présent Franchot mon successeur à la couronne, & lui donne la princesse qu'il aime. Mais, pour ce qui est de la statue de Vérité, hélas! elle n'est plus en ma possession. Je l'avois enfermée dans le palais des secrets, qui est dans une isle située à un quart de lieue d'ici; mais un malheureux géant, nommé Brandagedondon, s'en eſt emparé par ſurpriſe; & comme il eſt roi du pays des Enchantemens, il l'a rendue inviſible à nos yeux. Il y a pourtant un moyen de la recouvrer, cette ſtatue, c'eſt en combattant le géant. On ne peut le faire qu'avec une épée enchantée que m'a envoyée le ſage Lirgando, fameux magicien, & cette épée n'eſt deſtinée qu'à celui qui doit rompre l'enchantement. Mais il n'eſt pas aiſé de s'en ſervir, puiſque, juſqu'à l'heure qu'il eſt, aucun chevalier de ma cour n'a pu la tirer de ſon fourreau. Si les princes veulent en faire l'eſſai, nous connoîtrons par là ſi la fin de cette aventure approche. Les princes s'y offrirent avec plaiſir, & l'on apporta l'épée, dont la garde & le fourreau étoient tous chargés de diamans d'un prix ineſtimable. Bel-Eſprit & Entendement firent, l'un après l'autre, leurs efforts pour l'en tirer; ce ne fut pas ſans chagrin qu'il n'en purent venir à bout. Je ſerai peut-être plus heureux que vous, leur dit en riant le prince Engageant; en tout cas, je ne dois pas avoir de honte de ne pas réuſſir, après que d'auſſi parfaits chevaliers que vous l'êtes l'ont tenté vainement. Ayant enſuite pris l'épée de leurs mains, il la tira du fourreau auſſi facilement, qu'il l'auroit fait de la sienne propre. Mais quel fut l'étonnement de toute la cour ? Dans le moment même, d'épais brouillards, qui avoient caché par enchantement l'isle du palais des secrets, s'étant évanouis par la force de cette épée, firent voir que l'on pouvoit encore aisément y aborder.

Le prince Engageant étoit dans un excès de joie qu'il ne pouvoit modérer ; il vouloit, sans attendre davantage, aller combattre Brandagedondon ; mais le roi l'ayant prié de différer cette entreprise, jusqu'à ce que les noces de Franchot & de Bienfaisante eussent été célébrées, Engageant fut obligé d'y consentir ; &, pour passer le temps dans des exercices convenables à ses inclinations, il résolut, avec les deux autres princes, d'être les tenans d'un tournoi qu'ils voulurent faire en l'honneur de Bienfaisante.

Le roi avoit réglé que le mariage se feroit dans trois jours : il y en avoit déjà un de passé, lorsque le prince Franchot allant le matin à l'appartement de sa princesse, vit accourir vers lui un de ses esclaves tout en sang : ah seigneur, lui dit-il, on enlève Bienfaisante, presque tous vos gardes sont massacrés, & le prince Parlepeu est à la

E 2

tête des ravisseurs. Franchot pensa mourir
de douleur à cette nouvelle. Perfide frère,
s'écria-t-il, je ne reconnois que trop, par
cette dernière action, que c'est toi qui m'as
voulu ravir la vie. Je suis un obstacle invincible à ton exécrable ambition, mais tu
n'échapperas pas à ma juste colère. Il commanda alors qu'on coupât le chemin à ceux
qui enlevoient Bienfaisante, & se mettant
à la tête de tout ce qui se trouva d'officiers,
il vola au secours de sa maîtresse; mais il
n'auroit jamais pu empêcher Parlepeu d'exécuter l'indigne dessein qu'il avoit conçu, si
les princes Engageant, Bel-Esprit & Entendement, qui chassoient par hasard dans la
forêt des chevreuils, n'avoient miraculeu-
sement retardé l'enlèvement de Bienfaisante.
Ces généreux princes entendant les cris d'une
femme à qui l'on faisoit violence, s'en ap-
prochèrent aussi-tôt; mais à peine eurent-
ils reconnu leur libératrice, que, sans songer à la témérité qu'il y avoit d'attaquer
plus de soixante cavaliers, ils ne balancè-
rent pas un moment à sacrifier leur vie pour
une princesse qui la leur avoit conservée
avec tant de bonté. Ils s'opposèrent donc
vigoureusement aux ravisseurs, & s'étant
mêlés parmi eux, ils ne portèrent aucun

coup à faux, fur-tout le prince Engageant
dont l'épée enchantée ralentit bientôt la
fureur des foldats de Parlepeu, qui ne s'attachoient qu'à lui, comme au plus dangereux des trois.

Ces princes, quoique dans un combat
auffi inégal, ne laifsèrent pas de donner le
temps à Franchot de venir à leur fecours.
Ce prince qui marchoit fur la trace des ra-
viffeurs, arriva bientôt avec des troupes
fupérieures à celles de fon frère; mais Parlepeu qui jufqu'alors avoit toujours com-
battu la vifière baiffée, & comme un inconnu, voyant arriver ce prince avec une
fuite nombreufe, fentit redoubler fa rage,
& alla droit à lui. Les trois princes qui virent fon deffein, le fuivirent de près, &
Engageant ayant paré le coup que le perfide
portoit à fon frère, lui déchargea un revers qui fit voler fon épée en mille pièces,
& dans le moment on fe faifit de lui; fes
gardes alors le voyant arrêté, abandonnèrent promptement Bienfaifante, & cherchèrent leur falut dans la fuite. Parlepeu
s'étant fait connoître alors, étonna fort les
trois princes, qui ne l'avoient pas cru capable d'un deffein auffi noir : il tint les difcours d'un défefpéré, & voyant qu'il étoit

à la merci de Franchot, il aima mieux fe procurer une mort violente, que de fe voir réduit à en attendre un généreux pardon ; & avalant fubtilement du poifon, il tomba auffi-tôt dans des convulfions horribles, dont il rendit l'ame, avant qu'on l'eût tranfporté au palais.

Le roi Brigandor ne témoigna pas avoir beaucoup de regret de la mort de ce prince; il ne fit pas même pour cela différer les noces de Franchot, qui témoigna aux trois princes toute la reconnoiffance poffible du fecours qu'il avoit reçu d'eux.

Le mariage fe célébra donc avec toute la magnificence imaginable ; les princes eurent feuls l'honneur du tournoi : ils abbatirent tous les chevaliers de la cour du roi Brigandor, fans qu'aucun marquât de la jaloufie d'avoir été vaincu par ces illuftres étrangers. Enfin toutes ces réjouiffances finies, le prince Engageant fongea férieufement à la conquête de la ftatue de Vérité : le jour qu'il prit pour cette expédition, le roi, fuivi d'une cour nombreufe, l'accompagna jufque fur le rivage. Ce prince étoit prêt d'entrer feul dans une petite chaloupe qui l'attendoit fur le bord de la mer, lorfque Bel Efprit & Entendement lui déclarèrent qu'ils ne l'abandonneroient pas dans une aventure auffi périlleufe. Il combattit long-temps leur réfolution, mais enfin cédant à leur bonne volonté, il fut contraint de fouffrir qu'ils partageaffent avec lui l'honneur ou les dangers qui lui étoient promis ; & après avoir fait de tendres adieux aux princeffes qui reftèrent avec Bienfaifante, en attendant leur retour, & témoignèrent par leurs larmes l'affection qu'elles portoient à de fi beaux chevaliers, ils s'embarquèrent & prirent la route de l'isle du palais des Secrets : le trajet n'étoit pas long, les princes abordèrent bientôt, & à peine eurent-ils mis pied à terre, qu'ils fe virent environnés de monftres horribles ; mais Engageant ayant fait briller fon Epée à leurs yeux, ils fe précipitèrent dans la mer avec des hurlemens capables d'effrayer les plus intrépides. Brandagedondon part dans le moment armé de pied en cap, reffemblant à une haute tour ; il avoit à fon côté deux fauvages d'une grandeur prodigieufe, velus comme des ours, & armés comme lui de maffues de fer. Il fe commença alors entre ces fix combattans un choc terrible, la dextérité des princes l'emportoit fur la force de ces géans. En-

Engageant ne frappoit aucun coup fur Brandagedondon qu'il ne lui tirât du fang ; fes
deux feconds qui n'avoient pas de fi bonnes
épées, mais dont le courage ne cédoit pas au
fien, n'avoient pas tout-à-fait le même avantage, le tonnerre ne faifoit pas plus de bruit
que les coups que fe portoient ces vaillans
guerriers ; & après s'être difputé la victoire
pendant cinq heures de fuite, ils furent obli-
gés, d'un confentement unanime, de faire
une trève de quelques momens, & de fufpendre leur combat jufqu'à ce qu'ils fe fuffent répofés & défaltérés à l'eau d'une fontaine voifine ; mais Engageant plus animé
que les deux autres princes de la réfiftance qu'il trouvoit à vaincre, fans vouloir
boire, ni fe rafraîchir, ne différa le combat qu'autant de temps qu'il lui en fallut
pour reprendre haleine, & le recommença
prefqu'auffi-tôt avec plus de chaleur qu'auparavant. Ce prince ne donnoit pas un
moment de relâche au géant ; cette maffe
énorme ne pouvoit fe remuer avec autant
d'agilité que le faifoit Engageant, qui voyant
que les forces de fon ennemi diminuoient
beaucoup par la quantité de fang qu'il perdoit, profita de fa foibleffe ; & lui ayant
coupé les deux jambes d'un feul revers,

fe jeta fur lui , & lui trancha la tête avec
facilité. Il commençoit à jouir de fa victoire , lorfqu'ayant tourné les yeux du côté
de la fontaine , il y vit les deux princes
dans un extrême péril : ces illuftres chevaliers , échauffés du combat , n'eurent pas
plutôt goûté de cette eau , qu'étant tombés
comme morts , les deux fauvages les char-
gèrent fur leurs épaules & fe précipitèrent
dans la fontaine. Engageant au défefpoir
d'une aventure fi extraordinaire , ne balança pas un moment à les fuivre , & fe jeta
auffi dans l'eau l'épée à la main ; mais au
lieu de fe fentir mouillé , il fut très-furpris
de fe trouver avec les princes dans l'enceinte du palais des Secrets , & de ne plus
voir les deux fauvages , qui n'étoient que
deux fantômes. Ils s'embrafsèrent alors avec
mille marques de joie , & s'avançant vers
la port , ils la trouvent bouchée par une
ftatue d'ébeine d'une figure fort bifarre ,
qu'ils tentèrent vainement d'ôter de cet
endroit, pour s'ouvrir un paffage dans le
palais ; mais à peine Engageant l'eut - il
frappée de fon épée , que s'étant réduite
en poudre , ils en virent fortir un gros
oifeau noir , de la figure d'un corbeau ,
qui en s'envolant remplit les airs de croaf-

femens affreux. Les portes s'ouvrirent auffi-
tôt d'elles-mêmes, & les princes entrèrent
dans le palais. On ne peut exprimer leur
joie d'y trouver, comme ils l'avoient ef-
péré, la ftatue de Vérité, avec la bague
qui en dépendoit : elle étoit pofée fur
une table toute d'or, enrichie de diamans
les plus précieux, & entourée de richeffes immenfes que Brandagedondon y avoit
apportées. Après s'en être rendus les maîtres, ils vifitèrent les lieux avec exactitude,
de peur de furprife, & retournoient au
cabinet de la ftatue, lorfque des plaintes
très-touchantes, qui paroiffoient fortir d'une
efpèce de caveau, excitèrent leur curiofité. Ils allumèrent des flambeaux, & étant
entrés fans crainte dans ce fouterrein, ils
furent furpris d'y voir, à la clarté de plufieurs lampes d'or, & au travers d'un tombeau de marbre tranfparent & diaphane,
deux jeunes chevaliers qui fe poignarderent
l'un l'autre, & dont le fang paroiffoit ruif-
feler de tous côtés. Les princes furent d'autant plus furpris & touchés de ce trifte
fpectacle, que Bel Efprit & Entendement
croyant connoître le fon de voix de l'un
des combattans, & s'en étant approché de
plus près, virent diftinctement que c'étoit

leur frère Languedor qui paroiſſoit expirer
ſous les coups de ſon adverſaire , & leur
demander vengeance de ſa mort prochaine.
Ils étoient ſi troublés d'une telle aventure,
qu'ils ne ſavoient à quoi ſe réſoudre ; lorſqu'Engageant ayant pris avec ſes mains la
pièce de marbre qui couvroit ce tombeau,
la jeta de l'autre côté ; les deux combattans
s'étant auſſi-tôt relevés , ſortirent précipitamment du tombeau , & alloient recom-
mencer leur cruel combat , quand Engageant qui ſe mit entre eux deux , & qui
fit briller ſon épée à leurs yeux , diſſipa
tout d'un coup l'aveugle fureur qui cau-
ſoit leur querelle. O ciel ! s'écria Languedor , comme un homme qui ſort d'un profond ſommeil & qui reconnut ſes frères ,
& ſur-tout le prince Boncœur , ſon parent,
contre lequel il combattoit depuis ſi long-
temps. Quel ſort étoit le nôtre ? Quoi, j'é-
tois deſtiné à vous ôter la vie , ou à recevoir la mort de votre main ; qu'avons-
nous donc fait aux dieux, pour mériter une
auſſi cruelle fortune ? & quelles graces ne
devons - nous point rendre à ces princes
d'avoir fait finir nos principaux malheurs ?
S'étant alors tous embraſſés avec beaucoup
de joie , ils ſe donnèrent des marques ſen-

fibles de la tendreffe qu'ils avoient toujours eue les uns pour les autres. Mon cher frère, dit Bel Efprit à Languedor, le Prince Boncœur & vous devez avoir befoin de repos. On voulût auffi-tôt vifiter leurs bleffures, mais ce qu'il y eut de furprenant, c'eft qu'ils ne fe trouvèrent endommagés en aucune manière; leur combat ne s'étoit paffé qu'en idée par les enchantemens de Brandagedondon ; & s'ils avoient paru tout couverts de fang dans le tombeau, c'eft que le charme n'avoit pas encore été diffipé par l'épée d'Engageant. La joie de ces trois illuftres princes fut infinie de fe retrouver tous, & de poffréder la ftatue de Vérité : ils fe contèrent réciproquement leurs aventures, & quand ce fût le tour de Languedor, ce prince voyant que l'on attendoit avec impatience qu'il éclaircît celle qui venoit de fe terminer heureufement, commença ainfi fon hiftoire.

HISTOIRE

Du prince Languedor & de la princesse Toujoursbelle.

AVANT de vous expliquer les raisons pour lesquelles je dois présumer que nous étions, le prince Boncœur & moi, enfermés dans ce cruel tombeau ; il est nécessaire que je vous fasse le récit des autres aventures qui ont précédé cette dernière, puisque sans cela vous ne sauriez qu'imparfaitement notre malheur commun.

Lorsque je vous eu vus, mes chers frères, abandonnés, l'un dans l'isle des lions, & l'autre dans celle des vipères, je n'eus pas lieu d'espérer un sort plus doux que le vôtre ; aussi fus-je bientôt exposé, comme vous, dans l'isle des flammes, où j'aurois infailliblement péri, sans une protection toute divine.

A peine m'eut-on mis hors du vaisseau, que je ressentis une chaleur extraordinaire & suffoquante. La terre, qui étoit toute en feu, me brûloit déjà la plante des pieds,

& je me voyois prêt d'être confumé en peu de temps, lorfque j'apperçus tout-d'un-coup en l'air un vieillard fort majeftueux. Mon fils, me dit-il en m'abordant, revêtez-vous au plutôt, de l'habit que je vous apporte, & changez vos fouliers contre ceux-ci. J'obéis fur le champ, fans répliquer; & je n'eus pas fitôt endoffé l'habit & chauffé les fouliers, que je ne fentis plus qu'une chaleur tempérée, & que les flammes qui s'exhaloient de la terre, & me brûloient les entrailles, s'écartèrent de moi. Je me profternai aux pieds de mon libérateur; je lui rendis grâce de m'avoir préfervé d'une mort inévitable, & l'affurai que j'étois prêt de facrifier ma vie pour fes intérêts. J'accepte volontiers ces offres obligeantes, me dit ce vénérable vieillard, je n'en attendois pas moins de votre généreufe reconnoiffance. J'ai befoin de votre fecours, & je fuis fûr qu'il me fera utile; mais avant de vous employer pour moi, il eft jufte que vous foyez inftruit de ce qui fait tout le malheur de ma vie.

HISTOIRE

Du sage Famagongoma, de la princesse Froideur, & du prince Cœur-brûlant.

JE suis le sage Famagongoma, roi des Sa-lamandres, & mari de la reine de la mer glaciale. Après une longue stérilité de cette princesse, nous eûmes enfin de notre mariage une fille plus belle que l'on ne dépeint la mère des amours, à qui par la suite nous donnâmes le nom de Froideur, parce que jusqu'à l'âge de dix-sept ans elle avoit paru toujours insensible aux empressemens des plus aimables princes du monde, mais son heure n'étoit pas encore venue. Le fils du roi de l'isle de Flammes nommé Cœur-brûlant, ayant ouï parler de la beauté de cette princesse, s'échappa un jour de la cour de son père, & vint dans la mienne comme un inconnu. Il n'eut pas plutôt vu ma fille, que voulant tout devoir à son propre mérite, & rien à sa naissance, il s'efforça de lui plaire par mille galanteries.

Il ne falloit pas moins qu'un prince tout de feu, pour embrâfer le cœur de la princeffe. Cœurbrûlant fut fi bien s'infinuer auprès d'elle, que lui faifant oubier fon devoir, elle porta bien-tôt des marques de la foibleffe qu'elle avoit eue pour ce prince ; je ne pouvois m'imaginer que l'embonpoint de ma fille procédât d'une caufe pareille ; je croibis trop connoître fon caractère, & encore plus fon tempérament, pour avoir quelque chofe à craindre de ce côté, & pour foupçonner la vertu de la princeffe. Hélas ! l'amour fait payer avec ufure les mépris que l'on a eu pour lui ; c'eft une efpèce de prothée, qui prend toutes fortes de formes pour féduire un jeune cœur, dont la fageffe fembloit le bannir pour toujours ; enfin je ne fus que trop malheurèufement convaincu de mon déshonneur, puifque ma fille mit bientôt au monde un enfant beau comme le jour.

Toute ma prudence m'abandonna en cette occafion ; je me livrai à la fureur, & ma fille gardant un filence obftiné fur cette cruelle aventure, je la fis enfermer dans un cachot, réfolu de la punir de l'injure qu'elle m'avoit faite ; je ne fus pas content que je ne compriffe auffi dans ma vengeance l'auteur de ma honte. Je consultai mes livres, & connoissant que c'étoit ce jeune étranger nouvellement arrivé dans ma cour qui m'avoit déshonoré, je le fis arrêter sur le champ ; il avoua le fait sans s'étonner, & me jurant que son alliance ne pouvoit que m'être avantageuse, offrit d'épouser la princesse ; j'étois tellement aveuglé de colère, & outré de son insolence, que sans vouloir presque l'écouter, je le condamnai à être brûlé vif avec l'enfant qu'il avoit eú de la princesse. Il reçut cet arrêt d'un visage tranquille, & monta sur le bûcher d'un air si intrépide, tenant son fils dans ses bras, qu'il nous fit tous frémir du supplice qu'il alloit endurer, sans qu'il en parût plus ému ; les flammes les enveloppèrent dans le moment, & la fumée les ayant dérobés à nos yeux, on les croyoit réduits en cendres, lorsque le bois étant consumé, ils parurent dans le même état qu'ils y étoient entrés, & en sortirent encore plus beaux qu'ils n'étoient auparavant, sans aucune marque d'avoir été endommagés par le feu. Ma surprise fut extrême ; quel prodige est ceci, m'écriai-je hors de moi-même ? Roi des Salamandres, me dit le jeune homme en m'interrompant, vois si je suis digne de ta fille, & juge de mon origine par mon pouvoir ? Je fuis l'unique héritier du roi de l'ifle des Flammes ; l'amour, comme tu le vois aujourd'hui, fe plaît tellement à joindre enfemble les chofes les plus antipathiques, qu'il a entrepris d'unir le feu & l'eau ; ne me refufe donc pas la princeffe Froideur, puifqu'étant feul capable de fondre la glace dont fon cœur étoit entouré, tu aurois vu éteindre en elle toute ta poftérité.

Nous étions en guerre cruelle avec le père de Cœurbrûlant, continua le vieillard, je crus y mettre fin par ce mariage ; & trouvant beaucoup d'utilité dans cette alliance, j'accordai ma fille à ce prince, avec une joie extrême, & je n'en différai la cérémonie que jufqu'au lendemain.

Le prince Cœurbrûlant fortoit avec pompe du temple de l'hymen, où il venoit d'époufer ma fille ; il la reconduifoit au palais, lorfque des éclairs & un tonnerre effroyable firent paroître le ciel tout en feu. Le prince effrayé devint pâle comme la mort, & embraffant tendrement fon époufe. Ah ! ma princeffe, s'écria-t-il, voilà fans-doute mon cruel père, dont la colère éclate, & qui vient ici pour nous féparer. Dans le moment le roi de l'ifle des Flammes ayant

paru

paru en l'air ; porté fur un chariot tout de feu, fondit fur nous, enleva le prince fon fils, & ma fille ; & après avoir embrâfé le palais, & toutes les maifons voifines, reprit la même route par où il étoit venu. Je fus extrêmement étonné d'une entreprife fi hardie ; je ramaffai avec promptitude le plus de Salamandres qu'il me fut poffible, pour éteindre les flammes qui voloient déja par toute la ville. Vous n'ignorez pas que notre préfence feule en a le pouvoir, puifque c'eft par la vertu des peaux des Salamandres, dont vous êtes couvert, que vous vivez dans cette terre brûlante. Ce ne fut pourtant qu'après un temps confidérable, que l'on arrêta l'incendie, & nous donnâmes ainfi au roi de l'ifle des Flammes, la facilité d'emporter ma fille avec fon époux. Je ne doutai point qu'il ne fît périr cruellement cette princeffe, par l'antipathie naturelle qui eft entre lui & moi. C'eft pourquoi je m'élevai promptement dans les airs, l'épée à la main ; mais j'arrivai trop tard dans cette ifle malheureufe ; j'y appris que ma fille étoit déjà dans la tour enfumée. C'eft une prifon où il renfermoit tous les prifonniers qu'il fait fur nous. Cette punition nous eft mille fois plus infupportable que la mort, même la plus cruelle : car nous avons bien la vertu d'éteindre le feu ; mais la fumée nous faisant languir, nous étouffe peu-à-peu.

Je m'en retournai donc dans mes états, désespéré de ne pouvoir apporter aucun secours à mes enfans, & pénétré de leur perte, je tâchois de me consoler avec le petit prince Flamboyant leur fils. Cet aimable enfant, qui étoit tout parsemé de flammes, faisoit bien connoître par-là qu'il descendoit du prince Cœurbrûlant. Un jour que je le tenois entre mes bras, j'apperçus la fée Pandrague, dans un chariot tiré par des papillons. Cette illustre fée qui domine sur toutes ses sœurs, & dont la présence seule fait trembler les plus fiers enchanteurs, qui la reconnoissent tous pour leur reine, descendit dans mon palais où je m'efforçai de la recevoir avec toutes les marques de vénération dues à sa personne. Sage Famagongoma, me dit-elle, je connois vos chagrins ; tout mon pouvoir deviendra inutile, ou je les ferai bientôt finir. Recevez pour cet effet ce bouquet de ma main ; il est composé de fleurs, qui jamais ne se fannent, & qu'on pourroit, à juste titre, nommer Immortelles : mais c'est-là leur moindre vertu ; j'ai épuisé mon art,

pour le rendre tel qu'il eſt. Il réconcilie ſur
le champ les plus mortels ennemis , & fait
unir enſemble les choſes les plus oppoſées.
Je l'ai appelé le bouquet ſympathique ; ſer-
vez-vous-en ainſi que je vais vous le dire.
Quand la lune aura achevé ſon cours , prenez les peaux de pluſiéurs Salamandres mor-
tes ; faites-en faire un habit complet , que
vous porterez avec votre bouquet ſur le
bord de l'iſle des Flammes ; vous y ren-
contrerez quelques jours après un jeune
prince , nommé Languedor , à qui , par le
moyen de cet habit , vous conſerverez la
vie ; & par le ſecours duquel , en recou-
vrant votre fille & ſon époux , vous réta-
blirez la paix dans vos états ; le reſte me
regarde , & je lui inſpirerai ce qu'il doit
faire. Je partis auſſi-tôt , pourſuivit le vieillard , & huit jours , qui m'ont paru bien
longs , ſe ſont paſſés depuis que je vous
attends. Cet heureux temps eſt enfin venu ;
c'eſt à vous , généreux prince , à agir con-
formément aux intentions de la fée Pandrague.

Le ſage Famagongoma me remit alors
entre les mains le bouquet ſympathique ,
je le pris avec confiance , & animé par la
reine des fées , je me rendis bientôt à la

porte du palais de l'ifle des Flammes. Tout le monde me regardoit avec étonnement. Jamais aucun étranger n'avoit impunément abordé dans cette ifle toute de feu ; il falloit être naturel du pays, pour y pouvoir vivre, ou Salamandre tout au moins, pour écarter les Flammes, qui étouffoient tout mortel, Je n'avois l'air ni de l'un ni de l'autre ; mais le bouquet fleuri que je tenois à la main, furprenoit encore davantage. On n'avoit jamais vu croître aucune fleur dans cette campagne, tout y étoit fec & brûlé ; & les fleurs que je portois devoient avoir déjà perdu leur beauté, & leur couleur naturelle, fi elles n'avoient pas été cueillies par la main de l'illuftre fée qui, après les avoir préparées, en avoit fait préfent au fage Famagongoma.

On alla auffi tôt donner nouvelle de mon arrivée au roi qui paroiffant étonné de ce prodige, m'envoya ordre de venir lui parler. Je le fis, fans héfiter, & après l'avoir abordé avec un profond refpect : grand monarque, lui dis-je, ce n'eft pas fans miracle que je me trouve fur vos terres, & que j'ai le pouvoir d'y refpirer un air fatal au refte des hommes ; mais la puiffante Pandrague, dont le nom eft connu par tout

le monde, m'a communiqué cette vertu,
pour venir vous affurer de fa protection,
& vous préfenter ce merveilleux bouquet,
comme une marque certaine de l'amitié
qu'elle vous porte. Vous devez, grand
prince, vous eftimer heureux, des témoignages de diftinction que la fée vous donne,
elle en accorde peu de pareils; & fes faveurs doivent toujours être précieufes aux
mortels les plus diftingués.

Le roi m'écouta avec une extrême joie;
& acceptant le bouquet de Pandrague avec
foumiffion, il le porta auffi-tôt fous le nez,
pour refpirer l'odeur agréable qui en fortoit.
Puiffant prince, lui dis-je, profitant de ce
moment, je n'ai exécuté qu'une partie de
ma commiffion; la fée m'a encore chargée
d'une autre affaire où elle prend part: elle
n'ignore pas vos différends avec le fage
Famagongoma, & quelle trifte fuite a eu
le mariage de fa fille avec le prince Cœurbrûlant; mais comme la clémence eft la
principale vertu d'un monarque tel que
vous l'êtes, elle m'a chargé de vous repréfenter qu'il eft temps que votre colère finiffe,
la princeffe Froideur ne l'a que trop éprouvée, il eft jufte enfin que vous laiffant
fléchir, vous la reconnoiffiez pour votre

fille, & que la paix entre le roi des Sala-mandres & vous foit cimentée par l'appro-bation du mariage du prince votre fils avec la princeffe des Salamandres.

Pendant que je parlois ainfi, le bouquet fympatique faifoit fon effet. Par quel moyen furnaturel vois-je éteindre fans retour toute la haine que j'avois dans le cœur contre Famagongoma, s'écria le roi de l'ifle des Flammes ? Oui, aimable étranger, il ne falloit pas moins qu'une fée auffi puiffante, pour produire ce miracle. Je vous accorde tout ce que vous me demandez au nom de l'illuftre Pandrague ; faites en forte que la princeffe Froideur oublie les mauvais trai-temens qu'elle a reçus par mon ordre. J'ai honte de ma cruauté envers elle, & vous pouvez l'affurer que je la regarderai doré-navant comme ma propre fille. Il ordonna auffi-tôt qu'on allât la tirer de la tour En-fumée, & le prince Cœurbrûlant, du ca-chot fans air. Il étoit temps que le roi fe repentît de fa dureté, le prince & la prin-ceffe étoient prêts d'expirer, peut-être n'a-voient ils plus que quelques heures à vivre, lorfqu'on leur donna la liberté ; mais l'air feul leur rendit la vie qu'ils alloient perdre fi l'on eût différé davantage à les faire fortir de leur affreufe prifon. Ces deux illuftres époux fe témoignèrent alors toute la tendreffe poffible, & ne pouvoient modérer leur joie de fe voir récompenfés de leurs peines dans le moment qu'ils n'attendoient plus que la mort. Je ne crus pas devoir différer plus long-temps d'apprendre cette agréable nouvelle au roi des Salamandres: je courus fur le bord de la mer, où je le trouvai qui m'attendoit avec impatience; il penfa mourir de plaifir quand je lui eus appris l'heureux fuccès de mon voyage; il m'embraffa mille fois, & alla fur le champ jurer une paix éternelle au roi de l'ifle des Flammes. Ces deux monarques fe donnèrent en ma préfence des preuvres d'une réconciliation fincère, & me comblèrent de careffes; il ne manquoit plus que la préfence de la reine des Salamandres pour que la joie fût complète: on fe difpofoit à lui envoyer un courier, lorfqu'on la vit paroître dans le char de Pandrague avec le petit prince Flamboyant. Il eft impoffible d'exprimer quelle fut l'allégreffe des peuples aux nouvelles de la paix & du mariage de leur prince. Ils la témoignèrent par des feux de joie, des illuminations magnifiques, & des réjouiffances que l'on renouvella tous les jours pendant plus d'un mois. Enſuite le roi des Salamandres & ſon épouſe, étant retournés dans leurs états, je les y accompagnai ; mais ne pouvant m'accoutumer dans des climats ſi glacés, j'en partis comblé de leurs bienfaits, & n'oubliai point d'emporter avec moi l'habit dont le ſage Famagongoma m'avoit fait préſent, qui eſt le même dont vous me voyez revêtu.

J'étois déjà ſorti du pays des Salamandres, & entré ſur d'autres terres qui m'étoient inconnues, lorſqu'au coin d'un bois j'apperçus un ours monſtrueux qui emportoit un enfant dans ſes pattes. Je fus touché du malheur de ce petit miſérable ; je pourſuivis cette cruelle bête ſans m'effrayer du péril ; je l'atteignis, & l'ours abandonnant auſſi-tôt l'enfant, tourna toute ſa fureur contre moi. Nous commençâmes alors un combat furieux, mais aſſez inégal, & j'étois prêt de ſuccomber, lorſqu'un grand chien noir étant venu ſe jeter ſur l'ours, le terraſſa, & me donna le moyen de l'achever, en lui plongeant pluſieurs fois mon épée dans le corps. Ce chien, après m'avoir aidé à remporter la victoire, me fit mille careſſes, ainſi que l'enfant que je relevai de terre, & que je pris dans mes bras. Ce

fidèle animal marchoit devant moi, tournant
à tous momens la tête comme pour me dire
de le suivre ; & après avoir ainsi fait plus
d'une lieue dans la forêt, nous rencontrâ-
mes une cabane de paysan dans laquelle le
chien entra & moi aussi, jugeant bien que
c'étoit-là où demeuroient les parens de l'enfant que j'avois sauvé des dents de l'ours.

J'étois très - fatigué du combat que je venois de faire, & je perdois même un peu
de sang ; mais un homme entre deux âges,
qui habitoit dans cette masure, après m'a-
voir remercié en termes fort touchans,
d'avoir sauvé la vie à son fils, me pro-
cura promtement le remède nécessaire pour
mes blessures qui se trouvèrent fort légères. Je passai le reste de la journée chez
ce bon homme, qui ne savoit quel accueil
me faire ; & après avoir soupé plus splen-
didement que ses facultés ne sembloient le
permettre, il me donna un lit assez propre pour y passer la nuit. Il faut, mes chers
frères, que je vous raconte un rêve extraordinaire que je fis dans cette cabane,
parce qu'il a relation à l'aventure du tombeau ; je m'imaginois être au bord d'une
fontaine magnifique, où je me rafraîchis-
sois d'une extrême chaleur qui me dessé-

F v

choit les entrailles , lorſque je vis une des
ſtatues qui ornoient cette fontaine , me lan-
cer un dard qui me traverſoit le cœur : je
faiſois tous mes efforts pour l'arracher ,
ſans y pouvoir parvenir ; & je me voyois
prêt à expirer des douleurs inſupportables
que je ſouffrois , lorſque je crus entendre
une autre ſtatue, qui repréſentoit un enfant nud , me dire : Tu n'en mourras pas,
prince Languedor , mais tu porteras cette
bleſſure juſques par de-là le tombeau. Je m'é-
veillai en ſurſaut , très-fatigué de mon rêve;
je cherchois à en faire l'application , rien
ne s'offrit à mon eſprit , qui pût répondre
à ce biſarre ſonge , lorſque j'entendis pluſieurs fois aboyer autour de moi le chien
qui m'avoit ſauvé la vie. Le jour commençoit à paroître , je ſautai en bas du lit ,
je m'armai promptement , & ſortis dans le
bois pour voir ce qui pouvoit cauſer l'inquiétude de cet animal : en faiſant le tour
de la maiſon , j'apperçus deux biches , qui
paiſſoient tranquillement , & qui prirent
la fuite ſitôt qu'elles me virent. Quoique je
fuſſe pour lors à pied , je les pourſuivis
avec le chien pendant près de trois heures ;
elles ne s'éloignèrent jamais aſſez de moi ,
pour que je les perdiſſe de vue , & ſembloient

ne me point appréhender : enfin , après
m'avoir bien fait courir , elles entrèrent
dans une efpèce de grotte fouterraine : je
les y fuivis fans crainte , & à peine y eus-
je , pénétré cinquante pas , que je les vis
toutes deux avec le chien , aux pieds d'une
fille d'une beauté extraordinaire , & qui
reffembloit parfaitement à la ftatue qui m'a-
voit percé le cœur la nuit précédente : jamais rien de fi majeftueux ne s'étoit offert
à ma vue ; des grands yeux bleus , une
bouche d'une forme fingulière , ornée de
toutes les grâces de la jeuneffe , des cheveux cendrés , flottans par groffes boucles
fur fes épaules , une taille délicate , un
fourire flatteur & enfantin firent que , fans
balancer un moment , j'abandonnai toute
mon ame aux charmes de cette aimable
perfonne ; voilà donc m'écriai-je tout hors
de moi-même , l'accompliffement d'un fonge , dont j'appréhendois tant les funeftes
effets ; voilà la bleffure que je devois porter jufques par-delà le tombeau. Oui , divine princeffe , mon rêve ne fera pas men-
teur , je vous adorerai toute ma vie , &
la mort même ne fera jamais capable de
me faire oublier vos charmes. Cette adorable perfonne fourit à ces paroles. Pour-

quoi venez-vous troubler ma solitude, me dit-elle, de l'air du monde le plus touchant? faut-il que vous ajoutiez encore à mes chagrins celui de vous voir bientôt la proie d'un barbare géant, contre lequel toute votre valeur deviendra inutile. Madame, reprit-il, je mourrai content en combattant ce monstre, si du moins ma mort vous coûte quelques larmes. Mais par quelle raison étrange une personne comme vous fait-elle sa demeure dans une grotte aussi sauvage? Hélas! me dis-elle, en pleurant amèrement, je ne saurois rappeler les circonstances de mon malheur, sans le redoubler par les cruelles réflexions qu'il entraîne avec soi. Je n'étois pas née pour faire un triste usage de la vie, mais le tems presse, & je ne puis refuser à votre générosité le récit de mes tristes aventures. L'on m'appelle Toujoursbelle; j'avois été élevée avec la princesse Bellehumeur, ma sœur cadette, à la cour du roi Jamaisvu, mon père, qui est seigneur de l'Isle perdue, lorsqu'un géant monstrueux, nommé Mangafuriel, devint amoureux de moi, & me demanda en mariage. Le roi fut au désespoir d'une pareille proposition, il éluda long-temps les demandes du géant, n'osant pas les refuser tout-à-coup ; mais ce monftre voyant que les chofes traînoient trop en longueur, & qu'on n'avoit pas deffein de me livrer entre fes bras , m'enleva un jour de la cour de mon père. Cet augufte monarque ayant voulu s'oppofer aux violences publiques de ce traître enchanteur, il fut changé fur le champ en ce chien noir qui vous accompagne , & ma mère & ma fœur furent transformées auffi , en ma préfence , en ces deux biches , qui font condamnées par ce brutal , à être tous les jours pourfuivies par le chien , depuis la cabane d'un payfan, qui eft à trois lieues d'ici, jufqu'à cette malheureufe grotte. Jugez , feigneur, de la frayeur où font ces pauvres biches , de croire tous les jours qu'elles feront peutêtre dévorées , l'une par fon père , & l'autre par fon époux. Voilà , feigneur , les peines que je reffens à chaque inftant, outre celle où je fuis d'être expofée aux brutalités de ce géant qui , laffé de mes réfiftances , m'a déclaré hier que fi dans huit jours , je ne confentois à l'époufer, il me feroit cruellement mourir avec toute ma famille. La princeffe fe mit alors à pleurer abondamment , fans que je puffe tarir la fource de fes larmes. Aimable Toujours-

beile, m'écriai je, vous n'êtes point faite
pour être l'époufe d'un monftre ; agréez
feulement les vœux d'un malheureux prince
tel que je fuis, & ne vous embarraffez pas
du refte ; outre l'inclination naturelle que
j'ai à rendre fervice aux perfonnes de votre fexe, je m'y fens porté en cette occafion par quelque chofe de plus fort. Je n'en
dois plus douter, puifque les Dieux ont
pris foin de m'en avertir en fonge, & qu'ils
ont gravé fi profondément dans mon cœur
l'image de votre divine perfonne, que jamais rien ne pourra l'en effacer. Profitons
de l'abfence de Mangafuriel, & fuivez-moi
avec le chien & les deux biches. La princeffe devenue fenfible à la paffion que je
lui peignois avec des couleurs fi vives,
fe livra fans répugnance entre mes bras. Je
la conduifis à la cabane du payfan avec une
confiance que l'amour feul peut infpirer, &
j'y arrivai fans trouver aucun obftacle. Je
ne pouvois cacher cette aventure à mon
hôte. Je fus donc obligé de l'en inftruire ;
& quoique les circonftances périlleufes qui
accompagnoient cette efpèce d'enlèvement,
duffent l'effrayer, puifqu'il avoit tout à
craindre de Mangafuriel, fi jamais il ap-
prenoit qu'il nous eût donné retraite, je

trouvai en lui une grandeur d'ame au-deſſus d'un homme de ſon état. Je vous ai obligation de la vie de mon fils , me dit-il ; croyez , prince , que j'en ſerai reconnoiſſant. Vous n'avez rien à craindre chez moi : & quoique le géant ſoit ſi terrible , ſa puiſſance ne peut s'étendre juſqu'ici ; je vais vous conduire dans un lieu où vous ſerez à couvert de ſes pourſuites. M'ayant enſuite donné la main , il nous fit entrer avec la princeſſe & ſa famille , dans un ſouterrain ſpacieux, où nous trouvâmes toutes les commodités de la vie. Je remerciai notre libérateur dans des termes fort tendres , & comme il n'y avoit pas de danger pour moi d'être vu , je ſortois quelquefois de notre retraite , pour prendre l'air. La difficulté que je trouvois à tirer ma princeſſe des mains de ce malheureux géant m'occupoit ſans ceſſe. Un jour que j'y rêvois ſeul dans le bois , & que je conſidérois en moi-même de quelle manière je pourrois la remettre ſûrement dans les états du roi ſon père , je jetai par haſard les yeux ſur une payſanne qui vouloit lier une charge de bois avec une corde trop courte de la moitié. Je ne pus m'empêcher de rire de la voir obſtinée dans cette entrepriſe. Comment

veux-tu, lui dis-je, enlever ce bois avec
fi peu de corde ? ne vois-tu pas que tu
n'en pourras jamais venir à bout. Je le ferai
plutôt, me répondit cette payfanne, que
tu n'exécuteras ce que tu projettes. Une réponfe auffi conforme à ce que j'avois dans
l'efprit m'étonna ; mais ma joie devint
bientôt extrême, en voyant que cette même payfanne quittoit une forme auffi ab-
jecte, pour prendre celle de la fée Pandrague. Je me profternai promptement à
fes pieds. Illuftre fée, m'écriai-je, votre
feule attention eft à fécourir les malheureux;
je vois bien par ce que vous venez de me
dire, que fans votre protection, il nous feroit impoffible d'éviter le rédoutable Mangafuriel. J'implore donc votre puiffance,
perfuadé que vous ne vous êtes tranfportée dans ces lieux, que pour nous délivrer
des mains de ce géant que j'aurois déja été
combattre, fans la réfiftance de la princeffe Toujoursbelle. Oui, me dit Pandrague, je viens à votre fecours, il n'eft pas
jufte que l'aimable fille du roi Jamaisvu,
foit la proie d'un auffi vilain monftre.
Vous l'épouferez, prince, mais votre bonheur n'eft pas encore fi proche ; l'on vous
comptera, & vous ferez effectivement au

nombre des morts, avant que vous posfé-
diez cette charmante princesse. Il ne m'est
pas permis de vous en dire davantage,
foumettez-vous aux ordres du destin, dont
les volontés sont irrévocables. Soyez conf-
tant, craignez & révérez les Dieux, fans
murmurer contre leurs décrets, & vivez
dans l'efpérance d'être un jour le plus heureux de tous les mortels avec votre chere
Toujoursbelle.

Je frémis depuis les pieds jusqu'à la tête,
à cette horrible prédiction. Et j'étois prêt
de me livrer au défefpoir le plus affreux,
fans les nouvelles promeffes que me donna
cette bonne fée, de m'être toujours favorable. Elle me conta enfuite que le payfan
qui m'avoit reçu chez lui n'étoit rien moins
que ce qu'il paroiffoit, & que c'étoit l'enchanteur Peut-tout fon ami intime qui, par
fon ordre, ayant fuppofé un enfant prêt à
être dévoré par un ours, m'avoit ainfi
attiré dans cette demeure, pour délivrer a
princeffe Toujoursbelle des mains du tyran
qui la retenoit. Enfuite la fée Pandrague
m'ayant reconduit à la cabane, elle commença à y exercer fon pouvoir, en rendant au chien & aux deux biches leurs formes naturelles, que le malheureux Manga-

furiel leur avoit ôtées par la force de ſes noirs enchantemens. Toute cette famille royale s'embraſſa alors avec tendreſſe ; & après s'être donné des marques réciproques de joie, rendit grâce à la fée & à l'enchanteur Peut-tout des bienfaits qu'elle en avoit reçus. Nous ne ſongeâmes plus qu'à nous éloigner de ce lieu. La fée nous ayant couvert d'un nuage épais, pour nous dérober aux pourſuites du géant, nous fournit d'équipages & de toutes les choſes néceſſaires à la vie. Nous partîmes enfin de ce lieu, & nous fîmes de la ſorte plus de cent cinquante lieues.

Le roi Jamaisvu conſentoit à l'amour que j'avois pour Toujoursbelle. Cette princeſſe me marquoit ſouvent que cette approbation faiſoit tout ſon bonheur ; & la reine qui m'aimoit déjà comme ſon propre fils, ſouhaitoit que nous arrivaſſions promptement dans ſes états, pour conclure notre mariage. Nous en touchions preſque les frontières, lorſque nous étant repoſés à l'entrée d'un bois, pour nous rafraîchir de l'ardeur du ſoleil, nous nous endormîmes tous ſur une eſpèce de gazon. Nous y goûtions un tranquille ſommeil, lorſqu'un fameux géant, nommé Brandagedondon, qui revenoit de

la chaſſe, apperçut notre petite troupe. Il
conſidéra attentivement Toujoursbelle, qui
repoſoit entre les bras de ſa ſœur Bellehumeur ; il les mit toutes deux ſous le ſien,
& les emporta, ſans les éveiller, comme
un faucon enleveroit une caille. J'ouvris les
yeux dans le moment que cet enchanteur
s'éloignoit avec ſa proie. J'éveillai promptement le roi Jamaisvu, & je courus après
ce traître, dans le deſſein de mourir en
combattant contre lui, ou de lui arracher
les princeſſes ; mais quelque diligence que je
fiſſe, je ne pus jamais le joindre. Je le ſui-
vis ſeulement des yeux, & l'ayant vu entrer dans une tour d'une hauteur inacceſſi-
ble, dont il referma la porte après lui ; je
réſolus de ne me point éloigner de cette
cruelle priſon. Un moment après j'en vis
ſortir le géant, qui apparamment retournoit
en courſe ; je voulus profiter de ce moment favorable, & de l'obſcurité de la nuit
qui s'aprochoit. Je m'avançois vers la tour,
lorſque j'entrevis à quelques pas de moi un
homme que le défaut du jour m'empêcha
de reconnoître pour le prince Boncœur, &
qui venoit à moi l'épée à la main. Nous nous
prîmes apparemment l'un l'autre pour des
ſatellites de Brandagedondon, & commen-

çâmes un combat qui n'auroit fini que par la mort de l'un de nous deux, fi le géant, qui arriva fur ces entrefaites, & qui nous trouva acharnés l'un contre l'autre, ne nous eût embraffés, & tranfportés tous les deux dans le tombeau diaphane, où fans nous être reconnus, & par la force de fes enchantemens, nous avons toujours continué notre combat, jufqu'au moment que vous avez fait ceffer le charme qui nous forçoit d'en agir ainfi.

Tous les princes furent furpris de cette hiftoire, & Boncœur, pour en éclaircir quelques endroits qu'ignoroit Languedor, raconta à fon tour, que s'étant rencontré par hafard fur les frontières du royaume de Jamaisvu, dans le moment que les princeffes venoient d'être enlevées pour la feconde fois, le roi l'avoit conjuré de pourfuivre le raviffeur ; que l'amour qu'il avoit pour la princeffe Bellehumeur lui ayant donné des aîles, il étoit arrivé au pied de la tour, dans le moment que Languedor cherchoit à s'introduire, & que l'ayant pris dans l'ombre de la nuit pour une fentinelle de Brandagedondon, ils avoient commencé le combat, qui avoit été terminé comme le prince fon coufin venoit de le raconter.

Ces illuſtres chevaliers, après avoir fait
réflexion ſur les principales circonſtances de
ces aventures, jugèrent que Brandagedondon aur█████ſſi, ſans-doute, tranſporté les
deux p█████ſes dans ce même palais. Ils les
y cherchèrent avec beaucoup de ſoin, &
commençoient à déſeſpérer de les trouver,
lorſque traverſant les cours du château, ils
paſsèrent auprès du corps de Brandagedondon. Engageant qui s'étoit apperçu que le
géant portoit au doigt une bague qui jetoit
un feu extraordinaire, la lui ayant ôtée
auſſi-tôt, l'eut à peine miſe à ſon doigt,
que l'eau d'un puits qui étoit à l'entrée de
la ſeconde cour, s'élançant tout d'un coup
à gros bouillons par - deſſus ſes bords, le
puits ſe tarit en très-peu de temps. Les princes étonnés d'un événement ſi ſingulier,
s'étant approchés du puits, en virent ſortir
les deux princeſſes, Toujoursbelle & Bellehumeur, avec la fée Pandrague. Cette illuſ-
tre fée ayant alors fait remarquer à Languedor que la prédiction étoit accomplie à ſon
égard, puiſqu'il avoit été ſi longtemps dans
le tombeau, l'aſſura, ainſi que le prince
Boncœur, qu'ils épouſeroient leurs princeſſes, ſitôt qu'ils les auroient remiſes entre
les mains du roi Jamaisvu, leur père, &

disparut dans le moment même, les laissant charmés par des nouvelles si agréables.

Toujoursbelle & sa sœur, au comble de leur joie de retrouver les princes leurs amans, se joignirent à eux, pour rendre grâce à leurs libérateurs ; & leur apprirent que le perfide Brandagedondon, ne pouvant se faire aimer d'elles, les avoit enfermées au fond de ce puits, dans une caverne horrible, remplie d'animaux & d'insectes les plus sales & les plus venimeux ; mais que, grâce à la fée Pandrague qui avoit fait disparoître toute l'horreur de leur cachot, & qui leur avoit toujours tenu compagnie, elles ne s'étoient apperçues de la longueur du temps qu'elles y avoient demeuré, que par l'absence de leurs amans.

Tous les princes n'ayant plus rien à faire dans le palais des Secrets, après en avoir fait enlever toutes les richesses de Brandagedondon, repassèrent le petit bras de mer qui les séparoit du royaume de Brigandor. Les princesses Adresse & Viperine qui, justement allarmées du péril que couroient ces princes, attendoient leur retour avec la dernière impatience, montrèrent toute la joie possible de leur heureuse victoire, & témoignèrent à Toujoursbelle & à Bellehumeur qu'elles étoient très-fensibles à leur délivrance.

Il ne manquoit donc plus aux princes que le miroir de Sageffe, pour être en état de diffiper l'enchantement de Sobare; & quelqu'inftance que le roi Brigandor leur fît, pour les engager à s'arrêter plus longtemps dans fes états, ils réfolurent d'exécuter promptement leurs deffeins, & d'aller chercher ce précieux bijou par toute la terre. Ce ne fut pas fans répandre bien des larmes, que fe fit cette féparation. Le prince Franchot & fon illuftre époufe ne pouvoient fe réfoudre à laiffer partir les princes & les princeffes; & le roi qui touchoit au moment de perdre pour toujours l'aimable Adreffe, ne donnoit pas les mains à fon départ, fans une extrême répugnance; mais l'honneur l'emportant fur l'amour, il y confentit enfin, & les combla tous, avant leur départ, de mille marques d'eftime & de générofité.

On fe fépara donc, puifque c'étoit une néceffité indifpenfable de le faire, & les princes & princeffes ayant monté avec joie le vaiffeau qui les avoit amenés chez Brigandor, en tournèrent la proue vers le royaume du roi Jamaisvu; la route en étoit

très-difficile, & inconnue aux matelots, qui
ne trouvoient pas ce pays dans la carte, &
si les princes Languedor, & sur-tout Boncœur qui en étoient originaires, n'avoient
eux-mêmes fait l'office de pilotes, ils auroient vainement parcouru les mers. Enfin
après avoir essuyé plusieurs périls, on y
aborda au bout de quarante jours de navigation.

Le roi Jamaisvu & la reine son épouse
reçurent les princes avec les témoignages
de l'amitié la plus tendre ; ils avoient perdu
toute espérance de revoir leurs filles, ainsi
que les deux princes leurs amans, qu'ils
croyoient que le cruel Brandagedondon avoit
fait mourir. Ils ne purent moins faire que
de les récompenser par un double mariage
de s'être généreusement exposés pour la
défense des princesses, & le roi Jamaisvu
fut charmé d'avoir pour gendres deux princes aussi accomplis. Leurs noces se célébrèrent avec toute la pompe imaginable, le
roi n'épargna rien pour faire connoître sa
joie, les principaux du royaume ainsi que
le peuple, inventèrent mille jeux & mille
plaisirs pour rendre les fêtes plus magnifiques ; le seul prince Bel Esprit, peu sensible à tant de galanterie, témoigna bientôt

à

à ses frères le désir ardent qu'il avoit de tirer de captivité la princesse Brillante. Cette illustre malheureuse, leur dit-il, qui gémit dans un affreux cachot, se plaint sans doute de ma négligence, ou n'est occupée qu'à pleurer ma mort; & loin de prendre aucun plaisir, je dois me reprocher tous les momens que je diffère à la secourir.

Ces plaintes étoient trop justes; les princes d'un consentement unanime se préparèrent à partir. Le prince Boncœur feulement, avec toutes les princesses, à l'exception d'Adresse, restèrent à la cour du roi Jamaisvu, pour le consoler de l'absence de Languedor, qui s'arracha des bras de l'amour, pour suivre son frère dans cette entreprise.

L'on avoit déjà arrêté le jour du départ, sans savoir précisément de quel côté on devoit tourner pour chercher le miroir de Sagesse, lorsque Bel Esprit étant allé faire un sacrifice à Vénus pour se la rendre favorable, fut surpris d'entendre du creux de l'autel une voix qui lui parla en ces termes: ta princesse n'est point morte, mais elle n'a d'attachement à la vie qu'autant qu'elle espère te retrouver fidèle; poursuis ton généreux dessein, Vénus t'assure d'un plein succès;

XXXII. G

& que tu feras bientôt poffeffeur du tréfor qui te manque pour être parfaitement heureux.

Bel Efprit étonné d'un pareil oracle, fe profterna devant la ftatue de la déeffe : puifque vous vous intéreffez pour moi, je n'ai plus rien à craindre, s'écria-t-il tranfporté de joie : oui, charmante mère des amours, dont le pouvoir s'étend jufques fur les chofes les plus infenfibles, je reconnoîtrai éternellement votre pouvoir, vos autels fumeront toujours de l'encens le plus rare & le plus précieux ; continuez de m'être propice, je n'oublierai de ma vie la faveur que je reçois aujourd'hui de votre divinité. Il retourna auffi-tôt au palais du roi Jamaisvu ; il ne pouvoit modérer fa joie, mais elle augmenta encore lorfqu'il fut ce qui fuit.

Une vieille gouvernante de Toujoursbelle ayant mal - adroitement renverfé la toilette de la princeffe, en caffa le miroir en plus de vingt morceaux ; cet accident lui faifant appréhender d'être grondée, elle alla promptement dans le garde meuble du roi pour y choifir un autre miroir : elle y en trouva un fi femblable à celui qui venoit d'être paffé, qu'il étoit difficile de ne pas s'y méprendre. Elle crut, en le mettant à la place de l'autre, qu'elle répareroit la faute qu'elle avoit faite, mais ce fut juſtement ce qui la fit connoître.

Ce nouveau miroir étoit poſé ſur ſa table, lorſqu'une des filles d'honneur de Toujours-belle, ayant voulu raccommoder quelque choſe à ſa coëffure, s'en approcha; mais à peine ſe fut-elle préſentée devant cette glace, qu'ayant pouſſé de grands cris, elle s'évanouït; la princeſſe qui dans ce moment entroit dans ſon cabinet, fut très-effrayée de cet accident; on fit revenir cette fille de ſa foibleſſe, & étant interrogée d'où pro-venoit un mal ſi ſubit, elle répondit, en tremblant encore, qu'ayant voulu ſe regar-der dans cette glace, elle n'y avoit apperçu qu'une tête horrible coëffée de ſerpens épou-vantables. Toujoursbelle s'y étant mirée & n'y ayant vu rien de ſemblable, s'imagina que ſa fille d'honneur étoit devenue folle; mais la même apparition étant arrivée avec pareilles circonſtances à cinq ou ſix autres dames de la cour, on ne traita plus cela de vapeurs: on voulut approfondir les rai-ſons de cette nouveauté, & après avoir examiné avec attention le miroir de la princeſſe, on y trouva ſur la bordure les vers suivans écrits en lettres presqu'imperceptibles.

Je suis & gracieux & redoutable aux belles ;
Je renferme en mon sein le vice & la vertu ;
L'honnête trouve en moi des grâces naturelles,
La coquette n'y voit qu'un orgueil abattu.

Je grossis les objets sans aucun artifice ;
Je ne mens qu'en peinture, & dis la vérité ;
Je ne suis point trompeur, quoique plein de
malice ;
Je tire ma vertu d'un pouvoir emprunté.

La princesse Toujoursbelle fit un cri de joie à cette heureuse découverte: par quelle étrange avanture, dit-elle, cette glace acquiert-elle une propriété si redoutable à notre sexe ? & pourquoi ne commençons-nous que d'aujourd'hui à nous appercevoir que c'est-là le véritable miroir de Sagesse que les princes alloient chercher avec tant d'empressement ? chacun en parloit diversement, sans pouvoir en deviner la raison ; mais la vieille gouvernante ne pouvant plus se taire, & voyant qu'il n'y avoit plus lieu de lui reprocher sa faute, puisqu'elle avoit servi à faire découvrir ce trésor, avoua la vérité, & inftruifant Toujoursbelle du prétendu malheur qui lui étoit arrivé, lui apprit que ce n'étoit point là fon miroir ordinaire.

L'on fut charmé d'une aventure auffi particulière ; il n'y eut que les pauvres dames qui avoient malheureufement fait connoître la vertu de cette glace, qui en furent au défefpoir. Elles avoient toujours paffé pour prudes ; il n'y avoit que pour elles à glofer fur la conduite des autres, la moindre parole équivoque effarouchoit leur pudeur, la plus petite liberté étoit criminelle à leurs yeux ; mais ayant été ainfi démafquées à ceux de toute la cour, elles en furent chaffées avec honte ; les autres dames n'eurent pas affez peu de prudence pour vouloir faire l'effai de cette glace fatale ; un rien, une bagatelle pouvoit les y faire paroître laides ; & chacune d'elles craignant que fes foibleffes ne fuffent mifes au jour, trembloit, même en fe regardant dans fon propre miroir, & appréhendoit qu'il ne devînt pour elle un miroir de Sageffe.

Le roi Jamaisvu étoit plus étonné que tous les autres, qu'une pièce fi rare fe fût ainfi trouvée dans fon garde meuble, fans qu'il eût jamais fu en être poffeffeur. Il ignoroit, de même que les princes, que la fée Légère, par ordre de Vénus, eût conduit cette aventure, & se fût emparée du miroir de Sageffe; toutes les forces humaines ne l'auroient pas ôté à l'un des descendans du grand Atlas, nommé Rochedure, à qui elle l'enleva; mais il faut raconter comment cette glace acquit une pareille vertu, & fut nommée le miroir de Sageffe.

Tout le monde sait qu'Atlas ayant appris par l'oracle, qu'un fils de Jupiter lui feroit perdre son royaume avec la vie, refusoit tous les hôtes qui venoient chez lui; que Persée, fils de Jupiter & de Danaé, au retour du voyage où il coupa la tête de Meduse, ayant demandé le couvert chez Atlas, ce roi le traita comme les autres; & que Persée, indigné de ce refus, l'ayant pétrifié en lui montrant la tête de la Gorgone, logea chez lui malgré qu'il en eût, mais on ignore le reste de l'histoire: le voici. Ce héros s'étant retiré dans son appartement, posa par hasard cette tête fraîchement coupée, vis-à-vis un miroir de toilette qui se trouva sur la table de sa chambre. Quoique la tête fût bien enveloppée, elle ne laissa pas de communiquer à la glace presque les mêmes vertus que Meduse avoit

eues étant en vie, c'est-à-dire que de même
qu'avant qu'elle eût souillé son honneur
elle étoit parfaitement belle, & que depuis
qu'elle se fût abandonnée à Neptune dans le
temple de Minerve, elle devint horrible
& toute couverte de serpens; de même,
lorsqu'une femme véritablement sage se
regardoit dans ce miroir, elle se trouvoit
encore plus belle, & avec des couleurs
plus vives & plus éclatantes; mais lorsqu'elle avoit négligé sa réputation & s'étoit
écartée de son devoir, elle se voyoit d'une
laideur effrayante, & ressembloit à l'épouvantable Gorgone.

Le mérite de ce miroir ayant été connu
par l'inscription qui se trouva divinement
gravée dans le moment qu'il acquit cette
terrible vertu; il fut gardé avec grand soin
par les descendans d'Atlas, & étoit parvenu
par succession de tems jusqu'à Rochedure,
qui habitoit sur une montagne inaccessible
à tous les mortels.

Il ne falloit pas moins qu'une fée aussi
puissante que la bonne Légère pour s'emparer de ce trésor. Vénus lui prêta son
secours, & cette fée, après s'être rendue
maîtresse de ce miroir par des aventures
qui seroient trop longues à raconter, le

transporta dans le garde-meuble de Jamaisvu, & fit casser le miroir de la princesse,
pour y mettre celui-là en place.

La joie brilloit dans les yeux de Bel Esprit;
rien ne retardoit plus son voyage; uniquement occupé de sa princesse, il mit bientôt à
la voile, muni de la statue de Vérité &
du miroir de Sagesse; mais comme ses frères
& lui avoient sujet d'appréhender le ressentiment de l'empereur de Sobarre, s'ils en
étoient reconnus, ils résolurent de se dégui-
ser. Bel Esprit qui avoit le plus d'intérêt
dans cette affaire, se fit faire un habit de
peau d'ours, appliqué si justement sur lui
qu'on l'eût pris pour un affreux sauvage;
il s'arma d'une massue de fer, à pointes
d'acier, & se nomma Barbario. Entendement s'habilla à-peu-près comme l'on dépeint les brachmanes Indiens, se peignit
la barbe & les sourcils, prit la qualité de
philosophe cabaliste, & se fit appeler Indigoruca. Et le prince Languedor s'étant couvert d'une grande robe noire, orné d'une
fraise, coëffé d'un chapeau pointu, & se
disant médecin empyrique, prit le nom de
Mirliro. Voilà nos trois princes habillés de
manière qu'il étoit impossible de les prendre
pour ce qu'ils étoient. Comme Engageant

& Adreſſe n'étoient pas connus de l'empereur des Songes , ils n'eurent pas beſoin de
déguiſemens , & conſervèrent leurs habil-
lemens ordinaires. Enfin , après pluſieurs
mois d'une navigation fort heureuſe , ils
s'apperçurent par un doux aſſoupiſſement
qu'ils n'étoient pas éloignés de l'iſle des
Songes. En effet , ils abordèrent bientôt au
port le plus proche ; & ayant laiſſé leurs
gens dans le vaiſſeau , avec ordre de les
y attendre , ils en tirèrent leurs chevaux
& mirent pied à terre. Ils avoient une forêt
& une grande prairie à traverſer avant que
d'arriver à la ville , & ils marchoient à
grands pas , lorſqu'ils rencontrèrent en leur
chemin un grand nombre d'officiers de l'empereur Fantaſque , qui ſurpris de la figure
extraordinaire de ces trois étrangers , s'arrêtèrent aſſez long-tems à les conſidérer.
Enſuite les ayant abordés , ils s'informèrent
d'eux s'ils n'avoient pas vu dans la forêt le
cynogefore de l'empereur , qui s'étoit perdu
depuis deux jours par la faute de celui qui
le conduiſoit , & qui étant à demi yvre
s'étoit endormi au pied d'un arbre : ce cynogefore étoit une eſpèce de chameau très-rare
dans le pays; il coûtoit des ſommes immenſes,
il n'y avoit que l'empereur qui pût en avoir un,

& il étoit deftiné ordinairement à porter les provifions de bouche & la collation lorfque ce prince alloit à la chaffe. Engageant & la princeffe affurerent qu'ils n'avoient pas rencontré cette bête ; mais le médecin Mirliro ayant demandé aux officiers, fi cet animal n'étoit pas boiteux du pied gauche de devant ; le philofophe Indigoruca, s'il n'étoit pas borgne de l'œil droit ; & le fauvage Barbario , s'il n'étoit pas chargé de fel & de miel ; les officiers furpris de ces demandes qui étoient fi conformes à la vérité , & croyant que les étrangers donneroient à l'empereur des nouvelles du cynogefore , les prièrent de vouloir bien venir au palais, & les y conduifirent dans cette efpérance. L'empereur qu'un de la compagnie qui avoit pris les devants, avoit inftruit de la rencontre qu'ils avoient faite de ces étrangers , les reçut d'un air fort affable, & les ayant interrogés au fujet du cynogefore , fut très-furpris d'apprendre d'eux qu'ils n'avoient point vu cet animal, & qu'ils n'en avoient ainfi parlé que fur des préfomptions qu'ils croyoient certaines. Il crut d'abord que les princes fe moquoient de lui , & étoit fur le point de faire éclater contr'eux toute fa colère,

lorſqu'on lui vint annoncer que le cynogefore étoit retrouvé, & qu'il revenoit tout'
ſeul au palais. Mais par quel prodige, s'écria
l'empereur, avez-vous pu parler ſi pertinemment d'une choſe que vous n'aviez jamais
vue (car effectivement les princes n'avoient
pas rencontré cette bête, & l'empereur
n'en avoit paſ dans le tems de leur premier voyage à Sobarre) & quel ſecret
avez-vous pour deviner ſi juſte ?

Je vais vous expliquer le mien, dit le
médecin Mirliro : j'ai demandé ſi le cynogefore n'étoit pas boiteux, parce que ſur
le chemin de la forêt, ayant remarqué les
traces de cet animal, je m'apperçus que la
ſymétrie de ſon allure étoit fauſſée, écartée,
& qu'il avoit foulé la terre du pied gauche
de devant, autrement que des autres pieds ;
de-là je conjecturai qu'il étoit boiteux de ce
côté-là.

Et moi, dit le philoſophe Indigoruca, ſi
je me ſuis informé de vos officiers ſi le cynogefore n'étoit pas borgne, c'eſt qu'ayant,
ainſi que ce fameux médecin, examiné ſes
pas, & connu qu'il avoit paſſé dans un petit
ſentier dont les deux côtés étoient couverts d'herbes, j'ai remarqué que quoiqu'elle
fût beaucoup plus belle & plus touffue à

droite qu'à gauche, le cynogefore n'avoit point touché à celle qui eft à droite, & n'avoit mangé que de celle qui eft à gauche. J'ai fait là-deffus des réflexions très-juftes en affurant que cet animal étoit borgne de l'œil droit, puifqu'au lieu de choifir naturellement la meilleure herbe qui étoit de ce côté-là, il n'avoit touché qu'à celle qu'il avoit vue à fa gauche; & je ne me fuis point trompé, comme vous voyez, dans le jugement que j'en ai fait.

L'empereur Fantafque fut furpris de deux réponfes fi fubtiles; il admira l'efprit du philofophe & du médecin, mais il eut encore plus lieu de s'étonner de celui du fauvage Barbario, qui en contrefaifant une efpèce de baragouin étrange s'expliqua en ces termes: il eft inutile de vous dire qu'ainfi que les deux hommes qui viennent de parler, j'avois fait les mêmes obfervations aux traces du cynogefore, mais comme ils fe font expliqués avant moi ils m'en ont ôté l'honneur; j'ai fait feulement entendre à vos officiers que cet animal devoit être chargé de fel & de miel, en voici la raifon : j'ai remarqué en deux endroits différens que le cynogefore s'y étoit repofé; & ce par l'impreffion de la forme de fon corps; au premiér je vis deux brebis qui s'attachoient obstinément à brouter l'herbe, & quoique je fisse pour les en éloigner, elles préférèrent toujours cet endroit à tous ceux qui étoient à l'entour ; personne n'ignore que les brebis aiment extrêmement le sel, je conclus de-là que le cynogefore en portoit sur lui, & qu'il en avoit sans doute répandu quelques grains en se couchant à cet endroit ; pour ce qui regarde le miel, cela ne m'a pas été plus difficile à deviner : on fait que les mouches qui le travaillent, l'aiment beaucoup, & qu'il les attire à lui. Dans le lieu où le cynogefore se reposa pour la seconde fois, il n'y avoit aucunes herbes, point de fleurs, ni rien qui marquât que des mouches y eussent leur retraite ; & en en voyant une aussi grande quantité se promener sur la terre, où il s'étoit couché, & en retourner les petits grains, je jugeai qu'il falloit absolument qu'elles y fussent été conduites par la douceur du miel, dont devoit être chargé le cynogefore.

L'empereur eut tout lieu d'être content des réponses des princes ; il aimoit les gens d'esprit, il en trouvoit tant dans ces trois bisarres figures d'hommes, qu'il les pria, ainſi qu'Engageant & Adreſſe, de loger dans ſon palais, & de manger à ſa table. Ils ne refuſèrent pas des offres auſſi avantageuſes, & le prince & la princeſſe, qui n'avoient pas encore brillé, firent connoître à l'empereur dans le premier repas qu'il leur donna, qu'ils ne cédoient en rien à ces fameux étrangers : car lorſqu'on eut ſervi à la princeſſe un morceau de chevreuil : grand monarque, dit-elle, ſi votre majeſté veut me permettre de lui dire mon ſentiment ſur cette viande, je trouve qu'elle ſent beaucoup la chair de chien, & ma langue, qui en la mangeant s'eſt chargée d'une ſalive écumeuſe, me confirme dans mes ſoupçons. Pour moi, dit Engageant, ſi ce n'eſt pas perdre le reſpect, que de s'expliquer trop librement à la table d'un auſſi grand prince, je lui dirai, qu'en buvant le vin que l'on vient de me ſervir, & qui loin de me réjouïr le cœur, comme c'eſt l'ordinaire, m'a tout-d'un-coup inſpiré une humeur ſombre & mélancolique; j'ai connu qu'il falloit que ſa ſubſtance fût mêlée avec celle des morts. L'empereur étonné de ces diſcours extraordinaires, voulut les approfondir. Il fit ſur le camp appeler ſon maître-d'hôtel & ſon échanſon, & s'étant informé du premier, d'où il avoit eu le chevreuil en question, il apprit qu'il y avoit environ un mois, que l'ayant trouvé à la chaſſe, il n'y avoit guères plus de quinze jours, il l'avoit pris en vie, l'avoit fait nourrir par une chienne, dont on avoit jeté les petits, & qu'étant parvenu au terme d'être mangé, il l'avoit ſervi ſur la table impériale comme un mets très-délicat.

L'échanſon interrogé à ſon tour de quel terroir venoit le vin que l'on avoit verſé pendant le repas, répondit qu'il avoit été recueilli à douze lieues de Sobarre, ſur la montagne des tombeaux. C'eſt un endroit où s'étoit autrefois donné un fameux combat, où plus de quarante mille hommes étoient reſtés ſur la place, & dans lequel fort longtemps après l'on avoit planté des vignes qui produiſoient un vin excellent.

L'empereur ne pouvoit ſe laſſer d'admirer ces cinq étrangers; plus il conféroit avec eux, plus il leur trouvoit de mérite & de ſolidité d'eſprit : mais à travers des careſſes qu'il témoignoit à ces princes, il leur laiſſoit entrevoir un chagrin dévorant. Engageant ayant pris la liberté de lui en demander la cauſe. Hélas! ſage étranger, lui répondit l'empereur, il y a bientôt deux ans que je languis pour la cruauté que j'ai commife envers ma fille & trois jeunes hommes qui fe difoient fils du roi Jugement. Alors il raconta au prince ce qu'il favoit déjà de Bel Efprit & de fes frères, comme il les fit expofer cruellement dans des ifles, où ils devoient être péris ; de quelle manière il avoit traité fa fille, en la faifant enfermer dans la tour des chiens dangereux, & que pour punition de fa dureté, les dieux lui avoient envoyé une main fatale qui défoloit fes états, en enlevant tous les mois un prince ou une princeffe qu'elle jetoit dans la mer, & que c'étoit le lendemain qu'elle devoit paroître. Mais ce qui met le comble à mon défefpoir, pourfuivit l'empereur, c'eft que je ne fuis plus le maître de la deftinée de ma fille. De crainte que je n'euffe pas la force de la punir comme je croyois qu'elle le méritoit, j'ai malheureufement remis le foin de ma vengeance entre les mains de Cubulanbuc, fameux enchanteur, & ce barbare m'a envoyé dire hier, qu'étant devenu amoureux de la princeffe, il falloit qu'elle fe réfolut à l'époufer, où que je n'avois qu'à choifir des trois fupplices fuivans; qu'elle fût dévorée par douze lions affreux, qu'elle

servit de pâture à un monſtrueux rhinocéros, ou qu'elle fût brûlée vive ; & que
cette cruelle exécution ſe feroit dans quatre
jours, à moins qu'il ne ſe trouvât quelqu'un
qui entreprît de combattre les lions, le rhinocéros, & d'éteindre les flammes qui
brûlent ſans-ceſſe. Dès le moment de ce
cruel meſſage, Cubulanbuc a conduit ſes
douze lions, & ſon rhinocéros dans la
grande place de cette ville, où il a formé
par ſes enchantemens une enceinte pour
ces bêtes féroces, & la terre s'étant entr'ouverte, il en eſt ſorti une flamme, qui
ne provenant point de matière combuſtible,
& s'entretenant d'elle-même, ne peut s'é-
teindre par aucune liqueur. J'ai fait ſupplier
Cubulanbuc de ne point donner le coup
de la mort à un malheureux père que la
colère avoit trop aveuglé lorſqu'il l'avoit
chargé de ſa vengeance. Ce cruel eſt inexorable, & je ne dois attendre aucune grâce
de lui, puiſque ma fille aime mieux ſubir
la mort la plus cruelle, que de s'unir avec
un tel monſtre.

L'empereur fondoit en larmes, en racontant cette triſte aventure ; mais Engageant
& les trois princes lui ayant témoigné qu'ils
étoient extrêmement touchés de l'état dé-

plorable où ils le voyoient réduit, l'affu-
rèrent qu'ils alloient tout entreprendre pour
rétablir la tranquillité dans fon cœur.

Le prince Engageant ayant enfuite pris
la parole. Il y a apparence, dit-il, grand
empereur, que ce font les dieux qui pren-
nent foin de venger d'illuftres malheureux,
que vous avez opprimés fans raifon ; mais
ils fe laifferont fans-doute toucher, par le
jufte repentir que vous en témoignez.
Nous allons, ces étrangers & moi, travailler à les appaifer par des facrifices que nous
favons leur être agréables, & nous n'épar-
gnerons point notre vie pour votre falut.
J'efpère en mon particulier, aidé de l'aimable princeffe Adreffe, que nous détruirons
la main fatale, avant que la journée de
demain foit paffée, & que vous ferez à
jamais délivré d'un fléau que l'illufion &
le menfonge ont forgé, pour vous punir
de n'avoir pas voulu écouter la vérité.

L'empereur avoit tant de confiance en
la fageffe & au courage de ces princes,
qu'il ne s'oppofa pas à de fi généreux deffeins, quoiqu'il les trouvât prefqu'impoffibles dans leur exécution, & fentît dans ce
moment renaître l'efpérance qu'il avoit perdue de revoir fa fille.

Les princes s'étant retirés, Engageant &
la princesse allèrent se préparer pour le lendemain à rompre l'enchantement de la
main fatale ; mais quoique le bruit courût
qu'un seul homme, aidé d'une fille, devoit s'exposer à détruire la main de Sobarre, personne n'osoit mettre la tête à la
fenêtre pour être spectateur de cette expédition ; chacun appréhendoit trop d'être la
victime de cette aventure, & l'on se contentoit de regarder du côté de la mer, par
des jalousies très-étroites, ou à travers des
barreaux de fer fort épais.

Engageant & la princesse seuls ne furent
point épouvantés ; la fée Légère, de qui ils
avoient reçu leurs instructions, les avoit
assurés du succès. Ce prince tenoit d'une
main la statue de Vérité, & de l'autre son
épée nue, dont la lame dissipoit les enchantemens. La princesse portoit devant elle le
miroir de Sagesse, & l'un & l'autre s'étant
rendus sur le bord de la mer avant la pointe
du jour, attendirent avec impatience que la
main se fît voir.

A peine l'aurore commençoit-elle à paroître sur l'horison, que cette cruelle main,
entourée d'une lumière éclatante, s'éleva
du côté de l'orient, & peu-à-peu s'appro-

cha d'Adreſſe. Cette princeſſe en examinoit les mouvemens avec attention, & lorſqu'elle s'apperçut qu'elle fondoit ſur elle,
elle lui oppoſa promptement le miroir de
Sageſſe. La main ne pouvant ſoutenir la
vertu du miroir, ſe referma auſſi-tôt, &
parut comme engourdie & immobile. Engageant lui fit alors toucher la ſtatue de Vérité ; dans ce moment, la main qui avoit
été produite par le menſonge, s'enfonça
en terre, & l'on vit ſortir à la place un cro-
codile furieux. Le prince, ſans s'effrayer,
ſe jeta deſſus, & pendant un combat qui
dura plus de deux heures, il lui plongea
tant de fois ſon épée dans le corps, qu'il
ſe trouva bien - tôt réduit aux abois. Le
prince ne le quittoit point, quoiqu'il le vît
expirant ; mais ce monſtre s'étant crevé par
le milieu avec un bruit épouvantable, il
en ſortit une fumée ſi épaiſſe, que l'air
devint tout-à-fait obſcurci, & il fut enſuite
englouti dans la terre, ſans qu'il y parût
aucune ouverture.

Le prince & la princeſſe ayant heureuſement détruit l'enchantement, rentrèrent en
triomphe dans la ville. Le roi ne ſavoit comment les remercier ; il les embraſſa pluſieurs
fois, en verſant des larmes de joie. Je com-

mence à croire que je touche au moment de recouvrer ma chère Brillante, leur dit-il : Et puisque vous êtes venus à bout d'une entreprise aussi difficile que celle de la cruelle main qui nous opprimoit depuis si longtemps, je dois présumer qu'il n'y a rien au-dessus de vos forces. Grand empereur, reprit Engageant, vous aurez tout lieu d'être satisfait ; mais c'est présentement aux trois étrangers qui m'accompagnent, à entreprendre la délivrance de la princesse. Je le tenterois vainement, la gloire leur en est réservée, & s'ils n'en viennent pas à leur honneur, vous ne devez point espérer que qui que ce soit le puisse faire.

L'empereur, entre la crainte & l'espérance, voyoit que le terme du supplice de sa fille s'approchoit, & regardoit comme une chose impossible de la retirer des mains du cruel Cubulanbuc. Mais les trois princes s'étant courageusement présentés devant lui, le supplièrent de leur donner un de ses éléphans, pour terminer cette grande aventure. L'empereur les fit conduire dans sa ménagerie, où en ayant choisi un qui paroissoit d'une force extraordinaire, ils le conduisirent dans la cour de leur appartement, & lui ayant lié les quatre jambes &

la trompe avec des chaînes de fer, ils le
faignèrent à la gorge, & le firent mourir en
peu d'heures. Alors le prince Entendement,
fous la figure d'Indigoruca Brachmane in-
dien, fe fervant du fecret de Pythagore,
ranima ce monftrueux animal, & laiffa fon
propre corps étendu fur la place, les princes fes frères l'ayant relevé, le firent mettre dans un grand coffre d'ébène, que l'on
avoit préparé pour cela, & Engageant
ayant remis fon épée nue entre les mains
de Bel Efprit, habillé en Sauvage, ils en-
voyèrent dire à l'empereur, que s'il vouloit fe rendre le lendemain à la place fur
les neuf heures du matin, ils tâcheroient de
vaincre tous les obftacles que Cubulanbuc
apportoit à la délivrance de Brillante. Le
roi, tranfporté de joie, fit publier cette
nouvelle à fon de trompe. On bâtit auffi-
tôt des échafauds que l'on couvrit de riches tapis, & tous les habitans de Sobarre
voulurent être témoins de cette illuftre
journée.

Les princes arrivèrent à l'heure marquée,
montés fur l'éléphant qui portoit auffi le
coffre dans lequel étoit le corps du prince Entendement. Si-tôt qu'ils furent dans
la place, ils defcendirent tous à terre, &

le prince Bel Esprit en habit de Sauvage,
qu'il avoit fait doubler de l'herbe Lionnée,
& armé de l'épée d'Engageant, étant entré
seul dans l'enceinte des lions, Cubulanbuc
les lâcha aussi-tôt, & referma sur eux la
barrière ; mais ces cruels animaux repous-
sés par la vertu de la lionne, au lieu de se
jeter sur le Sauvage Barbario, se mirent
à le fuir avec des rugissemens qui faisoient
trembler les plus hardis. Ce prince les poursuivit l'épée à la main, & les tua tous
douze, sans qu'ils osassent seulement se
mettre en défense.

L'empereur, sa cour & tout le peuple
étoient étonnés du peu de courage de ces
fiers animaux, & de l'intrépidité de leur
vainqueur, & l'on n'entendoit de toute part
que des cris de joie : Barbario ayant achevé
son combat, & fait ouvrir la barrière, présenta sa bonne épée à l'éléphant qui la prit
aussi-tôt avec sa trompe, & se mit à la place
du sauvage, pour combattre le rhinoceros.

L'enchanteur enragé que les lions eussent
été détruits si facilement, fit sortir alors ce
monstre, & l'opposa à l'éléphant ; l'on sait
l'antipathie qu'il y a entre ces deux animaux ;
c'est pourquoi il seroit presqu'inutile de
raconter le furieux combat qui se passa en-

tr'eux ; le rhinoceros étoit d'une grandeur &
d'une force incroyable ; & fi l'éléphant n'a-
voit pas été armé de l'épée d'Engageant,
il auroit peut-être fuccombé aux efforts de
fon ennemi ; mais il manioit fon épée avec
tant de dextérité, qu'il ne portoit aucun
coup à faux : quoique les écailles du rhinoceros fuffent impénétrables, cette épée
avoit une telle vertu, que rien ne pouvoit
lui réfifter. Enfin, après que le rhinoceros
qui perdoit fon fang de tous côtés, eut difputé la victoire pendant plus de fix heures,
il fut obligé de céder, & mourut fans avoir
pu faire la moindre bleffure à l'éléphant.
Les trompettes publièrent dans le moment
cette feconde victoire, comme elles avoient
fait la première ; & l'éléphant ayant reporté
l'épée à Engageant, s'en alla droit au coffre
d'ébene, & l'ouvrit adroitement avec fa
trompe. L'empereur qui ne favoit quel ufage
les princes vouloient faire de ce coffre, fut
auffi furpris qu'affligé d'y voir Indigoruca
fans aucun figne de vie ; il fit appeler fes
medecins qui, après avoir examiné ce fameux philofophe, fe contentèrent de dire
qu'il étoit mort. Mirliro qui étoit préfent à
cette confultation, fe mit alors à rire : fi
la fcience de ces meffieurs, dit-il, ne
s'étend

s'étend qu'à affurer qu'Indigoruca eft mort,
je vais leur faire voir que lj'en fais plus
qu'eux, en le reffufcitant; ayant enfuite fait faire un grand cercle autour de
l'éléphant, il ordonna qu'on levât le corps
du philofophe, lé fit tenir par quatre hommes, prit la trompe de l'éléphant, &
la pofant fous le nez d'Indigoruca, il feignit de prononcer certaines paroles barbares; alors le fecret de Pithagore faifant fon
effet, le prince Entendement reftitua fon
ame dans fon corps naturel, l'éléphant
tomba mort, & le philofophe paroiffant
plein de vie, remercia Mirliro de l'opéra-
tion qu'il venoit de faire.

Chaque inftant augmentoit l'admiration de
l'empereur & du peuple; on élevoit ces
étrangers jufqu'aux cieux, & l'on étoit fur-
tout dans le dernier étonnement de ce qui
venoit de fe paffer à l'égard du philofophe.
Voici bien des merveilles, dit le médecin
Mirliro, mais il faut que je vous en faffe
voir encore de plus grandes; ayant auffi-
tôt dépouillé fa robe, quitté fon chapeau
& fa fraife, il fe jeta la tête la première
dans les flammes qui étoient au milieu de
la place; chacun crut d'abord qu'il y étoit
confumé, parce qu'il s'éleva une efpèce de

fumée qui le déroba à la vue des affiſtans ;
on plaignoit ſon malheur , on l'accuſoit
d'imprudence & de préſomption , mais l'habit de Salamandre , dont il étoit couvert,
avoit trop de vertu , pour qu'il eût lieu
d'appréhender un ſort pareil ; au contraire ,
après s'être roulé pendant très-long-temps
au milieu de ces flammes qui diminuoient
peu à peu , il les éteignit ſi bien , qu'il
n'en parut pas ſeulement une étincelle. Le
peuple témoigna l'excès de ſa joie par mille
acclamations ; l'empereur ſe vit au comble
de ſes déſirs ; il embraſſa les quatre princes
avec des tranſports qui ne ſe peuvent exprimer , & courut promptement avec eux
vers la tour où Brillante étoit renfermée ;
mais Cubulanbuc qui voyoit ſes enchantemens détruits d'une manière ſi extraordinaire , s'y étoit retiré pour en défendre
l'entrée ; il eſpéroit , par la force de ſes
charmes & par le pouvoir des démons ,
empêcher la délivrance de la princeſſe ;
pour cet effet , il mit promptement ſur ſa
tête un chapeau de verveine , ſe ceignit
les reins d'une ceinture de fougère , puis
prenant dans un vieux ſac de la mandra-
gore , de la panacée & du trefle à quatre
feuilles , il jeta le tout enſemble dans une

foffe qui étoit devant la porte de la tour ;
enfuite allumant trois bougies de cire verte,
il les pofa en triangle fur le bord de cette
foffe , dans laquelle il répandit encore de
l'ache , de l'encens , du fel, du lait, du
miel , du fang, & fe mettant un bras
nud., & retrouffant fa robe plus haut que
le genou, il fit d'effroyables grimaces , après
quoi voyant que toutes ces céremonies
magiques n'avoient pas l'effet qu'il en attendoit, & que l'enfer étoit fourd à fa voix,
il devint furieux, maudit fon art, s'arracha
les cheveux, détefta les démons , & fe
frappa la poitrine à grands coups ; mais
dans ce moment les fées Pandrague & Légère ayant paru , lui ordonnèrent de rendre la princeffe. Cubulanbuc ne put défobéir
à des ordres fi abfolus ; il dépendoit entièrement de la fée Pandrague , & connut
bien alors que c'étoit elle qui l'empêchoit
d'agir, & que fans fa protection, les princes ne feroient pas fi facilement venus à
bout de leur entreprife ; il ouvrit donc les
portes de la tour, où l'on trouva l'aimable
Brillante au milieu de toutes les perfonnes
que la main fatale avoit précipitées dans la
mer, & que l'on avoit cru péries. Cette
princeffe , après avoir tendrement embraffé

H ij

l'empereur ſon père , & remercié les quatre
étrangers & la princeſſe Adreſſe , raconta
qu'elle avoit été préſervée des chiens dangereux , par le taliſman de la canicule
que lui apporta la fée Légère , par ordre
de Pandrague , au moment qu'elle fut jetée
dans cette affreuſe priſon ; que cette même
fée avoit pris le ſoin de lui amener tous
ceux & celles que la main enlevoit chaque
mois , & que ç'avoit été du moins une eſpèce de conſolation pour elle , que la compagnie de ces princes & princeſſes de ſon
ſang ; mais l'aimable Brillante ſe rappelant
au milieu de ſon diſcours la mémoire de
ſon cher prince , ſe mit à pleurer amèrement. L'empereur attendri par ſes larmes ,
& informé du ſujet qui les faiſoit couler ,
ne put s'empêcher d'y joindre les ſiennes ,
& d'avoir honte de ſes premiers mouvemens de colère.

Le ſauvage Barbario qui voyoit que l'abſence n'avoit pas ralenti la tendreſſe que
cette princeſſe avoit pour lui , voulut ſe
réjouir un moment. Oh , oh , dit-il , d'un
air bruſque , voilà une plaiſante bagatelle ,
pour vous tant affliger ; vous n'avez perdu
qu'un amant , & vous en trouvez trois aujourd'hui qui le valent bien. Indigoruca ,

Mirliro & moi nous fommes frères, vous
en avez le choix ; mais comme je fuis leur
aîné, ils ne me difputeront pas un cœur
qui m'appartient, puifque fuivant toutes les
apparences le prince Bel Efprit n'eft plus
en vie. Je ne vous parois peut-être pas fi
galant que lui, mais je fuis fûr que nous
ne ferons pas plutôt mariés, que vous me
trouverez beau à merveille. Combien d'aimables filles époufent-elles aujourd'hui des
magots ? & pourquoi n'accorderiez-vous pas
à la reconnoiffance des fervices que nous
vous avons rendus, & à l'état, ce que tant
d'autres donnent au caprice ou à l'intérêt ?

L'empereur & la princeffe étoient dans
le dernier étonnement du difcours du fauvage ; ils regardoient les fées, qui voulant
fe divertir à leur tour, dirent à Brillante
que Barbario n'avoit point tort, & qu'il
étoit trop jufte qu'elle récompenfât fon ardeur, puifqu'il étoit venu de fi loin la délivrer de l'efclavage, où fans lui elle feroit
reftée jufqu'à la mort, Ah ! que j'y rentre
plutôt pour le refte de mes jours, s'écria
douloureufement la princeffe, je n'oublierai
jamais mon cher prince ; & s'il eft mort,
il a emporté avec lui toutes mes affections
dans le tombeau. Qu'ai - je donc fait aux

H iij

Dieux , continua - t - elle , pour qu'ils me
rendent si malheureuse ? Je renonce pour
toujours à l'usage de la vie ; elle me paroît affreuse , sans l'espérance de revoir un
jour mon amant. Elle pleuroit abondamment , en proférant ces tristes paroles. Eh
bien ,. reprit la fée Pandrague , il faut donc,
aimable princesse , vous rendre cette vie
plus douce , en vous redonnant votre prince.
Alors faisant signe au sauvage qu'il étoit
temps de retirer la princesse de l'inquiétude
mortelle où elle étoit , il ôta promptement
les peaux qui lui couvroient le visage , &
se fit connoître à Brillante pour le prince
Bel Esprit.

L'empereur surpris & charmé de retrouver
un gendre si parfait , l'embrassa mille fois ,
ainsi que ses deux frères , qui ayant pareillement quitté les habits de philosophe & de
médecin , qui les déguisoient si bien , furent
aussi-tôt reconnus de toute la cour. Ils apprirent à l'empereur leurs merveilleuses aventures ; & ce prince tâcha , par toutes sor-
tes de bons traitemens & de caresses , de
leur faire oublier ce qui s'étoit passé entr'eux.

Brillante pensa mourir de joie , elle ne
pouvoit modérer ses transports. Que vous

m'avez coûté de larmes ! difoit-elle à fon
amant, mais j'en fuis trop payée par le
plaifir de vous revoir fidèle. Ma princeffe,
lui répondit-il, nos chagrins vont ceffer,
les fées font trop de nos amies, pour nous
laiffer languir davantage ; elles ont feulement
voulu éprouver notre conftance : & je fuis
fûr qu'elles vont nous récompenfer avec
ufure, par un heureux mariage, de toutes
les peines que nous avons fouffertes. Oui,
reprirent les bonnes fées, nous avons affez
éprouvé votre conftance ; il n'y auroit pas
de juftice à différer davantage votre bonheur ; l'empereur y confent, & le prince
Engageant va pareillement obtenir le prix
que mérite fa fageffe & la pureté de fa paffion pour la charmante Adreffe. L'empereur
ayant auffi-tôt fait venir le grand-prêtre, il
fit ce double mariage au milieu des réjouiffances que la ville de Sobarre témoignoit
pour leur liberté, & pour celle de leur
princeffe. La joie étoit publique, les courtifans inventoient tous les jours mille nouveaux plaifirs à l'envi l'un de l'autre ; &
ces jeux ne finirent que par la mort ino-
pinée de l'empereur Fantafque qui laiffa le
prince Bel Efprit pour fucceffeur de fes états.
Ce ne fut pas fans une extrême douleur

H iv

que Brillante & son époux virent mourir ce prince, qu'un excès de joie mit au tombeau.

Entendement & Languedor crurent alors qu'il étoit temps de prendre congé de leur frère ; cette séparation ne se fit point sans répandre bien des larmes ; mais enfin il fallut y consentir. Ils retournèrent donc à la cour du roi Jamaisvu, d'où Entendement & la reine Viperine son épouse partirent quelques jours après, pour aller reprendre le soin de leurs états. Engageant & Adresse prirent pareillement la route de leur royaume, où ils arrivèrent heureusement, ainsi que les deux autres princes, & ils passèrent le reste de leur vie avec leurs tendres épouses, comblés des bienfaits que les fées Pandrague & Légère répandirent continuellement sur toutes leurs familles.

TROIS
NOUVEAUX CONTES
DES FÉES.

PAR MADAME DE LINTOT.

H⸱

TIMANDRE

ET

BLEUETTE.

CONTE.

DAns la charmante vallée de Cangam régnoit autrefois un prince auquel on avoit donné le nom de Silencieux. Il n'étoit point aimé de ses sujets, parce qu'il parloit peu, & ne rioit que rarement. Il étoit cependant spirituel, aimoit à faire du bien, & gouvernoit son royaume avec beaucoup de bonté, de justice & de prudence. Tant de belles qualités n'empêchoient pas que l'on ne formât quelquefois des complots contre sa vie.

Silencieux n'ignoroit pas jusqu'à quel point il étoit haï. Cette haîne le chagrinoit beaucoup il espéroit cependant qu'à force de bienfaits, il pourroit gagner le cœur de ses peuples : c'est ce qui l'engageoit à paroître sou-

H vj

vent fur un balcon de fon palais, qui donnoit fur la grande place; & de là il repan-
doit une quantité confidérable d'or & d'argent. Un foir il apperçut dans la foule une
petite femme vieille & fimplement vêtue,
qui tenoit un panier d'herbes à fon bras,
& qui lui crioit: Sire, faites-moi la grâce
de m'acheter mes herbes; je fuis fi malheureufe, que perfonne n'en veut, quoiqu'elles
foient bonnes, & que je les donne à meilleur marché que les autres; fi votre majefté a cette bonté, elle m'empêchera de
mourir de faim. Le roi touché de la mifere
de cette pauvre femme, lui envoya une
bourfe remplie d'or; elle la reçut avec
une joie qu'il eft aifé de concevoir, & pria
celui qui lui apporta cet argent de prendre fon panier d'herbes, de le donner au
roi de fa part, & de lui demander un
moment d'audience. Gardez votre panier,
lui dit le courtifan, en fe moquant d'elle.
Fatime (c'étoit le nom de cette bonne femme) ne fe rebuta point, & fit la même
priere à plufieurs autres officiers; mais
aucun d'eux ne l'écouta. Elle prit donc le
parti d'attendre à la porte du palais que Silencieux fortît pour aller au temple. Lorfqu'elle l'apperçut, elle s'approcha avec beau-

coup de respect, & lui dit : je viens remercier votre majesté de la grâce qu'elle
a bien voulu me faire, & la supplier
d'ordonner que l'on porte mes herbes dans
son cabinet. Je ne puis, sire, vous donner
une marque plus sensible de ma reconnoissance. Ce panier contient un présent digne
de votre majesté, si ce qu'une belle dame
m'a dit un jour est véritable. Elle me donna
une feuille d'oseille pour me récompenser
de lui avoir laissé cueillir quelques fleurs
dans mon jardin. Conservez, me dit-elle,
cette feuille avec soin, elle a des proprié-
tés qui la rendent précieuse. Tant que vous
la porterez sur vous, il ne vous arrivera
point d'accident. Je l'ai gardée long-temps,
sire ; mais voyant que je ne pouvois vendre mes herbes aujourd'hui, je me suis
déterminée à m'en défaire. Je l'ai montrée
à plusieurs personnes, je leur en ai expli-
qué les vertus, en offrant de la donner pour
peu de chose ; on m'a traitée de folle : de
dépit, je l'ai jetée dans mon panier : si
votre majesté est curieuse de la connoître,
elle la trouvera aisément, parce qu'elle est
plus large & plus longue que les autres,
& qu'il y a dessus quelques caractères que
je n'ai pu lire. Le roi la remercia, & lui

fit donner encore deux bourfes pareilles à la première ; faifant enfuite porter le panier d'herbes dans fon appartement, il y entra pour chercher la feuille qu'il trouva fans peine. L'examinant avec attention, il remarqua qu'en effet on avoit écrit deffus, qu'en mettant cette feuille dans la main gauche, l'on fe rendoit invifible, & qu'en la pofant fur fon cœur, l'on connoiffoit les penfées les plus fecrettes de ceux avec lefquels on fe trouvoit. Silencieux voulant en éprouver la vertu, la mit dans fa main, & traverfant alors fes appartemens, il connut avec un plaifir infini que perfonne ne le voyoit. La mettant enfuite fur fon cœur, il lut dans l'ame de fon capitaine des gardes, qu'il avoit deffein de l'affaffiner le foir même, dans l'efpoir de régner à fa place. Le roi retiré dans fon cabinet, fit arrêter ce traître & fes complices, & leur punition fuivit de près l'aveu qu'ils firent de leur crime. Ce prince s'eftimant bienheureux d'avoir une herbe fi utile, la renferma dans un petit fac de toile d'or, qu'il porta toujours depuis fur fon cœur ; par ce moyen, il connut les caractètes des perfonnes qui l'approchoient. Il n'apperçut que des cœurs faux & livrés à l'ambition, efclaves de la

plus honteufe avarice. Effrayé de trouver
tant de vices parmi fes favoris & fes courtifans, il voulut examiner fi tous fes fujets
étoient également pervertis ; il n'en trouva
prefque pas un qui ne fût différent de ce
qu'il paroiffoit être. Révolté de régner fur
un peuple fi dépravé, il prit le parti de
defcendre du trône, & d'aller finir fes jours
dans un de fes châteaux fitué au milieu
d'une belle forêt , préférant la douceur
d'une vie tranquille & folitaire , au tumulte
de la cour, & aux honneurs qu'on lui rendoit. La reine fa femme étoit morte il y
avoit long-temps , & ne lui avoit laiffé de
fon mariage qu'une fille qui lui avoit été
enlevée dès le berceau par une grande
chienne noire , & depuis il n'avoit pas été
poffible de favoir ce que cétte princeffe
étoit devenue ; ainfi rien ne l'empêchoit de prendre le parti de la retraite : la
folitude avoit pour lui des charmes que le
grand monde ne lui préfentoit pas ; il aimoit à lire & à étudier. Quoique prince
il étoit philofophe & favant , mais il n'en
avoit point les défauts ; fon favoir ne le
rendoit pas infupportable comme beaucoup
de gens : il étoit fans entêtement , fans
préfomption , & peu curieux d'entendre

louer ſes ouvrages ; enfin il rendoit juſtice
à ceux qui parloient ou penſoient mieux
que lui.

Comme il ſe diſpoſoit à partir, il vit
entrer dans ſon cabinet Abdal (c'étoit un
homme de diſtinction & de mérite): le roi
ne l'avoit point vu depuis qu'il portoit la
feuille d'oſeille ; ce miniſtre en avoit été
empêché par une maladie longue & fâcheuſe.
Silencieux ne doutant pas qu'il ne fût auſſi
peu vertueux que les autres, alloit ſortir
ſans le regarder ; mais faiſant réflexion qu'il
l'avoit chargé avant ſa maladie de quelques
affaires qui l'intéreſſoient particulièrement,
il lui en demanda compte. Quelle fut ſa
ſurpriſe ! il vit que c'étoit le ſeul homme
de ſon royaume qui eût véritablement de
la vertu : il en fut ſi charmé qu'il l'embraſſa,
& lui dit qu'il méritoit de porter la couronne, qu'il étoit dans la réſolution de quitter : il le pria de l'accepter, en l'aſſurant
que ſes peuples le chériroient, parce qu'il
avoit toutes les qualités néceſſaires pour
s'en faire aimer. En effet, Abdal étoit le plus
aimable de tous les hommes ; il avoit l'air
noble, les yeux beaux, la bouche riante,
& le ſourire gracieux ; le ſon de ſa voix
étoit agréable, il chantoit divinement, &

ſe connoiſſoit parfaitement à tout ; enfin
il étoit bien fait , & avoit infiniment d'eſprit ; mais ce qui le rendoit accompli , c'é-
toit la bonté de ſon cœur. Compatiſſant
aux peines des malheureux , ſon plus grand
plaiſir étoit de leur faire du bien , & il le
faiſoit avec un air de bonté qui charmoit
autant ceux qu'il obligeoit que le plaiſir
même ; on peut donc juger de la joie de
tout le monde , quand on apprit que Silencieux lui avoit cédé ſon royaume en ſe
retirant. Abdal avoit fait ſon poſſible pour
détourner le roi du parti qu'il avoit pris ,
& pour ne point régner à ſa place , mais
il avoit été forcé d'obéir , au grand contentement de tout le royaume, dont il fut adoré
& reſpecté , auſſi bien que la belle Zemona
& le jeune Timandre ſon fils. Ce prince
avoit un mérite égal à celui du roi ſon
père ; il étoit ſi beau , ſi bien fait , qu'on
ne pouvoit le voir ſans admiration. Un jour
qu'il étoit dans une , forêt occupé à lire un
livre qui lui plaiſoit en l'inſtruiſant , il vit
voltiger devant lui un papier ſur lequel il
y avoit quelque choſe d'écrit en lettres d'or;
il ſe leva pour le prendre ; mais voulant
mettre la main deſſus , le papier s'éloigna
de lui. Timandre courut après , le papier

s'eloigna encore , & fit la même chofe toutes les fois que le prince voulut en approcher. Timandre ne fe rebutant pas , voulut voir jufqu'où le papier le conduiroit ; il le fuivit toute la journée , & fe trouva à l'entrée de la nuit dans un endroit de la forêt qu'il ne connoiffoit pás : pour lors le billet vint fe pofer dans fa main , & le prince lut ce qui fuit :

Une charmante princeffe
Sent pour toi le plus fort amour ;
Si tu réponds à fa tendreffe ,
Tu la poff'éderas un jour :
Mais fi ton indifférence
Lui fait verfer les moindres pleurs ;
Tu peux préparer ta conftance
A tous les plus grands malheurs.

Le prince relut plufieurs fois ces vers , & ne fut point épouvanté des menaces qu'ils contenoient ; il ne douta pas qu'il n'eût un jour beaucoup d'amour pour la princeffe inconnue : jufques - là il n'avoit point aimé , aucun objet ne lui avoit paru digne de fon attachement ; ce n'eft pas que Zemona n'eût un grand nombre de beautés à fa fuite , mais Timandre leur avoit toujours trouvé des défauts ou dans l'efprit , ou dans l'humeur. Belife remplie d'amour-propre, & sans-cesse occupée du soin de plaire, en vouloit à tous les cœurs, & n'accordoit un sourire grâcieux qu'à ceux qui lui disoient qu'elle étoit belle. Célerine, dans de certains momens, étoit prévenante, caressante, & dans d'autres elle étoit dédaigneuse & piquante. Fatma se piquoit d'être savante, & ne parloit presque jamais que des affaires du temps, décidoit de tout, & ne trouvoit pas de femmes assez spirituelles pour s'entretenir avec elle. Barbane étoit fière, & s'ennuyoit par-tout. Felice se donnoit trop de mouvemens en parlant, & avoit un air trop embarrassé ou trop pincé. Enfin de toutes les personnes qu'il connoissoit il n'y en avoit pas une qui pût lui plaire. Il s'imagina que celle dont on lui parloit sur le papier seroit telle qu'il pouvoit le désirer. Flatté de cette idée, il ne songea qu'au plaisir de la voir; ce qui le fâchoit beaucoup, c'est que le petit papier ne lui marquoit pas le lieu qu'elle habitoit : dans cette incertitude il marcha pour trouver dans la forêt quelque maison où il pût apprendre des nouvelles de ce qu'il vouloit savoir. Quelques momens après il entendit un bourdonnement dans l'air, il leva sa tête, & il apperçut un petit

trône de roses & de jasmins soutenu par
une quantité prodigieuse d'abeilles qui voloient doucement de son côté. Ce spectacle l'étonna beaucoup ; mais il fut bien plus
surpris lorsqu'il vit la petite troupe aîlée
s'arrêter auprès de lui, & une des mouches
lui présenter une feuille de rose, sur laquelle
on lui marquoit de monter sans différer sur
le trône, & de se laisser conduire dans un
lieu où il étoit attendu avec impatience.
Timandre ne faisant pas réflexion aux chagrins qu'il alloit causer au roi & à la reine
par son absence, fit alors comme tous les
jeunes gens sans expérience. Il n'écouta
point la raison, & s'abandonnant à son seul
penchant, il se plaça au milieu des roses
& des jasmins, & vit avec un plaisir infini
que son petit attelage fendoit les airs avec
une vîtesse incroyable. Il ressembloit à un
habitant de l'Olimpe dans cette charmante
voiture : de grands cheveux bruns & bou-
clés tomboient négligemment sur un habit
de gaze bleue & argent dont il étoit vêtu.
Deux serins violets étoient à côté de lui
sur une branche de jasmin, & siffloient des
airs à deux parties avec une justesse étonnante, leurs sons étoient si tendres & si
doux qu'on ne pouvoit les entendre sans

éprouver une agréable émotion. Ce prince n'avoit jamais voyagé avec autant d'agrément & une si grande vîtesse, car ses yeux, quoique très-bons, ne pouvoient distinguer les différens pays sur lesquels il passoit; il traversa les airs pendant quatre heures, pour lors les mouches posèrent la voiture dans un jardin si magnifique & si surprenant, qu'il lui parut être le séjour des dieux.

Il n'avoit jamais rien vu d'approchant; le sable des allées de ce jardin étoit d'or, & les branches des arbres étoient transparentes & de même couleur que l'émeraude; les feuilles, du plus beau verd du monde, ne tomboient jamais; enfin, tous ces arbres étoient garnis de fleurs & de fruits, qui répandoient une odeur si douce & si agréable que l'odorat & la vue étoient également satisfaits. Des gazons naissans offroient de tous côtés de quoi goûter un doux repos. Mille & mille oiseaux chantoient dans les sombres allées du bois, & s'accordoient parfaitement avec une symphonie charmante que l'on entendoit dans les airs. Un printemps continuel régnoit dans ce beau séjour; jamais la pluie ni le vent ne s'y faisoient sentir; le seul zéphir pouvoit s'y promener. Des violettes, des hyacinthes, des jonquilles, & beaucoup d'autres fleurs étoient les feules chofes que produifoit ce lieu charmant : on n'y voyoit pas d'herbes inutiles, point de bêtes incommodes ; des biches blanches qui portoient des colliers de diamans couroient dans le bois ; on voyoit dans les allées des perdrix, des faifans, des tourterelles, des paons & des écureuils, tous ces animaux étoient privés & dociles à la voix de ceux qui les appeloient. Une eau claire, fraîche & pure fortoit de plufieurs fontaines, & formoit une quantité de petits ruiffeaux qui rouloient dans des canaux de criftal de roche, dont les bords étoient garnis de violettes & de penfées : des paliffades de jafmins, de grenades & de fleurs d'oranges étoient les feules murailles qui défendoient l'entrée de ce féjour enchanté. Timandre ne fe laffoit point d'admirer toutes ces beautés ; cependant, il mouroit d'impatience de trouver la maîtreffe de ce jardin charmant. Quand il eut parcouru quelque temps ces beaux lieux, il vit paffer une calèche d'yvoire traînée par deux cerfs dont les bois étoient d'or, & dans cette calèche il apperçut une perfonne plus belle que la jeune Hébé ; il en fut

enchanté, & voulut fe mettre au-devant
de la voiture pour l'arrêter, mais les cerfs
alloient fi vîte qu'il la perdit bientôt de
vue. Cette aventure l'auroit affligé s'il avoit
eu le temps d'y penfer ; mais douze autres calèches de porcelaines du Japon, tirées par des licornes blanches, & conduites par douze perfonnes plus belles que la
première, lui causèrent un fi grand étonnement qu'il demeura comme immobile,
fans avoir la force de prononcer un feul
mot. Il fe repentit de fon filence, car un
inftant après il ne vit plus aucune voiture :
il fuivit avec rapidité la route qu'elles avoient
prife, & s'avança jufqu'au bout d'une
grande allée ; mais quand il y fut arrivé,
il ne vit ni les calèches, ni les dames qui
lui avoient donné tant de curiofité ; il découvrit un canal qui paroiffoit avoir une
longueur infinie, & fur lequel étoient plufieurs vaiffeaux de criftal, dont les mats
étoient d'or, & les voiles de gaze couleur
de rofe & argent : tous les matelots étoient
vêtus d'une toile d'argent, & portoient des
guirlandes de fleurs qui fervoient à attacher
les rames d'or de ces fuperbes bâtimens.
Le prince furpris avec raifon de ce nouveau fpectacle, s'arrêta, & confidéra avec

attention cette flotte qui s'avançoit lentement de son côté. Une petite chaloupe
en fut détachée, & vint aborder où il étoit.
Un enfant fait comme on dépeint l'amour
en sortit, & demanda au prince s'il n'étoit
pas curieux de connoître la beauté qui
régnoit dans ces lieux. Timandre l'assura
qu'il n'imaginoit pas de plus grand bonheur que celui de pouvoir lui rendre ses
hommages. Entrez donc dans ma barque,
lui dit l'enfant avec un sourire malicieux,
& vous ne serez pas longtemps sans être
au comble de vos désirs. Le prince ne se
fit pas prier longtemps; il sauta précipitamment dans la chaloupe, qu'un coup de
vent eut bientôt rapprochée du plus grand
des vaisseaux. Il y fut reçu par deux jeunes personnes qui le conduisirent sur le til-
lac, où la reine étoit assise sur un trône fait
d'une seule amétiste. Quatre citroniers dans
des caisses d'émeraudes formoient au-dessus de sa tête un berceau qui faisoit le plus
bel effet du monde. Elle se leva quand le
prince fut arrivé près d'elle, & le faisant
asseoir, elle lui demanda s'il avoit ajouté
foi aux vers qu'il avoit lus dans la forêt,
& s'il avoit été touché de l'espérance qu'on
lui avoit donnée. Je n'ai point eu assez de
vanité

vanité, madame, lui dit-il, pour ofer penfer qu'un fort auffi doux me fût deftiné :
j'ai cependant cru ne devoir pas différer
de me rendre auprès de l'aimable princeffe qui m'étoit annoncée. Je fuis donc
parti avec le deffein d'aller lui offrir mon
cœur & mes fervices : mais, madame,
votre préfence a déjà fait naître dans ce
cœur d'autres fentimens qu'une divinité
ne feroit pas capable de détruire. Je m'ef-
timerai le plus heureux des mortels fi vous
me permettez de vous les faire connoître,
& fi vous voulez bien fouffrir que je paffe
mes jours à vous admirer. Je vous accorde
volontiers ce que vous me demandez, lui
dit la reine, & veux bien vous avouer que
je fuis cette perfonne que vous cherchez.
Je vous vis hier dans la forêt où mes mouches vous ont enlevé, vous pourfuiviez un
cerf avec beaucoup d'ardeur, vous me parûtes un dieu, tant je vous trouvai charmant. Je fentis que vous feul pouviez faire
ma félicité, ainfi je formai le deffein de
vous faire connoître ce que je penfois, &
de vous attirer à ma cour : je l'ai exécuté
aujourd'hui : je me nomme Gracieufe, &
je fuis fille de la reine des fées. Je poffède
l'art de féerie auffi bien qu'elle, & ces

lieux ne dépendent que de moi. Ce royaume eſt le ſéjour des plaiſirs; on y rencontre par-tout les ris, les jeux & les grâces ; les chagrins & les ennuis en ſont ban-
nis à jamais : je me ſuis engagée par un ſerment inviolable à les punir ſitôt qu'ils y
paroîtroient : voyez ſi vous ſerez capable
de les empêcher de vous approcher, & s'il
vous ſera poſſible de m'aimer auſſi conſ-
tamment que je l'exige de vous. Si vous
me promettez une fidélité à toute épreuve,
vous régnerez dans ces beaux lieux, &
rien n'y troublera les plaiſirs que l'on vous
y prépare : ſi mon cœur, ma main & ma
couronne ne peuvent vous flater, vous
pouvez retourner à la cour d'Abdal, je
vous y ferai reconduire, quoique je ſente
que votre éloignement puiſſe faire le malheur de ma vie. Déterminez-vous ; mais
ſongez qu'une deſtinée affreuſe vous attend
ſi vous me manquez de parole.

Timandre enchanté de la reine Gracieuſe, lui jura que toutes les beautés de l'univers ne pourroient jamais le faire repentir
de ſon attachement pour elle, & qu'elle ſeroit toujours l'unique objet de ſon amour,
ſerment que les amans font d'ordinaire quand

ils commencent d'aimer, & qu'ils oublient
auffi-tôt qu'ils font contens. Gracieufe fatisfaite de l'affurance que lui donnoit le prince, lui préfenta fa main qu'il baifa avec
un tranfport qui ne déplût point à cette
reine ; elle eut avec lui une converfation
qui, quoique fort longue, ne lui parut avoir
duré qu'un moment. Timandre la trouvoit
la plus parfaite de toutes les femmes ; les
grâces les plus touchantes étoient répandues
fur fa perfonne ; fon efprit étoit aifé, fin
& délicat. Elle étoit grande, & fa taille
parfaitement bien prife. Elle avoit la gorge,
les bras & les mains admirables : mais un
voile épais lui cachoit le vifage, & donnoit au prince une curiofité qu'il auroit bien
voulu fatisfaire : mais elle lui difoit qu'il n'é-
toit pas encore temps qu'elle fe montrât à
lui, qu'elle vouloit cacher la honte de l'a-
veu qu'elle lui avoit fait trop promptement,
& que de plus elle vouloit éprouver fi elle
pourroit s'en faire aimer autant qu'elle le
défiroit, fans le fecours de fon vifage. Je
veux, mon cher Timandre, ajouta-t-elle,
que vous foyez plus touché de mon caractère que de ma beauté. Un beau vifage frappe & plaît beaucoup, mais il eft comme
une fleur fraîche & belle qu'un rayon de

foleil un peu trop ardent fane en un moment ; quand bien même il fauroit fe garantir des accidens qui peuvent le gâter, il
ne fauroit éviter les effets que font fur lui
le nombre des années. Ne vous chagrinez
cependant pas, je ne porterai point toujours ce voile qui vous afflige : je veux
éprouver votre fidélité ; & lorfque j'en ferai affurée, je vous rendrai maître de ma
perfonne comme vous l'êtes de mon cœur.
Le prince trouva tant de raifon dans le difcours de la reine, qu'il n'ofa infifter malgré
la vivacité de fes défirs. Il y avoit cinq ou
fix heures qu'il étoit dans le vaiffeau, lorfqu'il apperçut fur le bord du canal un palais que Gracieufe lui dit avoir ordonné
pour le recevoir : il étoit bâti de diamans
d'une groffeur & d'une beauté furprenante. Les vaiffeaux y vinrent aborder :
Timandre mit pied à terre avec la reine &
fa fuite pour entrer dans le fuperbe bâtiment : il en loua plus d'une fois la ftructure
& la magnificence. Après plufieurs éloges,
on le fit paffer dans un fallon où l'on trouva
une table fervie des mets les plus exquis.
Gracieufe s'y plaça à côté du prince, avec
une partie de fa cour. A la fin du repas elle
joua du luth, & chanta de façon que fi Ti-

mandre n'avoit pas été le plus amoureux
des hommes il le feroit devenu dans cet inftant. Malgré la prodigieufe étendue de fa
voix elle étoit douce & parfaitement jufte.
Le bal fuivit ce magnifique repas, & fut compofé d'une jeuneffe brillante de l'un & de
l'autre fexe. Gracieufe danfa toujours avec
Timandre, & danfa. Le prince n'avoit jamais éprouvé de fi doux momens; il en
paffa d'autres pendant fix mois qui ne furent pas moins agréables, car on inventoit
tous les jours de nouveaux plaifirs pour l'empêcher de s'ennuyer. Il aimoit & étoit aimé,
cependant, il manquoit à fon bonheur de
poffeder fa chère Gracieufe, & le plaifir
de voir dans fes yeux cette tendreffe qu'elle
lui témoignoit à tous les momens. Un foir
qu'il fe promenoit avec elle fur les bords du
canal, il la conjura de mettre le comble à fon
bonheur, puifqu'elle étoit convaincue de la
violence & de la fincérité de fa paffion. Il la
preffa fi vivement, qu'elle ne put le refufer, mais fa prière ne fut pas exaucée fur le
champ; le jour fut pris & attendu avec une
égale impatience de la part des deux amans.
Quand il fut arrivé ils fe donnèrent la main,
& fe jurèrent un amour éternel dans un
petit temple entouré d'arbres & confacré à

la volupté. L'amour & l'hymen se réconci-
lièrent dans ce moment, & furent toute la
journée avec les deux époux, que l'on conduisit après la cérémonie dans un appartement tapissé de jasmins & de fleurs d'oranges ; deux escarboucles placés auprès d'un
très-beau lit y répandoient une grande clarté ; mais Gracieuse donna ordre à ses femmes de les ôter. Le prince y consentit avec
peine, mais enfin le plaisir qu'on lui ôtoit
ne l'empêcha pas de se livrer avec une joie
inconcevable à ceux qu'il avoit attendus
avec tant d'impatience. Jamais nuit ne lui
parut si courte ; il vit arriver le jour, &
s'imagina qu'il avoit commencé sa carrière
plutôt qu'à l'ordinaire : il s'en consola cependant dans l'espérance de voir enfin le
visage de celle qu'il aimoit avec tant d'ardeur. Il se pressa donc d'ouvrir les rideaux,
& de jeter les yeux sur la reine qui dormoit profondément : mais, grands dieux,
qu'il fut étonné ! cette personne qui lui avoit
inspiré tant d'amour, avoit une petite tête
de guenon qui faisoit même en dormant des
grimaces fort plaisantes, mais qui parut si
épouvantable à Timandre, qu'il en fut cons-
terné. Il devint pâle & froid, & conçut
pour la reine une aversion aussi forte que

l'amour qu'il avoit reſſenti avoit été violent. Il ſe répentit, mais trop tard, de s'ê-
tre engagé dans une aventure qui lui avoit
paru charmante, & dont les ſuites étoient
ſi fâcheuſes. Il jura que s'il pouvoit ſe tirer
de celle-ci, il ne ſe laiſſeroit jamais ſéduire
par les apparences. Qu'elles ſont trompeu-
ſes, s'écria-t-il, & qui croiroit qu'un ſi beau
corps eût une ſi vilaine tête. Ces paroles
réveillèrent la reine, elle les entendit, &
quoiqu'elle dût ſe rendre juſtice, elle en fut
vivement piquée. Toutes les femmes veulent être flatées; la vérité ne leur plaît
qu'autant qu'elle ne cherche pas à détruire
la bonne opinion qu'elles ont de leur beauté. On peut donc juger du dépit de Gracieuſe, puiſqu'elle avoit ce foible plus que
perſonne de ſon ſexe: elle regarda le prince, & connut l'horreur qu'il avoit pour elle.
Quel déſeſpoir pour une femme qui aime
de ſentir qu'elle n'inſpire que de la haine.
Elle forma dans l'inſtant le deſſein de ſe
venger, & elle l'exécuta ſans différer. Sa
baguette étoit au chevet du lit; elle la prit,
& touchant Timandre, elle lui dit: ingrat
puiſque je ne puis plus t'inſpirer d'amour,
deviens ſi différent de toi-même que tu ne
puiſſes jamais plaire à qui que ce ſoit. Dès

qu'elle eut achevé de prononcer ces mots ,
le prince devint un papillon couleur de rofe
& bleu ; la fée le métamorphofa ainfi
par une forte d'injuftice , en attribuant à fon
inconftance ce qu'elle ne devoit imputer
qu'à fa difformité. Il ne changea point de
façon de penfer en changeant de figure.
Gracieufe lui laiffa le fouvenir de ce qu'il
avoit été , & le chaffa du palais & du jardin des graces. Il s'en éloigna avec viteffe
afin de ne plus voir le monftre qui venoit
de le métamorphofer , & vola plufieurs mois
fans favoir où il alloit ; il étoit trifte & chagrin , & n'efpéroit plus goûter aucun plaifir ;
cependant , il craignoit que la parque cruelle
ne tranchât le fil de fes jours ; le moindre
oifeau le faifoit trembler. Tous les hommes
fe reffemblent en ce point , c'eft en vain
qu'ils fe récrient fur leurs malheurs & fur
le défir de la mort , il n'y en a pas un qui
ne cherche à prolonger fa vie. Timandre
prenoit autant de foin de fes jours que s'il
eût été le plus heureux des mortels. Après
avoir longtemps volé , il fe trouva à l'entrée d'un bois dont les arbres paroiffoient
avoir plufieurs fiècles ; il s'y repofa , & vit
paffer un moment après une perfonne de
feize ou dix-fept ans , que la nature avoit

ornée d'une beauté si parfaite que la mère
des amours ne la surpassoit point. Un habit
de toile de lin & quelques bleuets qu'elle
avoit arrangés sans beaucoup de soin dans
ses cheveux faisoient toute sa parure : tous
les charmes dont elle étoit partagée ne paroissoient pas la rendre plus vaine ; un air
de douceur & de modestie prévenoit en sa
faveur.

Quelle différence, dit en lui-même Timandre (en la considérant) de cette belle
fille avec celles qui sont à la cour de Gracieuse ! elle n'emprunte aucun secours de
l'art pour plaire, cependant elle est capable
d'enflammer tout l'univers. Les autres au
contraire, malgré les soins qu'elles se donnent, ne peuvent que difficilement toucher, parce qu'elles n'ont rien de naturel ;
leurs discours, leurs contenances sont étu-
diés ; elles affectent d'avoir dans leurs paroles & dans leurs actions une liberté qui
semble tout permettre à ceux qui les appro-
chent. Le prince, en faisant ces réflexions,
s'apperçut qu'il suivoit malgré lui cette aimable personne, & qu'un secret penchant
commençoit à s'emparer de son cœur. Il
s'en approcha le plus qu'il lui fut possible,
& vint enfin se placer sur les fleurs de son

I v

bouquet. Bleuette, c'étoit le nom de cette
jeune fille, trouva le papillon si familier
& moucheté si joliment, qu'elle le laissa
dans cette place ; elle continua son chemin,
& fort peu de temps après elle entra dans
une petite maison dont les meubles étoient
simples, propres, & d'un goût exquis. Un
jardin orné de fleurs, & rempli d'arbres
fruitiers, qu'une haie d'aube-épine environnoit, laissoit entrevoir une prairie que plusieurs ruisseaux bordés de deux rangées de
saules arrosoient, & rendoient très-agréable. Le prince fut plus enchanté de ce lieu
champêtre qu'il ne l'avoit été du beau
séjour de la reine des grâces. Il apperçut
dans cette simple demeure une petite femme
fort âgée, qui paroissoit aussi respectable par
son air de douceur & de bonté que par le
nombre de ses années. Elle filoit quand
Bleuette entra, mais si-tôt qu'elle l'apperçut,
elle laissa son fuseau, & lui tendit les bras.
Vous voilà donc, ma chère fille, lui dit-
elle en l'embrassant, que vous m'avez donné
d'inquiétude ! de grâce, dans la suite ne vous
éloignez plus si long-temps de moi ; les personnes de votre âge, & belles comme vous,
sont sujettes à faire souvent des rencontres
fâcheuses, quand une mère prévoyante ne

les accompagne point. Je profiterai de vos conseils, dit Bleuette, je n'ai pourtant rien rencontré de dangereux dans ma promenade ; ce seul papillon s'est offert à mes yeux, je veux le conserver long-temps, parce qu'il est beau , & que je m'imagine qu'il n'a point envie de me quitter : elle en eut effectivement beaucoup de soin , & ne manqua pas de mettre tous les jours un gros bouquet de fleurs à son côté, afin qu'il pût s'y reposer. Timandre soupiroit souvent en la regardant , & se trouvoit bien malheureux de l'aimer, d'être si près d'elle, & de n'être qu'un papillon ; jamais il n'avoit vu de fille si aimable & si bien élevée. La vieille qui , selon les apparences , n'étoit pas d'une naissance distinguée , étonnoit souvent le malheureux prince, par ses discours & les instructions qu'elle donnoit à sa fille. Elle bannissoit avec elle cet air de sévérité dont la plupart des mères se servent lorsqu'elles parlent à leurs enfans. Cette bonne femme disoit qu'il falloit instruire la jeunesse en l'amusant. Elle n'avoit ni l'humeur fâcheuse, ni les infirmités de la vieillesse ; un air tranquille & content étoit répandu sur toute sa personne ; elle ne fatiguoit point par de longues histoires du temps

I vj

passé, ni par des remontrances hors de
saison. Un jour que Bleuette se promenoit
dans la prairie avec son papillon, elle s'entendit appeler par Fatime, (car c'étoit
Fatime qui s'étoit retirée dans cette solitude ; elle avoit acheté la petite maison où
elle étoit, avec une partie des bourses
d'or que Silencieux lui avoit fait donner,
& l'autre avoit servi à la faire vivre tranquillement avec sa chère Bleuette,) celle-
ci s'entendant donc appeler, comme je
l'ai dit, par la bonne Fatime, courut à la
maison pour savoir ce qu'elle lui vouloit.
Je suis fort affligée, ma fille, lui dit cette
femme ; en voulant prendre ma quenouille
sur cette planche, j'ai fait tomber cette
phiole que vous voyez par terre ; elle étoit
remplie d'une liqueur que m'avoit donné
la même dame qui m'avoit fait présent de
la feuille dont je vous ai parlé. Une seule
goutte de cette eau pouvoit détruire les
plus grands enchantemens. Bleuette, pour
la consoler, lui dit : vous n'avez point de
méchantes fées pour voisines, pourquoi
regretter cette liqueur ? Timandre entendit
cette conversation, & ne douta point que,
puisque cette eau avoit une si grande vertu,
elle ne pût lui rendre sa première forme.

Ne craignez rien et daignez m'écouter un moment.

Il vola donc promptement à l'endroit où elle étoit répandue, & à l'inftant il s'éleva une épaiffe fumée dans la chambre ; quand elle fut diffipée, le prince fe trouva tel qu'il étoit avant fa métamorphofe, c'eft-à-dire, le plus aimable de tous les hommes. Fatine & Bleuette furent très-effrayées en le voyant paroître, & ce fut avec bien de la peine que le prince les empêcha de prendre la fuite. Ne craignez rien, leur dit-il, & daignez m'écouter un moment. Elles y confentirent enfin, & pour lors il leur conta ce qui lui étoit arrivé, leur apprit fon nom & fa naiffance. Fatime lui marqua la joie qu'elle avoit de la fin de fon enchantement, & le pria fort honnêtement de ne pas faire un plus long féjour chez elle, & de s'en retourner à la cour d'Abdal, qui n'étoit éloignée que de quatre lieues. Pardonnez-moi, feigneur, fi je vous preffe fi fort de partir, ma fille eft jeune, & vous auffi ; je ne doute cependant ni de fa vertu, ni de la vôtre, mais il faut toujours craindre la médifance. Le prince n'ofa la contredire, mais il ne fe détermina à s'éloigner de la moitié de lui-même, que dans l'efpérance de la revoir bientôt. Adieu, fage Fatime, lui dit-il, je vais retrouver

le roi mon père, & lui rendre un fils ;
qu'il n'attend peut-être plus ; mais je vais
auffi lui apprendre à qui il a l'obligation de
mon retour ; je le fupplierai en même temps
de me permettre que j'uniffe ma deftinée
à celle de la charmante Bleuette. Fatime
ne fut pas flatée de l'honneur que le prince
vouloit faire à fa fille ; elle avoit des exemples de plufieurs grands feigneurs, qui avoient
époufé des perfonnes d'une naiffance obfcure, parce qu'ils en étoient fort amoureux, & qui dans la fuite les avoient mé-
prifées. Elle le remercia, cependant, très-poli-
ment. Pour Bleuette, elle rougit beaucoup
en recevant l'adieu de Timandre, elle fentoit
pour lui quelque chofe qu'elle ne connoiffoit
pas encore, & qui rendoit fes yeux plus touchans qu'ils ne l'avoient été jufqu'alors. Elle
foupira malgré elle, en voyant le prince
s'éloigner. Il entendit ce foupir, & fe flatant
qu'il l'avoit caufé, il fe crut le plus heureux des hommes. Il arriva en très-peu de
temps à la cour, & furprit également le
roi & la reine, qui l'aimoient avec tendreffe. On fit des réjouiffances publiques
pour célébrer fon retour ; perfonne ne reçut
ordre d'en faire ; l'amitié feule qu'on avoit
pour le prince, fit ceffer tous les travaux,

& obligea les grands & les petits à témoigner la joie qu'ils reſſentoient. Silencieux ayant appris cette nouvelle, ſortit exprès de ſa ſolitude, pour en féliciter le roi. En entrant dans l'appartement de ce prince, il rencontra une dame, dont l'air & le port majeſtueux l'étonna. Après l'avoir ſalué, elle lui dit de la ſuivre, s'il étoit curieux d'apprendre des choſes qui l'intéreſſoient infiniment. Silencieux lui obéit, & fut avec elle dans un boſquet du jardin d'Abdal ; pour lors la dame s'aſſit, le fit mettre à côté d'elle, & lui dit : je ſuis la fée Favorable ; peu de temps après la mort de la reine votre épouſe, je paſſai dans vos états, je vous y vis, & j'admirai la ſageſſe avec laquelle vous les gouverniez. Je vis auſſi la petite princeſſe Zelimé, votre fille ; je lus dans les aſtres qu'elle feroit la plus parfaite créature du monde, ſi le ſoin de ſon éducation étoit confié à quelqu'un qui s'en trouvât capable.

Touchée de la voir entourée de femmes ſans vertu & ſans aucuns principes, je pris la réſolution de l'enlever de leurs mains ; pour cela je pris la figure d'une chienne noire, & je l'enlevai de ſon berceau. Je lui

donnai le don de réuffir parfaitement dans
tout ce qu'elle entreprendroit ; elle chante,
danfe , & joue de toutes fortes d'inftrumens , comme fi elle avoit eu les plus excellens maîtres. Je la confiai enfuite à Fatime , (c'eft la même femme qui vous a
donné une feuille dont je lui avois fait
préfent , & à laquelle vous devez la vie).
Je lui recommandai la princeffe , & lui
ordonnai en même-temps de la faire paffer
pour fa fille. je connoiffois fon caractère,
& plufieurs fois j'avois été témoin & de
la grandeur de fon ame , & de la droiture
de fon cœur. Fatime defcend de parens
vertueux , qui n'étoient pas nobles , à la
vérité ; mais fa façon de penfer eft une
preuve qu'on peut avoir des fentimens de
vertu & d'élevation , fans être d'une naiffance illuftre. Elle a élevé Zelimé avec un
foin extrême, & lui a donné une éducation qui répond parfaitement à la grandeur
de fon extraction ; elle eft belle & bien
faite ; le prince Timandre en eft extrêmement amoureux ; il mérite fa tendreffe
& votre eftime ; vous ne pouvez mieux
faire que de les unir enfemble. Je ne vous
dis rien que de véritable ; je vais vous conduire auprès de la princeffe. Silencieux au-

roit pris pour un songe ce que la fée lui disoit, si dans l'instant elle n'avoit fait sortir
de terre un char d'ébène, traîné par six
pigeons couleur de feu, où le roi se plaça
avec elle, & qui les conduisit chez Fatime.
Il y reconnut Zelimé, elle avoit tous les
traits de la reine sa mère, & de plus un
bluet sous le pied gauche, qu'elle avoit apporté en naissant, & qui lui avoit fait
donner le nom de Bleuette. Silencieux se
fit connoître à son aimable fille, & lui fit
mille caresses, qu'elle reçut avec un respect plein de tendresse. Il donna à la bonne
Fatime les louanges dont elle étoit si digne, & lui offrit tout ce qui dépendoit
de lui. Je ne veux point d'autre récom-
pense, lui dit-elle, que le plaisir de ne
point me séparer de la princesse. Il lui accorda sa demande, & l'assura qu'il la com-
bleroit de ses bienfaits ; mais elle ne fut
touchée que de la permission qu'il lui donna
de suivre par-tout sa chère Bleuette. Cette
princesse l'embrassa, & la pria de lui conserver toujours la même tendresse dont elle
lui avoit donné tant de marques. Fatime
fut sensible à ses caresses autant qu'on le
peut être ; elle reconnut Secourable pour
être la dame qui lui avoit donné Zelimé,

la feuille d'ofeille & la phiole pour les enchantemens. Ces quatre perfonnes paffèrent quelques momens enfemble , & fe féparèrent enfuite. La fée conduifit Silencieux au palais d'Abdal , & difparut , en lui difant: Vous me verrez , lorfque vous y penferez le moins. Il lui fit beaucoup de remercimens , même en ne la voyant plus , & s'en alla trouver le roi pour le féliciter fur le retour de Timandre , dont Secourable lui avoit conté l'hiftoire. Il lui apprit qu'il avoit auffi retrouvé fa fille , qu'elle étoit auffi belle que fon fils étoit aimable , & qu'il ne tiendroit qu'à lui qu'ils ne fuffent unis par le fang , comme ils l'étoient par l'amitié. Le roi fe trouvant flaté de cette propofition , y confentit avec plaifir : mais Timandre qui étoit préfent , & qui avoit déjà obtenu de fon père la permiffion d'époufer la charmente Bleuette , le conjura de fe fouvenir que fans elle , il ne pouvoit pas être heureux. Silencieux voyant le roi embarraffé , le conduifit à l'écart , & lui dit que Zelimé & Bleuette étoient la même perfonne , mais qu'il ne falloit pas encore le dire à fon fils , afin de le furprendre plus agréablement. Abdal charmé de cette nouvelle , fe rapprocha du prince , & lui dit qu'il n'étoit plus queſtion de penſer à une jeune fille , dont l'état étoit ſi différent du ſien , & qu'il falloit abſolument qu'il ſe diſpoſât à éſouſer dans deux jours la princeſſe Zelimé. Il ſortit avec Silencieux , en diſant ces mots : & il ordonna à ſon capitaine des gardes d'empêcher que le prince ſortît de ſon appartement. Le diſcours du roi rendit Timandre furieux ; il employa toutes ſortes de moyens pour tromper la vigilance de celui qui le gardoit , & pour le corrompre ; ce fut inutilement. D'un autre côté , Silencieux envoya chercher la princeſſe , & lui apprit qu'elle alloit dans deux jours épouſer un prince aimable & ſucceſſeur d'un grand empire. Une fille à qui l'on promet un époux jeune & charmant , apprend ordinairement cette nouvelle ſans douleur , Zelimé en fut cependant très-affligée. Timandre avoit fait une forte impreſſion ſur ſon cœur , elle ſentoit bien qu'elle ne pourroit jamais l'oublier. Mais n'oſant faire connoître ſes ſentimens à ſon père , elle ſe diſpoſa à lui obéir ; ce ne fut pas ſans ſe plaindre plus d'une fois en ſecret , & de ſa deſtinée , & du fils d'Abdal. Qu'il eſt léger , diſoit-elle à ſa chere Fatime ! auroit-on pu penſer , en voyant la douleur qu'il reffentoit de nous quitter, qu'il eût pu m'oublier avec tant de facilité. Hélas ! il étoit moins volage lorf-qu'il étoit papillon. Que ne l'eft-il encore ! j'aurois du moins le plaifir de le voir. Enfin le jour qui, felon elle devoit être le plus malheureux de fa vie arriva ; elle fut con-duite au temple comme une victime. Ti-mandre, de fon côté, s'y rendit, bien ré-folu d'affurer la perfonne qu'on lui defti-noit, qu'il fe détermineroit plutôt à perdre la vie qu'à lui donner la main. Il entra donc, & traverfant avec un air fier la nom-breufe affemblée, il approcha de la prin-ceffe. Elle étoit pâle & tremblante. Il n'eut pas plutôt jeté les yeux fur elle, qu'il la reconnut pour être celle qu'il adoroit. Quelle joie pour lui ! quelle charmante furprife pour elle ! Il lui fit connoître en peu de mots combien il trouvoit fon fort favora-ble ; il remercia Silencieux & le roi fon père de la tromperie qu'ils lui avoient faite ; enfuite on fit la cérémonie qui s'acheva au grand contentement de tout le monde. Com-me on alloit fortir du temple, on entendit un coup de tonnerre qui fit trembler les plus déterminés ; les voutes de ce fuperbe édifice s'entr'ouvrirent, & l'on vit paroître une femme voilée, montée fur un char noir d'une groffeur épouvantable ; elle s'approcha des nouveaux mariés, & les touchant d'une baguette d'or, leur dit : Amans trop fortunés, recevez de ma main la mort que je vous donne. Auffi-tôt Timandre & Zelimé tombèrent fans fentiment, & firent pouffer des cris de douleur à tous ceux qui furent témoins de ce fpectacle. La cruelle magicienne tirant enfuite de deffous fa robe un poignard, le plongea dans fon fein, en difant : Et toi, reine trop tendre & trop infortunée, meurs, abandonne la vie, puifqu'elle eft fans charmes pour toi. En achevant ces mots, elle rendit le dernier foupir, & le char fur lequel elle étoit arrivée remporta fon corps par le même endroit où il étoit entré. Ce fpectacle avoit faifi d'effroi toute la cour ; les deux rois & la reine s'étoient évanouis à la vue du malheur qui venoit d'arriver. Un concert admirable de voix & d'inftrumens les fit revenir de leur foibleffe. Ils apperçurent la même voute du temple qui s'ouvroit une feconde fois, & qui laiffa paffer une calêche de rubis, tirée par douze aiglons blancs, dans laquelle paroiffoit une belle dame, vêtue d'une robe blanche bro-

dée de diamans , & qui fut reconnûe par
Silencieux & Fatime , pour être la fée Secourable. Confolez-vous , princes, dit-elle
aux deux rois , vos enfans ne font pas
morts , je veillois à leur confervation , &
j'ai empêché que la baguette de la jaloufe
& fauffe Gracieufe n'ait abrégé leurs jours;
elle ne s'eft point apperçue qu'ils ne font
qu'affoupis ; ainfi fatisfaite de fa vengeance,
& défefpérée d'avoir perdu ce qu'elle aimoit , elle s'eft donnée une mort véritable. S'adreffant enfuite aux deux époux :
levez-vous , aimable couple , leur dit-elle,
& vivez une longue fuite d'années , fans
ceffer de vous aimer , & fans que rien puiffe
jamais troubler votre félicité. A cette voix,
Timandre & Zelimé reprirent leurs efprits.
On entendit alors des cris de joie de toutes
parts ; mais cette joie fut changée en trifteffe , quand on vit que la fée , les ayant
fait monter dans fa calêche avec Silencieux,
Abdal , Zemona & Fatime , les conduifit
tous dans le féjour des grâces , où le prince
& la princeffe régnèrent plufieurs fiècles,
toujours aimables & toujours amans. Silencieux & Abdal y paffèrent des jours tran-
quilles ; ce dernier abandonna fans peine
fon royaume , & regretta peu fes fujets,

quoiqu'il en fût sincèrement aimé. Il n'avoit jamais pu inspirer des sentimens de justice & de piété. Il trouva plus de satisfaction à vivre en simple particulier avec des personnes vertueuses, qu'il n'en avoit éprouvé en régnant sur un peuple corrompu. Secourable les ayant rendus tous heureux, les quitta pour aller soulager les peines de plusieurs autres malheureux.

LE PRINCE SINCER.

CONTE.

IL y avoit une fois dans le pays des Zinzolantins un roi qui avoit pour les vers à soie une extrême passion ; il passoit les jours entiers dans ses jardins à cueillir des feuilles de mûrier pour leur nourriture ; & le reste du temps il se renfermoit dans son cabinet pour regarder travailler ces petits animaux, & pour y faire des écheveaux de la soie qu'ils avoient filée, ne trouvant qui que ce soit qui les fît à son gré. En effet, personne ne dévidoit mieux que lui cette

foie, il en donnoit fort fouvent aux feigneurs, (la plupart dévideurs à fon exemple,) & qui fe faifoient gloire d'imiter le
fouverain. Qu'en arriva-t-il ? L'efprit & la
politeffe abandonnèrent un féjour où ils
étoient fi méprifés ; l'impoliteffe s'empara
de la jeuneffe, & l'ennui fut le partage
des plus belles dames. Dans l'impoffibilité
de faire ufage de leurs charmes avec des
hommes qui ne connoiffoient n'admiroient
que la beauté de leurs vers & la fineffe
de leur foie ; elles fe retirèrent prefque toutes dans des provinces éloignées. Il s'y
forma une petite cour, non de princes ni
de ducs, pas même de marquis, elles en
avoient éprouvé trop d'impertinences &
d'impoliteffes ; mais de perfonnes d'une condition moins élevée, qui, pour n'avoir
aucun de ces titres, n'en avoient pas moins
de mérite. Chez eux on trouvoit le bon
goût, la probité. Ils chériffoient les fcien-
ces, & jouiffoient de tous les plaifirs, fans
jamais en bannir la délicateffe qui feule en
fait tout le charme ; enfin c'étoit des hommes différens de ceux de la cour du roi
Dévideur. La reine fut une des premières
à fe retirer ; elle avoit un fort beau château dans une forêt fituée fur le bord de la
mer,

mer, elle le choifit pour fon habitation.

Après avoir pris congé du roi à qui fon départ ne déplut point, elle emmena avec elle deux princeffes, qui étoient les feuls fruits de fon mariage, & quelques-uns de fes fujets, dont elle connoiffoit le zèle & l'affection. La folitude de ce lieu ne l'effraya pas: elle le fit embellir, & rendit ce féjour charmant, en joignant à tout ce que la nature avoit de plus beau, ce que l'art avoit de plus parfait. Environnée des gens qu'elle aimoit, elle goûtoit dans ce palais une tranquillité qu'elle n'avoit jamais éprouvée. Les princeffes en trouvoient auffi le féjour enchanté. Elles aimoient la mufique, & les plus habiles muficiens du monde fe trouvoient à leur fuite. Ces deux jeunes perfonnes étoient auffi belles que bien faites, cependant elles n'étoient pas également aimables. L'aînée, nommée Aigremine, étoit fière, envieufe, vindicative & cruelle. La cadette étoit douce, complaifante, & n'avoit point de plus grand plaifir, que celui d'obliger. Elle avoit dans l'efprit & dans le caractère mille charmes qui la faifoient aimer de tous ceux qui la connoiffoient, auffi avoit-elle mérité le nom d'Aimée; elle fentoit pour fa fœur une amitié

XXXII. K

véritable, quoiqu'elle n'ignorât pas qu'elle
en étoit haïe. Un jour, après en avoir ef-
fuyé mille reproches, parce qu'elle ne vouloit point paroître en habit négligé à un bal
où il devoit fe trouver beaucoup de monde,
elle fut fe promener toute feule fur le rivage, pour diffiper le chagrin que l'humeur
de la princeffe fa fœur lui avoit caufé. Aigremine, de fon côté, alla dans la forêt,
pour imaginer une parure qui pût effacer
celle de fa fœur : occupée de ces penfées,
elle marcha longtemps, fans s'appercevoir
du chemin qu'elle faifoit. La laffitude l'obligea enfin de s'affeoir au pied d'un chêne
qui formoit un ombrage que l'ardeur du foleil ne pouvoit pénétrer. Examinant la grandeur & la groffeur de cet arbre, elle découvrit une petite clef cachée entre l'écorce
& le bois ; elle la prit, n'imaginant pas
quel en pouvoit être l'ufage. Elle voulut
la remettre au même endroit. Après l'avoir
vainement effayée, elle la fit entrer dans
un trou qui s'offrit à fa vue ; à l'inftant la
clef tourna toute feule, & fit ouvrir une
porte pratiquée dans le chêne avec un art
infini. Cette porte cachoit un efcalier. La
princeffe curieufe de favoir en quel lieu il la
pourroit conduire, prit le parti de defcen-

dre: les premières marches lui parurent fort
fombres , mais après en avoir defcendu
quelques-unes, elle vit avec furprife que
l'efcalier étoit éclairé de plufieurs bougies
placées dans de très-beaux luftres de cryftal
de roche. Elle continua fon chemin ; &
quand elle eut defcendu plus de trois cent
marches, elle arriva dans un appartement
meublé magnifiquement. On dira qu'il eft
étonnant, & prefqu'impoffible qu'une perfonne de fon fexe ait été affez hardie pour
entrer feule dans un fouterrain qui lui étoit
inconnu ; mais je dirai , parce que je le
fais , & pour que l'on ceffe de s'en étonner, qu'elle portoit au petit doigt une bague
que fon aïeul lui avoit laiffé en mourant,
pour la préferver jufqu'à l'âge de vingt
ans de toutes fortes de dangers. Perfuadée
qu'elle n'avoit rien à craindre, elle avança
jufques dans un grand cabinet , ou plutôt
un magafin de bijoux rares & de pierres
précieufes. Elle s'arrêta pour examiner toutes ces richeffes, mais portant fa vue fur un
lit de drap d'argent placé dans une efpèce
d'enfoncement, quel fut fon étonnement,
lorfqu'elle apperçut fur ce lit un jeune homme, le plus beau qui fût jamais ; il paroiffoit
enfeveli dans un profond fommeil. Aigre-

mine s'approcha du lit pour le mieux confidérer : cette curiofité lui coûta cher, puifque dès ce moment elle ne fut plus maîtreffe de fa liberté. Perfuadée (comme toutes les jolies femmes le font) qu'on ne
pouvoit la voir fans l'aimer, elle n'héfita
point à réveiller cet aimable inconnu, &
cela dans le deffein de lui infpirer cette
tendreffe qu'elle fouhaitoit qu'il eût pour
elle. Elle fit donc un peu de bruit en paffant dans la chambre prochaine, afin qu'il
ne pût l'en accufer ; elle y trouva un papier
fur lequel ce qui fuit étoit écrit.

*Celle qui pourra fe faire aimer du plus
laid de tous les mortels, aura feule le pouvoir de rendre fenfible le prince qui repofe ici.*

La princeffe lut ce papier plufieurs fois,
& fe flatta que fes yeux étoient affez puif-
fans pour toucher ce jeune prince, & qu'elle
en feroit la conquête fans être obligée de
chercher le plus laid des hommes pour lui
donner de l'amour. Remplie de cette confiance, elle voulut rentrer dans le cabinet,
ne doutant pas que l'inconnu ne fût ré-
veillé ; mais une toile d'araignée, au travers de laquelle il étoit impoffible de dif-
tinguer aucun objet, en ferma l'entrée auffi-

tôt qu'elle fe mit en devoir d'en approcher.
Un fi léger obftacle ne m'empêchera point
de paffer, dit Aigremine; elle s'avance, &
malgré tous fes efforts, elle ne put jamais
lever ni percer cette toile. Etonnée d'une
fi grande réfiftance, elle prit le parti de
remonter dans la forêt, de retourner auprès de la reine, & de faire chercher cet
homme fi vilain qu'il falloit rendre amoureux avant que d'enflammer celui qu'elle
venoit de voir. Elle repaffa donc dans les
mêmes appartemens, remonta l'efcalier, &
fortit de l'arbre par la porte qu'elle avoit
ouverte. A peine en étoit-elle fortie; que
cette porte fe referma fans qu'il lui fût poffible de voir par où elle s'étoit ouverte,
ni de retrouver la petite clef. Elle tourna
plufieurs fois autour de l'arbre, mais ce
fut inutilement. Défefpérée de cette aventure, elle reprit le chemin du château, &
fe trouva fur le bord de la mer; elle apperçut la princeffe fa fœur qui regardoit
avec attention un brillant d'une groffeur &
d'une beauté furprenantes, un oifeau venoit
de le laiffer tomber fur fa robe, en lui
difant de le conferver avec foin, parce
qu'il la préferveroit un jour d'un grand danger, fi elle avoit recours à lui. Aigremine

K i

enchantée de la beauté de cette pierre admirable, voulut s'en emparer ; elle en fut empêchée par un petit homme qui se trouva derrière elle, & dont la figure épouvantable lui fit prendre la fuite, aussi-bien qu'à la princesse Aimée. L'une & l'autre se retirèrent dans la forêt.

Ce petit homme avoit trois pieds de haut, sa tête plate & fort large étoit ornée de grands cheveux roux ; ses yeux étoient enfoncés, & si peu ouverts, qu'on ne les auroit jamais distingués sans le rouge éclatant dont ils étoient bordés ; son nez étoit long & pointu, ses joues pendoient jusques sur sa poitrine, & sa bouche & son menton étoient garnis d'une barbe rousse, longue & touffue. Son corps tout contrefait n'étoit soutenu que d'une jambe sur laquelle il étoit posé comme sur un pivot ; mais il étoit si bien en équilibre, que le moindre vent le faisoit tourner sans discontinuer, c'est pourquoi il ne sortoit que lorsque l'air étoit extrêmement calme ; il ne marchoit point, mais il sautoit avec une légèreté merveilleuse, & faisant plusieurs petits sauts, il arrivoit promptement où il avoit envie d'aller. Aigremine, revenue de la peur que ce petit monstre lui avoit causée, se rappro-

cha de lui, & d'un ton plein d'aigreur, lui
demanda qui il étoit, & qui pouvoit l'avoir
rendu assez hardi pour s'opposer à ce qu'elle
avoit envie de faire. Je suis un roi puissant,
lui dit-il, je me nomme Sincer ; des raisons
que je ne puis vous dire m'éloignent de mes
états, & me font passer mes jours dans le
fond d'un rocher qui n'est pas loin d'ici.
Je vous ai vue plusieurs fois dans ces beaux
lieux, j'ai remarqué les injustes procédés
que vous avez eus souvent avec la princesse votre sœur, & je viens encore d'être
témoin de la violence que vous lui vouliez
faire, en lui arrachant un diamant qui doit
lui appartenir. L'amour que j'ai pour la
justice, joint à un mouvement que je n'ose
déclarer, m'ont engagé à prendre son parti,
& à vous empêcher de lui faire cette violence. La princesse écouta ce discours avec
une impatience extrême ; elle dissimula cependant sa colère, parce qu'elle fit réfléxion
que celui qui lui parloit ne pouvoit être
égalé en laideur par qui que ce fût au
monde, & qu'elle ne devoit par consé-
quent rien négliger pour lui plaire, puisqu'il étoit écrit qu'elle ne pourroit qu'à cette
condition rendre sensible ce qu'elle aimoit.
Elle prit donc un air plus doux, & lui dit

que la qualité de roi & l'état malheureux auquel il paroissoit réduit, la forçoient à lui pardonner, qu'elle désiroit même d'être de ses amies, & qu'elle se flattoit qu'il ne lui refuseroit pas son amitié ; ensuite elle le pria de venir la voir au château, en l'assurant que la reine, apprenant sa qualité, lui offriroit sans aucun doute un appartement où il pourroit attendre plus à son aise que la fortune cessât de le persécuter. Le roi la remercia poliment, & lui dit qu'il connoissoit trop bien quel étoit l'excès de sa laideur, pour oser se flater de l'amitié d'une aussi belle princesse, & pour aller habiter une cour où il savoit que l'on pardonnoit peu la difformité de la figure. En disant cela, il fit un saut pour prendre congé d'elle, & lui faire une révérence, & se retira en soupirant (non sans regarder l'aimable Aimée que la présence de sa sœur avoit toujours tenue un peu éloignée). Cette princesse avoit écouté la conversation de sa sœur & de Sincer ; elle avoit été surprise de l'air de bonté qu'Aigremine avoit affecté, & de la prière qu'elle lui avoit faite de venir au château. Elle jugea que la princesse n'avoit eu cette douceur, que parce qu'elle vouloit cacher quel-

que désir de vengeance. La pitié qu'Aimée
avoit pour les malheureux, lui fit prendre
la résolution d'avertir le roi de se méfier
des caresses apparentes que sa sœur lui feroit.
Elle remit au lendemain l'exécution de son
projet. Ce jour étant arrivé, elle sortit avec
une de ses femmes, & prit le chemin du
rocher de Sincer. Elle en étoit fort peu
éloignée, lorsqu'elle s'arrêta pour écouter un
air dont les paroles paroissoient lui être adres-
sées. Le son de la voix qu'elle entendoit
étoit si touchant, & flattoit si fort son oreille,
qu'elle demeura long-tems dans l'endroit où
elle étoit, même après que l'on eut cessé
de chanter. Cephise (c'étoit le nom de
celle qui l'accompagnoit) la tira de sa rêverie, en lui faisant appercevoir Sincer qui
venoit à elle. Quoiqu'elle se fût déterminée à le considérer sans effroi, elle ne put
cependant jeter les yeux sur lui sans trembler, & sans les détourner aussi-tôt. Il s'en
apperçut avec chagrin ; & la saluant avec
beaucoup de respect, il la pria d'entrer un
instant dans son palais rustique, pour s'y
reposer. Aimée y consentit, & lui dit qu'elle
n'étoit sortie que pour le voir, & lui apprendre des choses d'une extrême conséquence. Le roi lui présenta la main de la

K v

meilleure grâce qu'il lui fut poffible, la conduifit dans fa grotte, & lui tint les difcours
du monde les plus fpirituels. Elle ne fe feroit
jamais imaginée qu'un homme auffi laid pût
s'exprimer avec autant de grâce. Tout ce
qu'il lui difoit étoit prononcé d'un ton qui
plut fi fort à la princeffe, qu'elle fouhaita
plus d'une fois d'avoir un amant qui eût
autant d'efprit que cet infortuné. Enfin elle
arriva dans le rocher; une mouffe verte &
fraîche le tapiffoit, une table faite d'un morceau de marbre blanc, que la nature feule
avoit travaillée, un lit & quelques fièges
de gazon étoient les uniques meubles qu'il
renfermoit. Une fontaine d'où fortoit une
eau claire & pure tomboit du haut de ce
rocher, & formoit un petit ruiffeau, dont
le bruit joint à celui que faifoient deux roffi-
gnols perchés fur un oranger chargé de fleurs
& de fruits, parut plus charmant à la princeffe que les plus beaux concerts qu'elle
eût jamais entendus. Après avoir fait l'é-
loge de cette agréable retraite, elle entretint
Sincer des raifons qui l'avoient engagée à
lui rendre vifite. Le prince charmé de l'intérêt qu'elle prenoit à ce qui le regardoit,
lui dit les chofes du monde les plus propres
à lui marquer fa reconnoiffance; il lui en

échappa même quelques-unes qui faisoient connoître que son cœur étoit rempli de l'amour le plus tendre. Aimée les entendit bien, mais elle feignit de ne pas deviner que c'étoit à elle qu'elles s'adressoient ; & pour changer la conversation, elle conta au roi avec quelle satisfaction elle avoit entendu une voix charmante avant que de le rencontrer, & lui demanda s'il ne connoissoit pas celui qui avoit si bien chanté. C'est un prince qui vous adore, répondit Sincer ; & qui vous offre son cœur, sa main & la couronne qu'il doit porter un jour, mais sa figure lui défend d'espérer. Il soupira en finissant ces mots.

La princesse rougit, & comprenant bien que c'étoit de lui qu'il vouloit parler, elle ne le questionna pas davantage, mais elle devint rêveuse ; elle le quitta peu après, parce qu'elle craignoit qu'on ne s'apperçût de son absence. Elle reprit donc le chemin du palais, en entretenant Cephise de l'esprit qu'elle trouvoit à Sincer. Je t'avoue, ma chère Cephise, lui disoit-elle, que je sens pour lui, malgré sa laideur, ce que je n'ai jamais senti pour personne. Je ne sais si c'est amitié, mais je tremble que ce ne soit quelque chose de plus. Quoi, madame,

dit cette fille étonnée, vous aimeriez ce
petit monſtre, & toute ſa figure ne vous
fait pas d'horreur! vous pourriez vous réſoudre de vivre avec lui! que feriez-vous
d'un homme ſi hideux? Le plus petit vent
le fait tourner comme une girouette. Ah!
dit la jeune Aimée, il penſe ſi délicatement,
il parle avec tant d'eſprit, que je le préfé-
rerois aux plus beaux hommes du monde.
Ils ſont preſque toujours d'une ſottiſe outrée : enchantés d'eux-mêmes, ils ont autant de plaiſir à conſulter leurs miroirs que
les perſonnes de notre ſexe. La princeſſe
alloit continuer ſon diſcours, mais un cri
qu'elle entendit l'en empêcha, & regardant à terre, elle vit avec ſurpriſe une vipère blanche, qui jetoit du feu par les
yeux, & qui lui dit : Vous avez penſé m'é-
craſer, madame; ſi je n'étois pas auſſi bonne
que je le ſuis, je vous punirois de votre
étourderie, mais je vous pardonne, à condition que vous me remettrez ſur le tronc
du maronnier que vous voyez, & duquel
je viens de tomber; je reconnoîtrai quelque
jour ce ſervice, car je ſuis fée, mais, comme toutes mes ſœurs, je ſuis obligée de
quitter ma figure naturelle un jour de la
ſemaine, pour prendre celle que me donne

un vieux forcier de qui nous dépendons,
& qui nous punit de cette façon, pour lui
avoir coupé, un jour qu'il dormoit, une
barbe & des mouftaches qui nous déplai-
foient fort. Je reprendrai ce foir ma forme
ordinaire, & vous aurez de mes nouvelles.
Aimée la prit en tremblant, la porta fur l'arbre, & s'éloigna promptement, pour ne
plus voir cette bête qui lui avoit fait une
peur horrible ; elle arriva donc au château, elle y trouva Aigremine qui envoyoit,
de la part de la reine, prier le roi Sincer de
venir paffer quelques jours au palais. Ces
ordres effrayèrent d'abord Aimée qui connoiffoit la méchanceté de fa fœur, mais elle
ne fut pas longtemps fans être raffurée,
parce qu'une femme d'Aigremine lui confia
l'aventure de la forêt, que cette princeffe
lui avoit apprife. Sincer fut furpris de la
prière que la reine lui faifoit faire. Son premier mouvement fut de la refufer honnêtement ; mais faifant réflexion qu'il verroit
tous les jours la belle princeffe qu'il aimoit,
il fe détermina à partir, & fauta dans une calêche qu'on lui avoit envoyée. Il étoit attendu au château avec impatience ; mais
cette impatience avoit différens motifs. Toutes les dames étoient curieufes de voir cet

homme fait autrement que les autres. Enfin
il arriva, & reçut les honneurs que l'on
devoit à son rang. Aigremine lui fit un accueil très-agréable ; elle étoit extraordinai-
rement parée, & sans la beauté de la princesse sa sœur, on auroit cru qu'elle étoit la
plus belle de l'univers. Malgré tous ses soins,
elle eut le chagrin de voir, & ce jour-là,
& les suivans, que Sincer n'étoit point touché de ses charmes ; ses regards étoient in-
cessamment tournés sur Aimée. Le dépit
d'Aigremine fut inconcevable ; elle avoit
tout mis en œuvre pour plaire au plus affreux des mortels, sans pouvoir y réussir.
Tout ce qui offense l'amour-propre des dames n'est jamais pardonné ; aussi devint-elle
furieuse contre le prince & la princesse.
Que n'auroit-elle pas donné pour les empêcher de se voir ! mais cela n'étoit pas
possible, car le roi avoit la liberté de lui
parler, & il en cherchoit les occasions. Elles
se présentoient souvent, & Aimée ne se
refusoit point au plaisir de l'entendre. Cette
princesse se promenant un soir dans une des
allées du parc, apperçut une boule qui rouloit fort vîte, & qui s'arrêta lorsqu'elle fut
près d'elle. Cette boule s'ouvrit, & elle en
vit sortir une petite femme qui, s'élevant

tout d'un coup, devint haute de dix ou douze pieds. Je fuis la fée Farouche, dit-elle à la princeffe, à qui vous avez rendu fervice il n'y a pas longtemps. Aimée la reconnut, parce qu'elle jetoit du feu par les yeux comme la vipère blanche qu'elle avoit mife fur l'arbre. Elle la falua donc très-refpectueufement. La fée lui dit que l'amitié qu'elle avoit pour elle l'avoit engagée à la demander en mariage à la princeffe fa mère pour le roi Papillon, fon neveu, le plus aimable de tous les hommes; qu'elle fortoit du cabinet de la reine, qui lui avoit donné fon confentement, & que dans deux jours le prince arriveroit pour l'époufer. Cette nouvelle qui auroit fait un grand plaifir à beaucoup de princeffes, affligea fenfiblement la jeune Aimée; elle en fut fi troublée, qu'elle n'eut pas la force de répondre un feul mot à la fée. Farouche s'imaginant que c'étoit la joie qui l'empêchoit de parler, la baifa au front, & lui difant adieu, fe remit dans fa boule qui reprit le chemin par lequel elle étoit venue. Cephife arrivant auffi-tôt, vint dire à la princeffe que la reine la vouloit entretenir; elle fe rendit donc auprès d'elle, & fans lui donner le temps de répondre, elle lui ordonna de fe préparer à

recevoir dans deux jours le prince Papillon
pour époux. Aimée se jeta à ses genoux,
& la conjura de retirer la parole qu'elle
avoit donnée à Farouche. La reine fut in-
flexible, elle craignoit le pouvoir des fées;
& dans l'espérance que cette fée lui donneroit un jour des marques de son amitié,
elle dit à sa fille qu'elle vouloit être obéie.
Cette princesse n'osa répondre, & se retira
fort affligée. Aigremine qui dans un autre
temps auroit été jalouse de la préférence
que la fée avoit donnée à sa sœur en fut
charmée, se flatant que Sincer ne la voyant
plus, pourroit s'attacher à elle. Une nouvelle si fâcheuse vint bientôt aux oreilles de
ce malheureux roi; il en tomba dangereu-
sement malade: cependant, le jour où le
neveu de la reine devoit être présenté arriva. La reine, les princesses & toute la
cour furent au-devant de lui. A peine étoient-
elles sur la terrasse, qu'elles apperçurent de
fort loin une espèce de nuée fort brillante,
qui s'approchoit avec vîtesse. On ne douta
point que ce ne fût le prince. C'étoit lui en
effet; il étoit dans un char de diamans tiré
par plus de dix mille papillons, tous couleur de rose. Ils étoient attachés par des fils
d'or entrelacés avec beaucoup d'art; cent

jeunes seigneurs suivoient leur maître dans
des calèches de crystal garnies de rubis &
d'émeraudes, tirées également par des papillons, mais ceux-ci étoient blancs. Le roi
fit descendre & arrêter son char aussi-tôt
qu'il fut auprès des dames, & vint au-devant d'elles avec toute sa suite dans le plus
bel ordre du monde. Il étoit habillé magnifiquement, & jamais homme n'avoit été
plus poudré & mieux frisé qu'il le parut
alors, aussi avoit-il passé au moins trois
heures à sa toilette; la crainte qu'il avoit
de déranger sa frisure le faisoit marcher très-
doucement, cependant cela n'empêchoit pas
qu'il n'eût très-bon air : tout le monde l'admira & se récria sur la fraîcheur de son teint
& sur la blancheur de ses mains. Rien de
plus joli que sa figure, dont lui-même paroissoit épris. Il reconnut aisément la princesse
au portrait que lui en avoit fait la fée, &
s'étant approché de sa maîtresse, il lui fit
une révérence des plus étudiées; & après
lui avoir présenté la main, ce n'est pas ici,
dit-il à Aimée, une place propre à vous
faire un compliment sur votre beauté, l'air
est trop brûlant; peut-on causer à son aise
sur une terrasse exposée à l'ardeur du soleil ?
Rentrons, & ne courons pas risque de devenir aussi noirs que des Africains.

A cés mots il prit le chemin du château fans prefque faluer la reine, non plus que les autres dames de fa fuite. Etant entré avec la princeffe & celles qui l'accompagnoient dans un grand fallon préparé pour le recevoir, il fe jeta fur un canapé, difant qu'il étouffoit de chaud, & s'y tint d'un air panché très-peu refpectueux : il demanda cependant pardon à la princeffe de ce qu'il ne l'entretenoit pas, & lui dit qu'il falloit abfolument qu'il fe fût un peu repofé, & qu'il eût moins chaud avant que de pouvoir fe réfoudre à parler, & tout de fuite tirant de fa poche des flacons garnis de diamans, & remplis d'eaux de fenteur, il en répandit fur fes mains : ouvrant enfuite plufieurs tabatières d'or & de pierres précieufes, il prit du tabac, puis il chanta un petit air entre fes dents, qu'il ne finit que pour demander à la princeffe fi elle avoit trouvé fon équipage bien brillant, & fi l'habit qu'il avoit choifi entre deux cent étoit de fon goût. Son difcours tomba enfuite fur l'amour que plufieurs femmes avoient eu pour lui. On peut juger fi de pareils difcours fe trouvèrent du goût de la belle Aimée, elle qui préféroit l'efprit & le bon fens à tout, & qui n'étoit poin comme les personnes de son sexe, qu'un habit magnifique, une taille bien prise, & quelques autres agrémens aussi peu estimables touchent davantage qu'un cœur bien fait & un esprit délicat & naturel. Elle conçut donc pour lui un si grand éloignement, qu'elle sortit du sallon en disant qu'elle se trouvoit mal, & se retira dans son appartement pour cacher sa tristesse & ses pleurs. Quoique Sincer fût très malade, il s'y traîna quelque temps après pour s'informer de ses nouvelles. La princesse soupira en le voyant, & lui dit : Ah, prince, pourquoi n'est-ce pas à vous que la reine me destine ! ne sauriez-vous m'arracher à celui que l'on veut unir avec moi ? Sincer transporté, prit une de ses mains, la baisa tendrement, & lui dit : Quoi ! belle Aimée, seroit-il vrai que vous aimassiez mieux vivre avec moi qu'avec un prince dont tout le monde admire la beauté & la bonne mine : fait comme je le suis, serois-je assez heureux pour ne vous point déplaire ? Répondez-moi de grâce, votre réponse fera le bonheur ou le malheur de ma vie. Oui, seigneur, lui dit-elle, je vous aime. Cet aveu..... elle alloit continuer, mais Sincer faisant un saut en arrière, devint si petit,

fi petit, qu'à la fin elle ne le vit plus. Une
épaiffe fumée parut à fa place, & quand
elle fe fut diffipée, la princeffe vit devant
elle un jeune homme beau comme le jour,
& dont l'air à la fois noble, doux & fpiri-
tuel, infpiroit un certain je ne fais quoi qui
le faifoit aimer auffi-tôt qu'on le voyoit.
Elle le regarda donc avec autant d'admiration que de furprife ; mais elle fut bien
plus étonnée lorfqu'il lui dit avec toutes les
grâces imaginables : l'aveu charmant que
vous venez de faire, madame, vient de
finir mon enchantement. Je fuis Sincer qui,
fous une forme déplaifante, a été affez
hardi pour vous dire qu'il vous adoroit. Aimée le reconnut au fon de fa voix, &
laiffant éclater la joie qu'elle avoit de le
retrouver fi différent de ce qu'il avoit été;
elle le pria de lui apprendre comment une
femblable métamorphofe avoit pu fe faire.
Je fuis roi, lui dit-il, de l'ifle de la Sincérité; j'y régnois paifiblement, aimé de tous
mes fujets. Un jour que je chaffois avec
beaucoup d'ardeur un lion qui m'avoit
échappé plufieurs fois, je me perdis, & je
me trouvai dans une allée où j'apperçus
une femme faite comme j'étois il y a un
moment : je la regardai, & je ne pus m'em-

pêcher de rire en la voyant tourner fur fa jambe comme un bilboquet. Elle s'en apperçut, & fe mettant en colère, elle me demanda de quoi je riois ; la politeffe m'empêcha de lui en faire l'aveu ; mais enfin elle me preffa fi fort, que je convins de l'effet que la fingularité de fa figure avoit fait en moi ; ma fincérité lui déplut, elle fronça le fourcil, elle fit trois ou quatre culbutes, après lefquelles elle me dit : pour te punir de ton infolence, je veux que tu deviennes femblable à moi, rien ne pourra te rendre ton état naturel, à moins que tu ne trouves une jeune princeffe qui reuniffe l'efprit, la bonté & la beauté, pour qui tu reffentes un violent amour, & à laquelle malgré ta difformité tu puiffes en infpirer affez pour obtenir l'aveu de fa tendreffe. Tu pourras cependant reprendre ta forme naturelle une heure chaque jour, mais ce ne fera que dans un fouterrain qui fe trouve dans une forêt qui appartient au roi Devideur. Je veux encore qu'il ne te foit pas permis d'apprendre ton malheur à qui que ce foit au monde, que tu ne fois défenchanté. J'écoutai ces menaces avec patience, je crus qu'elles feroient fans effet ; mais quelle fut ma douleur, lorfqu'après que

cette épouvantable fée, car c'en étoit une;
eut soufflé sur moi, je me trouvai transformé comme elle, & que je la vis s'éloigner de moi en riant de toute sa force. Je
n'osai plus retourner dans mon palais, ni
me vanter de ma naissance, persuadé qu'on
ne me croiroit pas. L'envie que j'avois de
reprendre mon premier état me détermina
à parcourir différens royaumes, & à voir
plusieurs cours, dans l'espérance de trouver une princesse telle que la fée me l'a-
voit dépeinte, mais ce fut inutilement. Je
me lassai donc de chercher, & je formai
la résolution de vivre dans quelque coin du
monde, éloigné de tout commerce. Je
choisis le rocher où vous m'avez vu; je
l'habitois depuis un an, lorsque j'eus le
bonheur de vous voir pour la première
fois; vous me parûtes une divinité, je sentis
que vous étiez celle qui pouvoit seule m'inspirer de l'amour sans oser espérer de vous
en inspirer à mon tour, ni penser qu'il vous
fût possible de vous accoutumer à me voir,
j'allois quelquefois dans le souterrain de la
forêt pour avoir la satisfaction de me retrouver pendant quelques minutes tel que
je suis. Je fus surpris un jour d'y voir la
princesse votre sœur, parce qu'un talisman

en défendoit l'entrée à tous les mortels. Je feignis de dormir , & pour ne lui point parler , & parce que je fentois que le moment de ma métamorphofe alloit arriver , elle fe fit en effet auffi-tôt qu'elle fut fortie du cabinet. Je fortis alors du fouterrain par un chemin inconnu à tout autre qu'à moi ; elle-même elle en fortit auffi , parce qu'il ne lui fut pas poffible de rentrer dans l'appartement où elle m'avoit vu.

Elle venoit d'avoir vingt ans accomplis , & fon anneau n'avoit de vertu contre les talifmans que jufqu'à ce qu'elle eût atteint cet âge. Voilà , ma chère Aimée , mon hiftoire, il ne me refte plus à préfent qu'à vous jurer une tendreffe éternelle , & qu'à vous prier de fouffrir que je faffe tous mes efforts auprès de la reine votre mère pour qu'elle vous accorde à mon amour , & qu'elle vous permette de venir régner dans des états où vous verrez tout le monde empreffé à vous plaire. En achevant ces mots, il vit entrer Aigremine & Farouche qui avoient écouté leur converfation ; l'une & l'autre étoient en furie ; la fée, parce qu'Aimée dédaignoit fon neveu, & Aigremine, parce que le prince Sincer, qu'elle reconnoiffoit pour cet homme fi charmant qu'elle

avoit vu dans le fouterrain, étoit amoureux de fa fœur. Elle fit éclater fa colère
contre les deux amans, mais Farouche ter-
mina la difpute en s'approchant de la malheureufe Aimee ; & la prenant par des
boucles de cheveux qui tomboient de fa
coëffure, elle l'enleva par la fênetre, fans que
le défefpoir du roi pût y mettre le moindre
obftacle ; il fortit auffi-tôt malgré Aigremine
qui voulut l'arrêter ; & fans favoir où il
alloit, il s'éloigna du palais réfolu de ne
point prendre de repos qu'il n'eût retrouvé
fa chère princeffe. Le roi des Papillons, en
apprenant cette nouvelle, fe mit à rire,
il trouva le conte fort bon à faire, & retourna dans fon royaume. Pendant ce temps,
fa bonne tante emportoit Aimée tout auffi
vîte qu'elle le pouvoit. Après avoir parcouru plufieurs grands déferts & rochers
efcarpés, elle arriva au pied d'une tour de
fer ; à fon ordre, la porte s'ouvrit, elle
y fit entrer cette princeffe infortunée, &
la conduifant dans une grande falle pleine
de limaçons, elle lui dit avec un ton aigre,
que fi elle ne vouloit pas confentir à époufer le roi des Papillons, il falloit que dans
huit jours elle eût appris à danfer à ces limaçons, ou qu'elle-même ellé prendroit la
figure

figure d'un de ces vilains animaux. Après
cette menace Farouche s'envola, & la princesse laissa couler ses pleurs en abondance
sans avoir la moindre envie de lui obéir.
Laissons-la pleurer à son aise, & retour-
nons au roi Sincer. Ce prince après avoir
traversé plusieurs campagnes, se trouva dans
une forêt: après qu'il eut marché quelques
pas, il apperçut une maison faite de feuilles, & sur la porte de cette maison une
petite vieille qui portoit sur son nez une
paire de lunettes dont elle se servoit pour
lire son livre de vélin. Il passa auprès d'elle
sans s'arrêter, & sans y faire aucune attention; il continuoit même son chemin,
mais elle lui cria d'arrêter, & lui dit d'un
ton de voix cassée, & en branlant la tête:
prince, c'est en vain que tu cherches, tu
ne peux rencontrer ta princesse que tu
n'ayes auparavant trouvé une grenouille
brillante, une femme extrêmement laide
qui connoisse sa laideur, & qui ne cherche
point à plaire, & un homme sans esprit
qui ne se flatte pas d'en avoir. Le roi connut bien à cette façon de parler que c'étoit
encore là une fée, il la pria donc de lui
donner d'autres moyens pour retrouver sa
charmante Aimée; mais pour toute réponse,

Tome XXXII. L

elle lui fit une grimace avec un grand éclat de rire , & rentra dans fa maifon. Il continua donc fon chemin extrêmement las , affligé , & plus incertain que jamais de la route qu'il fuivroit. Il n'eut pas fait cent pas , qu'il rencontra une autre vieille qui lui demanda la caufe de fon chagrin , il lui raconta fes malheurs , fans oublier ce que la fée , qu'il venoit de trouver, lui avoit dit : il ajouta qu'il ne pouvoit fe flatter de l'efpérance de revoir jamais fa chère Aimée , s'il étoit vrai que ce bonheur dépendît de la rencontre d'une grenouille brillante , chofe, dit-il , qui me paroît impoffible , les deux autres conditions me donnent moins d'inquiétudes. Ne vous flattez pas , reprit la bonne femme , elles ne font guères plus dans les règles de la poffibilité ; cependant vous pouvez trouver ces trois chofes en les cherchant. Mais fi dans un an vous ne les avez point encore découvertes , fuivez mon confeil , abandonnez-vous au défefpoir , vous feriez trop malheureux fur la terre : allez , je ne puis vous en dire davantage. Que ma fœur que vous venez de quitter ne vous revoye pas ici , elle eft méchante , & vous pourriez en éprouver quelque perfidie. Elle ne vous a enfeigné

le moyen de retirer votre princeſſe de l'endroit où elle eſt , que parce qu'elle eſt perſuadée que vous ne pourrez vous en ſervir.
Le roi qui craignoit les enchantemens , s'é-
loigna ſans différer , & parcourut le monde
avec l'aide d'un cheval qu'il trouva le plus
heureuſement du monde en ſortant du bois.
Il fit dans les villes , dans les châteaux ,
dans les villages , une recherche exacte
des plus laides perſonnes & des hommes
les plus ſots ; il en rencontra beaucoup ,
mais il remarqua que toutes ces femmes &
ces filles ne s'ennuyoient point à leurs toi-
lettes , & qu'elles avoient même l'eſpérance
de plaire après quelques réparations faites
à leurs viſages. Il en voyoit qui , avec
un pied de rouge , quelques mouches placées avec art , & beaucoup de fleurs &
de rubans , s'imaginoient qu'on les trouve-
roit aimables malgré leur laideur , & qu'elles pourroient diſputer de charmes avec les
plus jolies perſonnes. Cet effet ordinaire
de l'amour - propre des dames ne ſurprit
point le prince ; il ſavoit qu'elles ont toutes apporté en naiſſant cette bonne opinion
d'elles - mêmes ; mais ce qui l'étonna , ce
fut de rencontrer chez tous les hommes ce
même amour - propre auſſi fort , & toutes

ces petites foibleffes qui rendent le beau
fexe méprifable. Il avoit toujours entendu
dire que les hommes étoient le plus parfait
ouvrage de la nature , & il avoit ajouté
foi à ces difcours fans trop les approfondir:
mais il penfa bien autrement lorfqu'il eut
étudié ces créatures fi parfaites , il connut
aifément que la plupart n'étoient occupées
que de bagatelles ; il vit que les unes par-
tageoient leurs jours foit à leur toilette,
foit à la table ou bien au jeu, ou qui pis
eft , à faire les paffionnées fans éprouver
une véritable paffion. Il reconnut que les
autres paroiffoient dans les compagnies non
pour y raifonner avec efprit & bon fens,
mais feulement pour y répéter quelques
pointes fades qu'ils avoient entendu débi-
ter , quelques bons mots pris dans un livre ,
& pour y faire remarquer les bagues de
prix , les bijoux , enfin toutes les magnifi-
cences dont la fortune leur avoit fait préfent ; il en démêla beaucoup d'autres qui,
plus fots encore , fe croyoient très-amu-
fans. Il en vit qui babilloient continuellement fans favoir ce qu'ils difoient , & qui
ne s'appercevoient pas qu'ils faifoient bâiller
ceux qui étoient affez patiens pour les écouter. D'autres qui croyoient bien divertir en

répétant mal des hiftoires qu'ils avoient déjà racontées cent fois ; enfin d'autres qui ne difoient mot, parce qu'ils ne favoient que dire, s'imaginant que leur filence étoit une marque d'efprit. Je ne finirois pas fi je fuivois toutes les efpèces de fots qu'il rencontra, fans cependant en trouver un tel qu'il le fouhaitoit ; car il n'y en avoit aucun qui ne crût avoir de l'efprit. Ce fot, cette femme & cette grenouille fi rares qu'il cherchoit, l'obligèrent de faire deux fois le tour du monde, mais ce fut inutilement ; il perdit donc l'efpérance de revoir fa princeffe. Se fouvenant alors de ce que la petite bonne femme lui avoit confeillé, il penfa que fuivant fes avis il devoit renoncer à la vie, puifqu'elle n'avoit plus de charmes pour lui. Ces réflexions le conduifirent fur les bords d'une rivière, l'occafion étoit trop belle pour la manquer : il fe précipita dedans, réfolu de perdre des jours que fes malheurs lui rendoient infupportables : au lieu de fe noyer comme il en avoit le deffein, il fentit qu'il tomboit doucement ; un inftant après il fe trouva fur un gazon au milieu d'un beau jardin ; il crut d'abord éprouver l'illufion d'un fonge ; mais voyant enfuite qu'il n'étoit point endormi, il fe

leva pour regarder s'il ne découvriroit perfonne dans ces lieux inconnus. Il fe promena
longtemps dans cet endroit folitaire ; enfin
il entendit un bruit de cors & de chiens ;
un moment après il vit paroître les chaffeurs ; jamais furprife ne fut égale à la fienne :
ces chaffeurs étoient autant de groffes grenouilles montées fur des chats verds qui
couroient après un lièvre ; les unes étoient
habillées en amazones, les autres avoient
des robes de taffetas avec des petits bon-
nets garnis de fleurs & de plumes ; il y en
avoit qui fonnoient du cor, d'autres qui
crioient pour appeler les chiens ; enfin c'étoit
la plus plaifante chofe du monde. La chaffe
s'arrêta à la vue du prince, & les grenouilles defcendirent de deffus leurs chats pour
aller au-devant de lui ; elles ne marchoient
que fur deux pattes, & fe fervoient des
deux autres comme nous nous fervons de
nos mains.

Quand cette troupe fût auprès de lui,
celle qui paroiffoit la maîtreffe de toutes les
autres, & qui portoit une longue robe couleur de pourpre, brodée de perles & de
diamans, & dont le front portoit une marque fi brillante que la vue ne pouvoit pas la
foutenir, le falua avec beaucoup de grâce,

& lui dit : ſoyez le bien venu, ſeigneur,
il y a longtemps que nous vous attendons,
nous ſommes enchantés, & c'eſt vous qui
devez rompre notre enchantement. Je n'ai
pas toujours été telle que vous me voyez ;
j'étois autrefois reine de ces lieux, & toutes les grenouilles qui me ſuivent étoient
mes ſujets : j'avois une averſion ſi grande
pour les animaux de cette eſpèce, que je
donnai des ordres pour que dans mon royaume elles fuſſent toutes la victime de mon
dégoût. On ne négligea rien pour exécuter
ces ordres, cependant un ſoir en me promenant j'en trouvai une tout auprès de mon
appartement ; j'appelai auſſi-tôt du ſecours,
& j'ordonnai qu'on lui ôtât la vie ; mais on
ne vint pas avec aſſez de diligence, elle eut
le temps de ſe cacher ſi bien, qu'on ne
put jamais la retrouver. Le lendemain étant
au même endroit, je vis paroître devant
moi une femme noire & laide qui tenoit
une baguette de coudre d'une main, & de
l'autre une fiole pleine d'huile qu'elle me répandit ſur la tête, en me diſant : je ſuis la
fée Grenouille, & c'eſt moi que tu voulois
faire périr hier : tes ordres m'ont cent fois
expoſée à la mort, il eſt temps que je me
venge, deviens Grenouille à ton tour, toi

& tous les fujets qui t'ont obéi trop aveu-
glément. Je veux que tu fois en cet état jufqu'à ce qu'un roi qui aura befoin de ton
fecours vienne ici te rendre ta première
forme. Elle eut à peine achevé ces paroles ,
que je fus transformée comme vous voyez.
Une fée qui me protégeoit , mais qui n'é-
toit pas affez favante dans fon art pour me
remettre dans mon premier état , me dit que
ce pouvoir étoit réfervé à vous feul , & que
vous portiez un poil blanc au fourcil gauche ,
dont une habile magicienne vous avoit fait
préfent au moment de votre naiffance , &
que ce poil avoit la vertu de rompre tous
les enchantemens. Cette fée eft célle qui
vous a conduit ici , c'eft elle qui fous la forme d'un oifeau fit préfent à la princeffe Aï-
mée du diamant que vous lui avez vu recevoir ; enfin c'eft elle qui a pris foin de me
mettre cette marque brillante au front , &
qui vous fera trouver un homme fans efprit ,
& qui ne l'ignore pas ; une fille laide , & qui
convient que fa laideur eft infupportable.
Elle a conduit ces deux perfonnes ici , dans
la crainte que l'amour-propre qui règne dans
le monde ne les corrompît , comme il a fait
le refte des mortels , & ne détruifît par ce
moyen vos efpérances. Vous les trouverez

dans une cabane peu éloignée d'ici : mais,
prince, avant que de les voir, rendez-nous
notre première figure, & souffrez que nous
vous arrachions ce poil fameux, afin que
vous puissiez vous en servir en notre faveur ; il vous sera aussi bien nécessaire pour
délivrer votre princesse. Sincer ne se fit pas
prier, on lui tira le poil ; il le prit alors &
en toucha toutes les grenouilles, qui devinrent aussi-tôt des princes & des princesses
fort aimables. La reine & ses sujets lui firent
beaucoup de remercîmens. La seconde petite bonne femme qu'il avoit trouvée dans
le bois, parut au même instant, & lui dit
que pour le récompenser du service qu'il
venoit de rendre à son amie, elle le trans-
porteroit où la belle Aimée étoit renfermée,
après qu'il auroit rendu visite à l'homme sot
& à la fille laide qui devoient lui faire présent d'une herbe dont il auroit besoin dans
la suite. Il y fut donc avec empressement ;
il les trouva tels qu'il le souhaitoit, & reçut d'eux cette herbe mystérieuse. La bonne
femme après les avoir quittés, prit une
pomme, & la changea en un fort joli ca-
rosse, qui lui tout seul faisoit cent lieues par
minute : elle monta dedans avec le prince
qui trouva cette voiture charmante, mais

L w

elle n'alloit pas encore affez vîte pour un
amant impatient de revoir fa maîtreffe. Ils
arrivèrent néanmoins en très-peu de temps
au pied de la tour où la belle Aimée étoit
renfermée. La fée lui donnoit tous les jours
des chofes également impoffibles à exécuter, & cela dans le deffein d'avoir un prétexte pour la tourmenter.

J'ai dit que quand elle fut enfermée la
première fois dans cette prifon, Farouche
lui ordonna d'apprendre à danfer à une quantité de limaçons qui fe trouvoient alors dans
une falle baffe, mais je n'ai pas dit comment
cette princeffe étoit venue à bout d'une
commiffion fi difficile. Je vais en inftruire
ceux qui ont envie de le favoir : elle ne
fongea d'abord qu'à pleurer pendant fept
jours entiers, & ne fe mit point en peine
d'inftruire les écoliers qu'on lui avoit con-
fiés ; mais le huitième jour, qui étoit celui
que la fée devoit venir la revoir, & la
changer elle-même en limaçon fi elle n'a-
voit point réuffi, elle s'affligea tout de nouveau ; cependant elle voulut effayer de
donner quelques leçons à ces animaux, mais
elle vit bientôt qu'elle y employoit & fon
temps & fa peine inutilement. Perfuadée
que fon malheur étoit fans reffource, elle

songea férieufement à fe donner la mort,
car elle aimoit mieux mourir que de devenir limaçon, ou que d'époufer le roi des
papillons. Elle monta dans ce deffein fur la
fenêtre pour fe précipiter ; mais par un
bonheur infini, fe fouvenant alors du brillant qu elle avoit reçu de l'oifeau, & des
paroles qu'il avoit dites en le lui donnant,
elle le tira de fa poche, & le regardant,
elle dit : beau brillant, fi tu as la vertu de
me tirer du danger où je fuis, ne me laiffe
pas plus longtemps malheureufe. A peine
eut-elle prononcé ces mots que le brillant
s'ouvrit, & qu'il en fortit plufieurs petits
maîtres à danfer, avec des violons, qui
firent dreffer les limaçons, leur montrèrent en
un inftant toutes fortes de danfes, & difparurent enfuite. Cette merveille fit un grand
plaifir à la princeffe, elle effuya fes pleurs,
baifa fon brillant avec un tranfport de joie
incroyable, & le ferra avec plus de foin
qu'elle n'avoit fait encore, dans la crainte
que Farouche ne découvrant ce qu'il valoit, ne le lui enlevât. Cette méchante fée
arriva un moment après, & lui demanda
avec un fourire malin fi fes écoliers étoient
fort habiles : vous allez en juger, madame,
dit Aimée d'une voix douce & craintive ;

ouvrant alors la falle où ils étoient, elle fe
mit à chanter, auffi-tôt ces petits animaux
dansèrent, mais dansèrent fi joliment, fur-
tout la bourée, l'allemande & la mariée,
que Farouche en devint tout-à-la-fois furprife & furieufe. Outrée de ce que cette
pauvre princeffe avoit fi bien réuffi, elle
lui donna d'autres ouvrages encore plus dif-
ficiles, mais elle en vint toujours à bout par
le moyen de fon brillant. Ces fuccès causèrent à la fée une fi grande colère, qu'elle
enferma la princeffe dans une grande cage
de fer : elle étoit placée dans une cour toute
pleine d'animaux féroces & carnaciers ; elle
en confia la garde à deux horribles dragons
qui faifoient à tous momens des efforts épou-
vantables pour brifer la cage & dévorer la
princeffe. La malheureufe princeffe étoit
ainfi renfermée depuis un mois lorfqu'elle
vit paroître Sincer ; elle frémit en voyant
le danger auquel fon amant alloit s'expofer : il avoit ouvert la porte de cette cour
en la touchant feulement de fon herbe ; il
n'apperçut pas plutôt fa chère Aimée dans
une auffi cruelle fituation, qu'il mit l'épée à
la main pour tuer les deux dragons, mais la
bonne femme lui cria de s'arrêter, & de
leur jeter feulement l'herbe qu'il avoit dans

la main ; il le fit , & aussi-tôt les animaux
tombèrent sans vie à ses pieds : courant à la
cage , il la toucha du poil de son sourcil ,
& dans le même moment il se sentit enlever , lui , la princesse & la bonne fée au
milieu des airs , & se vit entourer d'un
nuage qui les porta fort vîte dans l'isle de
Sincérité.

Le roi fut reconnu de tous ses sujets, &
reçu avec des acclamations de joie qui lui
firent voir combien il étoit chéri. Enchanté
de se retrouver auprès de la charmante Aimée, il lui dit les choses du monde les plus
passionnées ; elle y répondit avec une égale
tendresse. Il envoya des ambassadeurs au roi
Devideur & à la reine sa femme, pour leur
demander la princesse en mariage ; ils ne
furent pas longtemps en chemin , ils apprirent au prince que le roi Devideur s'étoit
tué d'un coup de pistolet il y avoit près
d'un an , pour n'avoir pu réussir à devider
un écheveau de soie qui étoit extrêmement
mêlé ; que la reine étoit morte de la petite
vérole il y avoit six mois, & qu'Aigremine
s'étoit empoisonnée le jour qu'elle l'avoit
vu partir. Ces nouvelles affligèrent la princesse Aimée : elle porta six mois le deuil de
ses parens ; au bout de ce temps elle épousa

le roi Sincer , & paſſa avec lui une longue ſuite d'années ſans eſſuyer le moindre
chagrin.

Ils s'aimèrent tendrement toute leur vie ;
la bonne femme les quitta pour aller rejoindre la reine Brillante ſon amie , & le poil
du ſourcil du roi fut enchâſſé dans une bague
d'or qu'il porte toujours avec lui pour le
préſerver de la malice des fées.

TENDREBRUN
ET
CONSTANCE.
CONTE.

IL y avoit autrefois une fée que l'on nommoit Vicieuse ; elle faisoit son séjour sur
une des plus hautes montagnes du royaume de Pentafila ; le nombre des années
avoit augmenté & sa laideur & sa méchanceté. On la voyoit rarement sortir de son
château. A quoi bon se fatiguer inutilement ?
les Vices, ses enfans, la servoient au gré de
ses désirs, parcouroient le monde, & y
causoient des désordres infinis. On avoit
beau conseiller aux rois & aux grands d'être
toujours en garde contre de semblables
monstres ; ils avoient le secret de se glisser
dans les palais les mieux fermés. Toutes
les portes s'ouvroient à la seule vue de la

Flatterie, leur sœur bien-aimée. Les grands sur-tout & les riches se laissoient entraîner à ses douces insinuations, & les enfans de Vicieuse les obsédoient de toutes parts.

Le roi Judicieux fut le seul qui leur ferma l'entrée de ses états. Il seroit difficile d'exprimer jusqu'à quel point il haïssoit cette nombreuse famille; cependant malgré toutes ses précautions, un des petits Mensonges eut l'adresse de percer jusques dans sa chambre, sans être reconnu; il n'y demeura pas long-temps.

Le roi étant un jour devant son miroir, pendant qu'on le peignoit, s'avisa de demander à ses courtisans quel âge il paroissoit avoir. Tous lui répondirent avec sincérité, qu'on lui donneroit bien quatre vingt ans, (mais Mensonge assura sa majesté qu'elle avoit l'air & la fraîcheur d'un homme de quarante.

Le roi, à ce discours, le regarda avec attention, & le reconnoissant pour un des vices, il ordonna qu'on le fouettât, & que dans le moment même on le chassât de son royaume.

Plusieurs seigneurs parlèrent vainement en sa faveur, ils ne purent obtenir sa grâce. L'enfant que vous voyez, leur dit

ce prince, eſt un monſtre mille fois plus
à craindre que les bêtes les plus cruelles
de mes forêts. Il vous plaît, il vous amuſe,
parce qu'il eſt petit, mais il grandira, &
ſi je le ſouffre, il introduira bientôt ici,
malgré moi, tous ſes frères ; qu'il ſorte
donc promptement, & qu'il ſoit châtié
comme il le mérite.

Judicieux fut obéï, & Menſonge, après
avoir été puni, ſe retira en pleurant chez
la fée, à qui il conta ce qui lui venoit d'arriver. Vicieuſe, fronçant le fourcil, le prit
dans ſes bras, le baiſa deux fois au front,
& pour le conſoler, l'aſſura que dans la
ſuite il ſeroit à couvert de pareilles diſgrâces. Elle lui tint parole, mais elle jura
par le bonnet verd & bleu qu'elle portoit,
qu'elle ſe vengeroit du roi & de toute ſa
race avant la fin du jour. En diſant ces mots
elle fit cinq cris affreux, ſauta trois fois
par-deſſus un charbon qu'elle prit dans un
réchaud plein de feu, & cracha dans une
toile d'araignée qu'elle trouva dans un coin
de ſa chambre, après quoi elle toucha de
ſa baguette cette toile, qui devint un crapeau aîlé, d'une groſſeur monſtrueuſe,
& qui portoit un ſelle verte brodée de vers
luiſans.

La fée le careffa, lui donna du gâteau fait avec du lait, du fucre, des amandes & des chenilles ; & lui ayant dit de l'attendre, elle alla fe mettre à fa toilette ; (car elle étoit extrêmement coquette, quoi qu'elle eût près de deux mille ans) & jamais elle ne fortoit fans avoir beaucoup de rouge & de mouches, Elle en mit ce jour-là une très-grande quantité, fe coëffa, & s'habilla comme une jeune perfonne. Toute cette parure la rendit certainement plus épouvàntable encore qu'elle ne l'étoit. Contente néanmoins de fa figure, elle s'imagina, comme plufieurs vieilles de ma connoiffance, que cet ajuftement empêcheroit que l'on ne s'apperçût de fes rides & de fa maigreur.

Enfin Vicieufe monta fur fon Crapeau, traverfa les airs avec une vîteffe incroyable, & fe rendit en peu de temps chez le roi Judicieux.

Ce prince étoit dans un bofquet de fon jardin, affis fur un petit trône de feuilles que la jeune Conftance (fa fille unique) avoit pris foin d'orner de fleurs différentes. Elle étoit à fes pieds, & panchée fur le bord d'un ruiffeau, que formoit une nape d'eau. Elle racontoit au roi plufieurs hiftoires

qu'elle avoit imaginées pour l'amuſer. Sa
narration fut interrompue par un coup de
tonnerre affreux, qui la fit preſque tomber
évanouie , & qui renverſa Judicieux de
deſſus ſon trône. Accablée de douleur à la
vue de cette chûte , elle voulut , malgré
ſon peu de force , courir pour le relever ,
mais une nuit affreuſe ſe répandit à l'inſtant,
& l'empêcha de le ſecourir.

Conſtance déſeſpérée de ce nouveau prodige , alloit de tous côtés , cherchant dans
l'obſcurité , & appelant d'une voix auſſi
triſte que foible celui de qui elle tenoit le
jour. Pluſieurs éclats de rire qu'elle entendit arrêtèrent ſes pas tremblans , les ténèbres
ſe diſſipèrent alors , & elle apperçut près
d'elle une vieille , qu'elle prit pour une des
trois furies , tant elle lui parut horrible. C'é-
toit la méchante Vicieuſe qui , charmée
de tous les maux qu'elle commençoit à
faire ſentir , rioit de toute ſa force. Elle
ceſſa pourtant ſes ris , voyant que la jeune
princeſſe vouloit s'éloigner d'elle pour ne
ne la plus voir , & pour eſſayer encore
de retrouver le roi. Elle l'arrêta par le bras,
& la touchant de ſa baguette , elle lui dit :
Ne cherche point ton père , il eſt en mon
pouvoir , prépare-toi ſeulement à ſouffrir

tous les tourmens que ma haine t'aprête.
A ces mots elle prit une pincée de poudre
rouge qu'elle jeta en l'air , en prononçant
quelques paroles , & dans le moment il
tomba une pluie de feu , qui confuma
tout le royaume de l'infortuné Judicieux.

Se tournant enfuite du côté de Conftance , tu viens de voir , lui dit-elle , de
quelle façon je me fuis vengée fur tout ce
qui t'appartient. Je vais préfentement te faire
éprouver comment je traite les perfonnes
qui ont ofé me déplaire. Elle fit alors voltiger fon crapeau au-deffus de la tête de la
princeffe. Cet animal laiffa tomber fur elle
trois gouttes d'une liqueur noire , qui fur
le champ la métamorphofa en écreviffe.
Sous cette forme elle conferva la mémoire
de ce qu'elle avoit été , mais elle perdit
l'ufage de la parole. La fée frappant enfuite
la terre de fa baguette , fit paroître un
abîme affreux , où elle précipita la malheureufe Conftance. Cette princeffe fut huit
jours à tomber avec beaucoup de rapidité
dans ce gouffre épouvantable , dont elle
ne trouvoit point le fond. Au bout de ce
temps , elle reconnut qu'elle étoit dans un
étang qui lui parut immenfe. Elle fentit
qu'elle y nageoit , & qu'elle y vivoit comme

fi elle avoit paſſé toute ſa vie dans cet élément; cependant elle n'y mangeoit point, la crainte d'être attrapée par quelque hameçon l'en empêchoit. Le moindre poiſſon qu'elle voyoit ou qu'elle entendoit, la faiſoit trembler, s'imaginant que c'étoit quelqu'animal qui venoit pour la dévorer.

Un ſoir que toute la troupe aquatique dormoit tranquillement, Conſtance devenue plus hardie, réſolut, à la faveur d'un beau clair de lune, de ſe promener ſur la ſurface de l'eau. La première choſe qui s'offrit à ſa vue, ce fut un jeune homme d'environ vingt-deux ans, couché ſous un feuillage que l'aſtre brillant de la nuit éclairoit parfaitement. Il paroiſſoit accablé de triſteſſe & d'ennui, & ſembloit fort indifférent aux ſoins officieux que Zephir lui rendoit, en ſoufflant doucement dans l'air, & en écartant un peu de ſes joues de groſſes & longues boucles de cheveux qui tomboient négligemment ſur ſes épaules. Sa rêverie ne ui permettoit pas non plus de prendre plaiſir aux doux concerts des roſſignols qui s'efforçoient aſſez près de lui de faire répéter aux échos leurs ſons mélodieux. Enfin, rien ne paroiſſoit pouvoir le diſtraire de ſes penſées.

La princesse s'arrêta pour le considérer, & lui trouva mille charmes qui l'obligèrent de soupirer plusieurs fois, & lui firent sentir plus qu'elle ne l'avoit fait encore le malheur d'être écrevisse. Elle se promena long-temps vis-à-vis de lui, sans qu'il la remarquât. A la fin, elle fit tant de sauts dans l'eau, qu'il tourna les yeux de son côté. Elle s'en apperçut, & pour lors la crainte qu'elle avoit d'être prise, & mise sur le feu, ne l'empêcha pas d'approcher de lui, de façon qu'il la pouvoit aisément prendre avec la main.

Ce jeune homme étoit fils du grand empereur des Tartares; Vicieuse l'avoit enlevé de la cour du roi son père. Il y avoit deux ans que la fée le tenoit enfermé dans cette affreuse demeure. Que ne fit-elle pas pour s'en faire aimer! Tous ses artifices furent inutiles; la haine que le prince avoit conçue pour elle étoit invincible; il ne pouvoit la regarder sans horreur. Vicieuse démêla bientôt ses sentimens; ç'en étoit fait de sa vie, elle l'auroit sacrifié à sa rage & à son dépit, si la violence de sa passion n'eût pas calmé une partie de la fureur dont elle étoit agitée.

Ce prince se nommoit Tendrebrun, il

étoit grand, bien fait, & tous ses traits étoient agréables, il avoit l'air majestueux, & la politesse du monde la plus noble lui attiroit tous les cœurs. Enfin il étoit né avec beaucoup de penchant pour l'amour, & quand il vouloit plaire, il plaisoit.

La vie oisive qu'il menoit chez la fée l'ennuyoit infiniment ; il s'y trouvoit retenu par un enchantement que tout son courage ne pouvoit surmonter : il n'avoit la liberté de se promener que dans les jardins du palais, mais il n'en faisoit ordinairement d'usage que quand la nuit avoit déployé ses aîles, parce qu'il craignoit d'y rencontrer Vicieuse, ou quelques personnes de sa suite. Le bord de l'étang où se trouvoit Constance, étoit le lieu qu'il choisissoit presque toujours pour se reposer, & pour songer aux moyens qui pourroient le faire sortir de sa prison. Il y avoit déjà long-temps qu'il goûtoit l'agréable fraîcheur de la nuit, quand il vit l'écrevisse qui, comme je l'ai dit, étoit extrêmement attentive à le regarder. Il crut d'abord qu'elle étoit morte, mais prenant une petite branche d'arbre, il la toucha, & connut le contraire. Etonné de ce qu'elle ne paroissoit point vouloir s'échapper, & de ce qu'elle avoit les yeux attachés sur lui d'une façon particulière, il la considéra avec attention ; la prenant ensuite, il entendit qu'elle soupira ; pour lors, il ne douta plus que ce ne fût quelqu'infortunée, dont la métamorphose étoit l'ouvrage de Vicieuse ; il lui fit part de cette idée, & il remarqua qu'elle faisoit tous les signes qu'une écrevisse peut mettre en usage, pour faire comprendre qu'il ne se trompoit pas. Il l'emporta donc bien vîte dans son appartement , & la mit dans une jatte d'or pleine d'eau qu'il trouva dans son cabinet, & se jeta sur son lit : mais la curiosité vint bientôt troubler la douceur du repos dont il commençoit à jouir. Le souvenir de sa prisonnière l'arracha des bras du sommeil ; il court au cabinet, visite son écrevisse, & lui donne un morceau de biscuit. S'étant apperçu qu'elle mangeoit avec plaisir, il la plaignit de nouveau ; & s'engagea de lui tenir compagnie le plus souvent qu'il lui seroit possible. Quelquefois il la regardoit , & croyoit remarquer dans ses yeux quelque chose de si tendre & de si touchant , qu'il ne pouvoit s'empêcher de faire des imprécations contre celle qui l'avoit réduite en cet état.

Un jour qu'il l'assuroit que personne ne s'intéressoit à ses malheurs autant que lui,

elle

elle fortit de l'eau, prit une plume & une feuille de papier qu'on avoit laiffé fur la table, & fe fervant de fa patte, elle écrivit, & fon nom, & les caufes de fa métamorphofe.

Elle remercia auffi Tendrebrun du foin qu'il avoit pris d'elle, & le conjura de ne la point abandonner, & de prendre bien garde que la fée ne la pût découvrir.

Le prince charmé de ce qu'elle venoit de faire, lui jura qu'il perdroit plutôt la vie, que de fouffrir qu'on lui fît la moindre peine; & pour la raffurer, il lui dit que Vicieufe devoit être pendant un mois éloignée de fon palais.

Depuis ce jour, il fut plus affidu auprès d'elle, il lui faifoit la lecture de plufieurs hiftoires amufantes pour la défennuyer, & il la prévenoit dans tout ce qui pouvoit lui faire plaifir. Conftance l'écoutoit avec une fatisfaction infinie; & quoique tous les jours l'amour fît de nouveaux progrès dans fon cœur, elle fe gardoit bien néanmoins de lui faire connoître jufqu'à quel point elle étoit éprife de fes charmes. Un pareil aveu lui paroiffoit honteux; & elle n'efpéroit pas que Tendrebrun pût jamais devenir amoureux d'une écrevife. Ces penfées lui caufèrent un foir tant de

Tome XXXII. M

peine, qu'elle prit la réfolution de fe laiffer mourir de faim.

Elle commença donc à ne plus manger ; le prince s'en apperçut, & lui en demanda la caufe, mais elle refufa de l'en inftruire, ce qui le chagrina beaucoup, il s'imagina qu'elle n'aimoit peut - être pas ce qu'il lui donnoit ; & qu'elle mangeroit mieux du poiffon : dans la vue de s'en affurer, il prend une ligne, & va droit à l'étang. Un petit goujon vint fe prendre à fon hameçon ; il le porta en toute diligence à fa chère écreviffe, & le jeta dans la jatte, en la conjurant de le manger. Mais le poiffon n'y fut pas plutôt, qu'il agita l'eau, & la troubla, de façon que le prince ne vit plus rien. Un inftant après l'eau fe calma, & devint claire ; Tendrebrun revit fon écreviffe, mais à la place du goujon, il apperçut un petit vieillard, dont la mine riante & agréable raffuroit ceux que fon apparition pouvoit avoir effrayés.

Prince, dit-il au fils de l'empereur Tartare, ne crains rien, je veux te rendre fervice ; je fuis un magicien de l'isle de Tintarinos ; je me nomme Bienfaifant ; la fée qui te retient, fâchée contre moi, de ce que je lui avois enlevé une jeune princeffe qu'elle avoit prife à la cour d'un roi de mes voifins, pour la donner en mariage à un monftre de fes amis, me changea en goujon, parce que fon pouvoir eft bien plus grand que le mien, & me dit en me jetant dans l'étang où tu m'as pris, que j'y demeurerois jufqu'à ce que quelqu'un m'en retirât ; il y a trois cent ans que j'y fuis ; je te dois la liberté, & je veux te rendre heureux. En difant ces mots, il tira de fa poche une petite boëte d'or, & de cette boëte il fortit un oifeau couleur de feu.

Cet oifeau, dit-il au prince, te conduira en peu de temps par-tout où tu le voudras, pourvu que tu prennes le bout de fon aile, fans jamais la quitter. Ce n'eft pas encore tout ce que je veux faire pour toi. Cette écreviffe eft une princeffe charmante à qui tu as infpiré beaucoup de tendreffe. Je veux lui rendre fa première forme, tu pourras l'enlever avec toi, en lui faifant prendre l'autre aile de l'oifeau.

Le vieillard, après ces paroles, prit l'écreviffe & lui coupa la tête, au grand étonnement du prince qui fe préparoit à lui faire les plus vifs reproches ; mais il en fut empêché par un grand bruit qu'il entendit.

C'étoit Vicieufe elle-même qui arrivoit, & que l'on n'attendoit pas fitôt. La fée remarqua le trouble du prince & l'oiseau qu'il tenoit déjà dans ses mains. Elle frémit de rage en voyant que cet animal lui auroit enlevé son amant un moment plus tard. Elle l'arracha donc avec fureur de ses mains, & l'écrasa, en cherchant de tous côtés où pouvoit être celui qui lui en avoit fait présent, mais il avoit disparu, & sa recherche fut inutile.

Tendrebrun au désespoir, dit à la fée tout ce qu'il imagina de plus insultant; mais elle n'entendit qu'une partie de ses reproches, parce qu'elle sortit pour aller augmenter l'enchantement du prince.

Ce dernier ne fût pas plutôt seul, qu'il courut à la malheureuse écrevisse à qui le vieillard avoit coupé la tête; mais à peine l'eut-il touchée, que la chambre parut toute en feu, & qu'il se trouva au milieu des flammes. Pensant pour lors à se sauver, il laissa l'écrevisse pour chercher la fenêtre ou la porte. Le feu se dissipa, comme il étoit prêt de sortir, & il s'apperçut qu'il ne lui avoit fait aucun mal. Voyant donc qu'il s'étoit alarmé inutilement, il chercha l'écrevisse, dans l'espérance que quelque prodige nouveau lui auroit rendu la vie. Après d'inutiles recherches, il ne douta pas qu'elle

n'eût été confumée par les flammes, malheur dont il accufa la fée. Il en fentit une
douleur fi vive, que ne pouvant fe foutenir qu'à peine, il tomba fur un fopha qui
fe trouva heureufement derrière lui : il fut
un très-long-temps les yeux attachés à terre,
fans faire le moindre mouvement. Enfin,
il apperçut quelque chofe qui remuoit à
fes pieds, & qui lui parut extrêmement brillant. S'étant penché pour regarder ce que
ce pouvoit être, il vit avec beaucoup de
furprife une petite perfonne environ de la
grandeur d'une groffe épingle, & dont tous
les traits étoient charmans. Elle avoit une
robe de gaze blanche, femée de petites
efcarboucles, & il découvrit fur fa tête
une aigrette de plumes garnies de pierreries.

Tendrebrun étonné de ce nouveau prodige, la prit avec beaucoup de délicateffe,
la pofa fur la table, pour la confidérer
plus à fon aife, & la trouva fi belle, qu'il
ne fongea plus à l'écreviffe qu'il venoit de
perdre. Dès ce moment même il fentit
pour cette aimable petite perfonne une paffion fi violente, qu'il penfa devenir fou,
en faifant réflexion qu'il ne pourroit jamais
que la confidérer, puifqu'elle étoit fi petite;
qu'il lui étoit impoffible de s'unir avec

elle par des liens plus forts que ceux de l'amitié.

Ces penfées l'auroient rendu plus malheureux qu'il n'avoit été jufques-là, s'il avoit eu le temps de s'y livrer ; mais la beauté qui l'occupoit, le regardant avec des yeux capables d'enflammer les cœurs les moins tendres, lui dit d'une voix aufſi douce que charmante : Prince, le vieillard que vous avez vu, vient de me rendre ma première forme. J'étois, il n'y a qu'un moment, écreviffe heureufe, puifque fous cette figure, vous aviez la bonté de prendre foin de moi, & que rien ne me manquoit. Préfentement je fuis une princeffe infortunée, fans parens, fans appui & fans royaume, trop contente cependant de pouvoir vous affurer de la reconnoiffance que j'aurai toute ma vie des fervices que vous m'avez rendus.

Eh quoi ! c'eft vous, belle Conftance, que j'ai eu le bonheur de conferver quelques jours ici, lui dit Tendrebrun, c'eft vous que je regrettois fi fort il n'y a qu'un moment, & qui, fi j'en crois Bienfaifant, fouffrirez fans peine que je vous adore tant que je refpirerai. Comment fe peut-il faire que le couteau du vieillard ne vous ait pas fait périr, & que vous ayez échappé aux flammes qui vous environnoient de toutes parts.

Tout ce que le magicien a fait étoit nécessaire pour me défenchanter, lui dit-elle; c'est lui qui a fait paroître le feu qui vous a si fort alarmé : il m'a pris dans l'inftant que vous m'avez abandonnée, & me touchant d'une baguette de corail, il m'a rendu ma figure naturelle, à la taille près. Il m'a donné auffi cet œuf de cryftal, en me difant qu'auffitôt que vous l'auriez touché avec une branche de jafmin, que vous trouverez par terre à l'entrée du jardin, nous ne ferons plus vous & moi au pouvoir de la fée. Conftance donnant alors l'œuf myftérieux au prince, le conjura d'aller chercher promptement le jafmin qui devoit les mettre en liberté; mais il vouloit avant d'obéir lui dire à quel point il l'aimoit, & lui faire connoître combien il étoit défefpéré de la voir fi petite.

Je deviendrai plus grande, dit la jeune princeffe en fouriant, le bon vieillard m'a affurée qu'avant qu'il fût une heure, je ferois toute auffi grande que je l'étois avant que la fée m'eût changée en écreviffe. Soyez donc tranquille, mais ne différez pas, &

courez chercher le jafmin qui peut feul
nous tirer d'ici. Le prince comblé de plaifir & d'efpérance alloit fuivre ce confeil
quand Vicieufe rentra tout-d'un-coup dans
la chambre , & lui défendit de fortir. La
princeffe voyant fa cruelle ennemie, courut pour fe cacher , mais elle tomba de
deffus la table , fans cependant fe bleffer.
Tendrebrun voulant la relever fans que la
fée s'en apperçut , oublia qu'il tenoit l'œuf
de cryftal , & le laiffa tomber de façon qu'il
fe caffa en mille morceaux. Pour comble
de malheur, Vicieufe s'avança fi promptement , qu'il n'eut pas le temps de mettre
Conftance dans fa poche , & que cette
pauvre princeffe fe trouva pofitivement fous
la robe de fa mortelle ennemie. Le prince
trembloit voyant que la fée pouvoit l'écra-
fer en faifant le moindre mouvement, mais
heureufement qu'elle demeura dans la même
place. Dans une de fes mains étoit un livre
de vélin doré , & dans l'autre une baguette
d'ébène, avec laquelle elle lui donna un coup,
fur l'épaule : ne fonge point ingrat , lui dit-
elle , à m'échapper. Je viens de rendre les
charmes qui te retiennent auprès de moi,
fi grands , que toutes les puiffances de l'enfer
ne pourroient pas les rompre ; réfous - toi

donc à me voir fans ceffe à tes côtés pour
te tourmenter, fi tu n'acceptes pas dans l'inftant le cœur & la main que je veux
bien t'offrir encore ; mais au contraire imagine tout ce qui peut faire le bonheur d'un
mortel, & fois affuré d'en jouir fi tu réponds à mes défirs. Parle vîte, & fonge
que ta réponfe va décider du bonheur ou
du malheur de tes jours ; je te donne un
quart-d'heure pour te déterminer.

Le prince peu inquiet des difcours & des
menaces de la fée, n'étoit occupé que de
ce qu'il voyoit ; il avoit les yeux attachés
fur fa robe, parce qu'il s'appercevoit qu'elle
remuoit, & qu'il ne doutoit pas que ce ne
fût la malheureufe Conftance qui croiffoit
à vue d'œil. On ne peut imaginer l'excès
de fa douleur, lorfqu'il venoit à penfer
que fon aimable Princeffe alloit bientôt paroître devant la fée, & que dès-lors elle
feroit expofée à de nouvelles peines. Combien fe repentoit-il de s'être amufé à parler
de fon amour à celle qui le caufoit ; il devoit bien plutôt courir à la branche de jafmin qui leur étoit fi néceffaire, mais fes
regrets étoient inutiles. Le moment où il
devoit perdre la princeffe étoit arrivé. Elle
croiffoit fi prodigieufement & fi vîte, que

M v

Vicieufe la fentit enfin , & que tout-d'un-
coup la tête fortit par la fente de fa robe.
Ah, ah, dit-elle extrêmement furprife! que
veut dire ceci ? Comment petite créature,
tu ofes venir auprès de moi ? Celui qui t'a
redonné ta première forme croit-il donc
que je ne fuis pas affez puiffante pour te
l'ôter encore , & que tu pourras impunément te montrer à mes yeux, je vais lui
prouver le contraire. Arrêtez , cruelle , lui
dit le prince avec emportement, & ne mal-
traitez pas une princeffe qui n'a que trop
éprouvé votre fureur. Et quel intérêt y
prends-tu , répondit-elle d'un ton qui fit
évanouïr Conftance & pâlir le prince; d'où
la connois-tu , & qui te rend fi fenfible
pour elle ? La feule pitié que j'ai pour les
malheureux , dit Tendrebrun , qui n'ofoit
pas avouer la vérité : mais la fée tournant la
tête, & montrant fes dents longues & noi-
res en marmotant plufieurs mots , ouvrit
fon livre , & connut tout ce qui s'étoit paffé
entre nos deux amans.

Cette connoiffance la mit dans une fi
grande colère, que la terre en trembla. Son
premier mouvement fut de le faire mourir ;
mais changeant de réfolution, elle fit un
cri pareil à celui d'un hibou, & tourna un

quart-d'heure fans difcontinuer , tenant le
prince par les cheveux fans qu'il pût fe
fervir de fa force pour fe tirer de fes affreufes mains. Alors parurent un griffon &
une chauve-fouris d'une énorme grandeur,
qui lui demandèrent ce qu'elle leur ordon-
noit. Elle leur montra le prince & la princeffe ; prenez-les , leur dit-elle , éloignez-
vous , & faites votre devoir. Elle fut obéie,
& l'un & l'autre avec fa proie prirent une
route toute oppofée.

Le griffon chargé du prince lui fit traverfer quantité de pays ; & après avoir
voyagé plus de trois heures dans les airs ,
defcendit au commencement de la nuit au
milieu d'un bois où Tendrebrun s'imagina
qu'il alloit le dévorer ; mais cet animal
l'ayant pofé doucement à terre , s'envola
promptement fans le toucher.

L'obfcurité étoit fi grande , que le prince
ne favoit s'il devoit avancer , reculer , ou
demeurer. Cependant , après avoir été quelques momens irréfolu , il prit le parti de
marcher à tâtons , s'attendant à tous les
événemens fâcheux qui pouvoient lui arriver.

A peine eut-il fait quelques pas , qu'il
apperçut une lumière qui paroiffoit encore

fort éloignée. Il marcha plus d'un quart
d'heure pour y arriver. Enfin il fe trouva
auprès d'un château dont les appartemens
étoient éclairés.

Il examina ce bâtiment; mais quelle fut
fa furprife, quand il reconnut que c'étoit
célui de l'empereur fon père. Doutant fi
c'étoit un fonge, il s'avança jufqu'à la
porte de la falle des gardes, avec une agi-
tation qui ne lui laiffoit point la liberté de
parler. Les premiers qui le virent, poufsè-
rent des cris de joie, & coururent dans
l'appartement de fon père, pour lui apprendre une fi heureufe nouvelle.

Ce prince, courbé fous le poids de fes
années, étoit couché fur plufieurs piles de
carreaux de drap d'or brodé de perles, &
portoit une attention fort médiocre à un
concert de voix & d'inftrumens, que faifoient quelques-unes de fes femmes. Quand
il vit entrer ceux qui venoient lui dire que
Tendrebrun étoit dans le palais, & quand
il apperçut ce cher fils lui-même, dont la
perte lui avoit été jufqu'à ce moment fi
fenfible, on peut s'imaginer la joie que
reffentirent ces deux perfonnes, fi l'on
connoît les tendres mouvemens de la nature.
Auffi n'en parlerai-je point; je dirai feule-

ment que jamais prince n'avoit été retrouvé de son père & de ses sujets avec plus de plaisir que le fut Tendrebrun.

L'empereur étoit fort âgé, il obligea son fils à prendre les rênes de l'empire, le trouvant plus capable de gouverner que lui.

Ce prince se chargea malgré lui du soin d'un état qui, depuis quelques années, avoit été assez négligé. L'éclat de sa couronne, & le plaisir de régner sur un peuple nombreux ne l'empêchoit pas de penser à Constance. Il soupiroit à chaque instant, & il regrettoit les momens qu'il avoit passés auprès d'elle. Quelle est aimable, disoit-il quelquefois en lui-même, que de tendresse, que de grâces, que de délicatesse & que d'esprit sont rassemblés dans cette divine personne ! Que ne sacrifierois-je pas pour la retrouver ? Hélas ! peut-être que la parque a déjà tranché le fil de ses beaux jours ; ou si elle est encore vivante, ce n'est sans doute que pour éprouver de nouvelles fureurs de la méchante Vicieuse. Pensez-vous à moi dans vos malheurs, charmante princesse ? Songez-vous que Tendrebrun ne cessera jamais de vous aimer, qu'il mettra tout en usage pour vous délivrer de vos peines ? Oui, vous devez en être

perfuadée, vous devez croire que ma douleur me mettra bientôt au tombeau, fi je ne
vous revois promptement.

C'eft ainfi qu'il s'entretenoit en pen-
fant à la jeune Conftance ; il fe repréfentoit
auffi fort fouvent le procédé de Vicieufe ;
il ne pouvoit comprendre, ni comment il
étoit échappé de fes mains, ni pourquoi
elle l'avoit renvoyé dans fes états, fans lui
faire aucun mauvais traitement, quoiqu'il
eût éprouvé jufqu'alors des marques fi vio-
lentes de fon amour & de fa colère. Il
étoit éloigné d'elle, mais il redoutoit toujours fa fureur & fa méchanceté.

Cette crainte, jointe à fa paffion, troubloient
infiniment la tranquillité de fes jours. Ne
pouvant donc vivre accablé de tant d'inquiétudes, il réfolut d'aller dans l'ifle de
Tintarinos, pour demander à Bienfaifant
des nouvelles de Conftance, & pour obtenir de lui quelque talifman, qui le pré-
fervât des enchantemens de la fée.

Ayant confié fon deffein à l'empereur,
il fit équiper un vaiffeau, il le chargea de
riches préfens, & partit de la cour accompagné de douze des plus jeunes & des plus
braves feigneurs de l'empire.

Le dieu des vents pouffant fon navire

avec vîtefſe, lui fit 'découvrir bientôt la pointe de l'iſle qu'il cherchoit ; mais comme il n'en étoit plus qu'à une très-petite diſtance, le ciel s'obſcurcit, & ſe couvrit de nuages épais ; la mer changea de couleur, & les flots ſe gonflèrent, & s'entrechoquèrent avec une ſi grande impétuoſité, que le vaiſſeau du prince ne pouvant continuer ſa route, fut échouer ſur un banc de ſable, ſur lequel ils auroient tous péri, ſi la mer ne s'étoit pas calmée quelque temps après.

L'air devint donc auſſi tranquille que les flots. Les nuées ſe diſſipèrent, & permirent au prince de parcourir des yeux le vaſte empire de Neptune, dont il étoit entouré, pour voir s'il ne découvriroit point quelque bâtiment.

A peine eut-il regardé quelque temps, qu'il vit pároître, mais dans un grand éloignement, quelque choſe de brillant, & qui venoit prodigieuſement vîte à lui. Quand cet objet fut à la portée de ſa vue, il connut que c'étoit une barque de nacre de perle, au milieu de laquelle il y avoit un roſier qui ſervoit de mât ; les feuilles étoient aſſez grandes pour ſervir de voiles ; huit tritons & huit ſyrènes qui le conduiſoient

le firent approcher fort près de Tendrebrun. Alors une des fyrènes lui adreſſant
la parole, lui dit : Prince, nous ſommes
envoyées ici par la jeune Bonté, notre
maîtreſſe, pour vous dire qu'elle vous
attend dans ſon iſle. Elle eſt fille de Bien-
faiſant, & n'eſt occupée, à ſon exemple,
que du ſoin de rendre les mortels heureux.
L'art de féerie, qu'elle poſſède, l'a inſtruite
de vos malheurs. Touchée des peines que
vous ſouffrez, elle veut vous en délivrer,
en vous donnant le taliſman que vous alliez
chercher dans l'iſle de Tintarinos. Voilà
un bracelet que nous vous apportons de ſa
part ; ne le quittez jamais ; il vous rendra
l'aimable princeſſe dont vous êtes ſéparé.
C'eſt à notre maîtreſſe que vous devez la
liberté & votre retour en Tartarie, malgré
les efforts de la méchante Vicieuſe. Hâtez-
vous donc d'aller la remercier de tout ce
qu'elle a fait pour vous.

Le prince, enchanté d'avoir trouvé une
aventure auſſi heureuſe dans le temps qu'il
l'eſpéroit le moins, monta ſans différer dans
la barque avec toute ſa ſuite. Après avoir
vogué ſix minutes au plus, il aborda dans
l'iſle où il étoit attendu.

Elle n'étoit plantée que de roſiers &

de jasmins qui formoient de longues allées couvertes; les fleurs de ces arbres mêlées avec les feuilles vertes, produisoient un effet charmant. Un gazon verd, émaillé de petites fleurs couleur de rose & blanches, couvroit toute la terre. Enfin, toute autre couleur que celle dont je viens de parler étoit bannie de ces lieux. C'est pourquoi le prince ne fut pas plutôt descendu de la chaloupe, qu'il vit changer un habit d'étoffe bleue & or qu'il portoit, en un autre de gaze couleur de rose, brodé d'émeraudes & de diamans.

Un mouton, dont la toison étoit de fil d'argent & les cornes de diamans, se présenta pour lui servir de conducteur. Ce petit guide le conduisit en faisant plusieurs bonds sur l'herbe dans un bosquet où Tendrebrun vit cent jeunes filles d'une beauté admirable.

Elles entouroient une personne d'environ seize ans, qui les surpassoit encore en grâces & en beauté. Elle étoit couchée négligemment sur un lit de jasmins, au bord d'un bassin de crystal, où nageoient plusieurs cignes. Des palissades & une voûte de fleurs empêchoient que le dieu du jour ne répandît trop de lumière dans cet agréable cabinet.

Le mouton fut se coucher auprès de sa belle maîtresse, & le prince connoiffant que c'étoit la fille du vieillard de Tintarinos, dont on lui avoit parlé, lui témoigna fa reconnoiffance avec autant de refpect que d'efprit.

La jeune fée le reçut avec une douceur & des grâces qu'il n'avoit encore trouvées qu'à la feule Conftance. Elle lui demanda s'il avoit le bracelet, & lui recommanda de ne jamais l'ôter de fon bras, parce que tant qu'il y feroit, la fée Vicieufe & les autres ne pourroient lui faire aucun mal. Lui préfentant enfuite la main, elle fe leva, & le conduifit dans un labyrinthe orné de ftatues d'yvoire très-bien faites. Après avoir traverfé le labyrinthe, elle le conduifit (en paffant fur une terraffe qui donnoit fur bord de la mer) à un château de cryftal, que le prince admira très-longtemps ; elle lui dit qu'il pouvoit s'y repofer quelques jours, & qu'elle lui promettoit enfuite de le faire tranfporter auprès de fa chère Conftance.

La fée avertit le prince de ne point fortir de l'appartement qu'il choifiroit dans ce

palais pendant le temps qu'il y feroit fon féjour, quand une fois minuit feroit fonné. Si
vous fortez, lui dit-elle, & même fi vous
ouvrez les fenêtres depuis ce moment jufqu'à quatre heures du màtin, il vous arrivera des malheurs dont je ne pourrai vous
garantir. Pendant ce temps, continua-t-elle,
je fuis obligée de quitter mon palais, &
d'aller rendre vifite à mon père.

Tendrebrun l'affura qu'il fuivroit exacte-
ment fes confeils, & confentit fans peine à
demeurer dans ce beau féjour tout le temps
que le foleil mettroit à parcourir trois fois
la voute célefte.

Le premier jour fe paffa à goûter tous les
plaifirs qu'une puiffante fée peut procurer,
& à parler de la fille de Judicieux. Il s'étonnoit de l'attention que Bonté avoit de l'entretenir de ce qu'il aimoit. Il eft vrai que
ç'étoit toujours lui qui commençoit la converfation. Cependant, faifant réflexion que
c'étoit manquer de prudence, & même de
politeffe, que de répéter fi fouvent la même
chofe, & d'exagérer continuellement l'amour
qu'on avoit pour une autre, devant une perfonne auffi charmante que la fée; il fe cor-
rigea infenfiblement, & bientôt fes difcours
ne furent plus remplis de l'impatience qu'il

avoit de revoir sa princesse. Au contraire, il disoit souvent qu'il eût souhaité d'être éloigné d'elle plus longtemps qu'il n'avoit dit, afin de connoître l'effet que l'absence produiroit sur son cœur. Demeurant ensuite quelques momens sans rien dire, il tenoit ses yeux attachés sur Bonté, il soupiroit, & ne pouvoit soutenir la douceur de ses regards, sans éprouver un trouble qui ne lui étoit pas ordinaire.

Il s'apperçut enfin que Constance ne régnoit plus sur son ame, & que la belle fée l'occupoit uniquement. Il ne songea donc plus qu'à lui faire connoître sa passion. D'abord il fit parler ses yeux & ses soupirs, il devint triste, inquiet & rêveur. La fée s'en apperçut, & lui proposa de partir, pour aller retrouver celle qui causoit sa langueur; mais Tendrebrun se jetant à ses pieds, prit une de ses mains qu'il baisa avec transport, & la conjura de ne point l'éloigner d'elle, & de souffrir qu'il l'adorât, & qu'il portât ses chaînes toute sa vie.

Bonté paroissant étonnée de cette déclaration, rougit extrêmement, & l'assura cependant qu'elle ne lui refuseroit pas sa demande, parce que son inclination s'accordoit avec l'envie qu'elle avoit de le contenter ; mais elle lui dit en même temps qu'il ne pouvoit demeurer auprès d'elle qu'en l'époufant dès le même jour ; parce qu'elle avoit fait un ferment inviolable de ne pas permettre à un homme qui l'aimeroit, & qui ne feroit pas fon époux, de faire le moindre féjour dans fon isle.

Cette condition plut extrêmement au prince ; il l'affura qu'il l'accepteroit avec toute la joie imaginable, & la preffa de ne point différer fon bonheur ; ce qu'elle lui promit en le quittant, pour aller augmenter, s'il fe pouvoit, fes appas par une parure encore plus galante. Elle revint après une heure d'abfence, & tout étant préparé pour la cérémonie, leur hymen fut conclu.

Des nymphes, par leurs danfes & leurs chants, vinrent fe réjouir avec eux d'une auffi belle union. Elles avoient toutes des guirlandes de fleurs, dont elles enchaînoient les deux époux. Plufieurs d'entr'elles époufèrent auffi les jeunes feigneurs de la fuite du prince. Les faunes & les fatyres firent retentir les bois de leurs inftrumens, & célébrèrent cette heureufe journée par les jeux & les fêtes qu'ils inventèrent. Enfin tout ce qui refpiroit dans l'isle étoit animé par les plaifirs, excepté la malheureufe Conftance, que le hafard y fit rencontrer. Elle étoit encore au pouvoir de la chauve-fouris ; ce monftre, après l'avoir enlevée du palais de Vicieufe, lui avoit fait parcourir les quatre parties du monde, feignant de ne pouvoir trouver le royaume où la méchante fée lui avoit ordonné de la porter. Elles voyageoient depuis un mois, lorfqu'elles pafsèrent au-deffus de l'isle des rofes. La chauve-fouris s'arrêtant alors, demanda à Conftance fi elle vouloit s'y repofer quelques momens. La princeffe fatiguée du voyage, y confentit volontiers ; & cet oifeau de la nuit s'abaiffant doucement, la pofa fur un banc de gazon derrière un berceau où Tendrebrun & Bonté fe juroient un amour éternel. Quel fpectacle pour une amante ! & quel défefpoir ne fentit-elle pas en voyant le prince infidèle faire mille careffes, & dire cent chofes plus paffionnées les unes que les autres à cette perfonne qu'elle ne trouvoit que trop aimable. Elle penfa vingt fois fe lever, pour aller accabler Tendrebrun des reproches qu'il méritoit ; mais faifant réflexion qu'elle ne lui cauferoit tout au plus qu'un peu de honte, & qu'elle ne recevroit de lui que quelques excufes pleines d'indifférence, qui feroient un nouveau triomphe pour fa

rivale ; elle aima mieux se contraindre, &
renfermer en elle-même la douleur mortelle
que ce changement lui causoit. Elle se contenta donc de laisser couler de ses beaux
yeux un torrent de larmes, & supplia sa
chauve-souris de continuer son voyage, &
de la faire sortir promptement d'un lieu si
funeste à son repos. Celle qui étoit chargée des volontés de Vicieuse étoit aussi méchante que sa maîtresse. Voyant donc l'extrême affliction de la princesse, elle voulut encore l'augmenter, en lui racontant la
facilité avec laquelle le prince tartare l'avoit
oubliée, & les plaisirs qu'il avoit goûtés
depuis qu'il étoit avec sa nouvelle épouse.

Constance ne répondant rien, accusoit en
elle-même son parjure d'ingratitude & de
trahison. Qu'il est perfide, disoit elle, mais
malgré cela, qu'il est aimable ! que d'amour
je viens de voir dans ses yeux ! Dieux, se
peut-il qu'il ait cessé si promptement de m'aimer, & que je sois privée pour jamais de
sa tendresse ! Amour, c'est toi qui fais présentement mon plus grand malheur : tu m'en-
lèves tout ce que j'aime, pour le donner à
un autre ; au moins rends-moi mon indifférence. Mais, hélas ! je sens qu'il n'est pas
plus en mon pouvoir de la reprendre, qu'au

tien d'éteindre le feu que je fens dans mon ame ; & que le fort me condamne à des douleurs éternelles.

Voilà quels étoient les difcours de la prin-ceffe. Lorfque la chauve-fouris eut confenti au départ, elle s'arrêta après quelques heu-res de marche, & lui dit qu'elle étoit arri-vée dans le royaume d'Indolent, à qui Vi-cieufe l'envoyoit pour l'époufer, dès le même jour, & qu'elle la defcendoit dans le palais que le roi lui avoit fait préparer, ce qu'elle fit auffi-tôt. Elle la remit entre les mains de plufieurs femmes deftinées à la fervir, & s'envola, après avoir été dans l'appartement d'Indolent, pour lui faire des complimens de la fée, & lui apprendre l'ar-rivée de Conftance.

Ce prince reçut cette nouvelle avec joie, car il avoit beaucoup d'envie d'être marié. Il étoit grand, jeune & bien fait, mais il étoit fans tête, & par conféquent il ne pou-voit rien par lui-même. Les Vices à qui il avoit donné une libre entrée dans fon royau-me, y régnoient avec plus d'autorité que lui.

Tous ces monftres s'étoient fi bien empa-rés de tous fes fujets, que ce malheureux roi n'ofoit rien faire fans leurs confeils.

La

La débauche de l'ignorance étendoient leur empire sur les gens de guerre & sur les personnes de la plus grande condition. L'injustice & l'intérêt faisoient agir les magistrats : l'hipocrisie & l'avarice se faisoient suivre secrètement par les derviches & les autres ministres des autels, & la galanterie par le sexe feminin.

Enfin chacun des enfans de Vicieuse avoit ses courtisans, & commandoit indépendamment de tout cela à son tour les hommes & les femmes du royaume, sans craindre qu'Indolent y trouvât à redire. Aussi la complaisance que le roi avoit pour les Vices, lui procura-t-elle l'amitié de leur mère. Cette fée lui fit présent, quelques jours avant l'arrivée de la fille de Judicieux, d'une fort belle tête postiche, qui répara, au moins en apparence, celle que la nature lui avoit refusée. Cette tête s'attachoit sur ses épaules, & par le moyen de quelques ressorts, faisoit tous les mouvemens nécessaires.

Il eut d'abord un peu de peine à la porter, mais cependant il s'y accoutuma.

On pourroit ne pas s'imaginer comment il pouvoit voir, parler & entendre ; je vais l'expliquer.

XXXII.

N

Il avoit une bouche à la foſſette du col[e] une oreille dans la main gauche , & un œil dans la droite. Je conviens que la choſe avoit ſon incommodité ; mais enfin une fée qui vouloit ſe venger de la reine ſa mère, les plaça de cette façon, lorſqu'elle devint groſſe de ce malheureux prince. Pour un nez, elle ne lui en donna pas , parce qu'il lui parut alors que c'étoit une choſe inutile, ainſi il ne ſentoit rien.

Ce prince , formé de cette façon , ne douta pas que Conſtance ne conſentît avec joie à l'épouſer. Il fut donc lui rendre viſite , & lui proteſta que le jour ne ſe paſſeroit pas ſans qu'elle fût ſa femme.

Elle étoit dans un très-bel appartement ; l'or & l'argent y brilloient à l'envi , mais ſes yeux , quoique remplis de larmes , y répandoient encore un plus grand éclat, que tant de richeſſes accumulées enſemble.

Indolent s'approcha d'elle ; & pour la mieux voir , lui mit la main tout auprès de ſon viſage. Il fut enchanté de la trouver ſi belle , & lui fit un compliment ſur ſa beauté, qu'il avoit été deux jours à apprendre par cœur , & qu'on avoit cherché dans un livre nouveau. Il lui donna enſuite ſa main pour la conduire au temple , où elle devoit, difoit-il, recevoir fa couronne, & s'unir avec lui ; mais la princeffe le repouffant doucement, l'affura qu'elle n'accepteroit jamais l'honneur qu'il vouloit lui faire, & le pria de permettre au contraire qu'elle fe retirât dans un des temples de fa ville capitale, où l'on avoit renfermé plufieurs jeunes filles confacrées au fervice des dieux.

Cette réponfe étonna fi fort le roi, qu'il demeura quelques inftans fans rien dire. Revenant un peu de fa furprife, il effaya par fes prières de la faire réfoudre à ce qu'il défiroit, mais tous fes difcours étant inutiles, il s'emporta de façon que fa tête qui n'étoit pas bien attachée, tomba par terre, & laiffa voir à la princeffe une efpèce de monftre qui lui parut effroyable.

Cet accident augmenta la colère du prince; il lui dit mille chofes offenfantes, & l'avertit qu'il ne lui donnoit que huit jours pour fe déterminer à l'époufer, après lefquels il lui promettoit de la faire mourir fi elle s'obftinoit à le réfufer. Sortant alors, il laiffa la malheureufe Conftance peu effrayée de fes menaces ; & toujours occupée de l'infidélité de l'ingrat qu'elle aimoit.

Les huit jours fe paffèrent fans qu'elle fît une feule fois réflexion au fort qu'on lu

N. ij

préparoit. A peine le temps fut-il expiré, qu'Indolent vint lui rendre viſite, pour ſavoir ſi ſes ſentimens étoient conformes à ceux qu'il avoit : mais les ayant trouvés oppoſés aux ſiens, il ordonna dans le moment qu'on la conduisît dans la forêt noire.

Cette forêt ſe nommoit ainſi, parce qu'elle n'étoit jamais éclairée par les rayons brillans du ſoleil. Des brouillards épais y régnoient depuis le commencement de l'année juſqu'à la fin. Un vent continuel & froid s'y faiſoit ſentir avec violence, & ſouffloit avec tant de force, qu'il ébranloit les plus gros arbres de la forêt, qui n'étoient chargés que de feuilles jaunes & fannées. Les cris des hiboux & des chouettes, & les hurlemens des bêtes féroces dont elle étoit remplie, ſe faiſoient entendre de tous côtés. Un mur de cent pieds de haut l'environnoit de toutes parts, & empêchoit qu'on n'en pût ſortir. Enfin, l'on ne pouvoit trouver un ſéjour plus affreux.

Cependant la trop infortunée Conſtance y fut renfermée, & s'y trouva moins malheureuſe que dans le palais qu'elle venoit de quitter, parce que les endroits les plus ſombres & les plus déſerts lui ſembloient plus propres à cacher fa douleur.

Auſſitôr qu'elle ſe vit dans ce triſte lieu, elle s'attendit à devenir bientôt la proie de quelques-uns des loups ou des ſangliers qu'elle vit courir de tous côtés. Et, quoi-qu'elle n'eût aucun goût pour la vie, elle ſe ſentit ſaiſir d'horreur & de crainte, en ſongeant qu'elle alloit être dévorée. Por-tant donc ſes pas tremblans dans les endroits qui lui paroiſſoient les plus inacceſſibles, elle alloit s'y cacher pour éviter la rencon-tre de ces cruels animaux, & pour y at-tendre une mort plus douce, que ſa dou-leur & ſa foibleſſe ue pouvoient pas man-quer de lui procurer. Inceſſamment agitée de ces divers penſées, elle vit venir à elle un lion d'une grandeur énorme, dont l'air farouche & fier ne lui laiſſoit aucune eſpé-rance.

A cette vue, elle prit la fuite avec vî-teſſe, mais ce furieux animal, plus habile à la courſe que cette jeune princeſſe, l'attei-gnit promptement, & la ſaiſiſſant par ſa robe, la fit tomber évanouie ſur un tas de feuilles ſèches que le vent avoit raſſemblées.

Ce lion, moins cruel que Conſtance ne ſe l'étoit imaginé, ne lui fit aucun mal; au contraire, touché de l'état où elle étoit,

il fut promptement chercher de l'eau dans
fa gueule , & la jeta fur le vifage de la
mourante princeffe.

Ce fecours la fit revenir ; elle ouvrit fes
beaux yeux , & parut étonnée de revoir la
lumière , & d'appercevoir près d'elle le lion
qu'elle avoit tant appréhendé , qui lui lé-
choit les mains , & les arrofoit de fes pleurs.
Quel prodige , s'écria-t-elle , je trouve de
l'humanité parmi des animaux féroces , &
je n'ai rencontré que de la cruauté parmi les
hommes. Pourquoi ce lion ne m'a-t-il point
ôté la vie , mes maux feroient finis , & je
n'aurois pas le chagrin de penfer en ce moment que l'ingrat que j'adore oublie les fer-
mens qu'il avoit faits de m'aimer éternellement ; & qu'il eft enchanté des plaifirs qu'il
goûte auprès de ma rivale. En achevant
ces paroles , elle laiffa couler une grande
quantité de larmes , & fans doute elle alloit
prendre quelques réfolutions funeftes pour
fes jours , fi le lion , par fes careffes & fes
attentions , n'eût modéré tant foit peu fa
douleur.

Senfible à ce qu'il faifoit pour la calmer ,
elle le flatta malgré fon chagrin , & le remercia même comme fi elle avoit été certaine qu'elle en étoit entendue. Deux ours

affreux qu'elle vit paroître alors terminè-
rent fes difcours, & lui firent oublier l'envie
qu'elle avoit eue de mourir. Elle fe leva
donc pour prendre la fuite encore une fois,
fans fonger qu'elle avoit auprès d'elle un
défenfeur plus fort que ces animaux. Mais
le lion qui s'étoit toujours tenu couché
auprès d'elle, voyant fon deffein, la tira
doucement par fa robe, & la fit affeoir fur
fon dos ; puis fe levant auffi-tôt avec une
légèreté furprenante, il courut au travers
de la forêt. La princeffe fe fentant emporter, étoit incertaine de fon fort, & ne
favoit quel parti elle devoit prendre, ou
celui de la crainte, ou celui de l'efpérance.
Enfin elle en fut inftruite. Le lion la conduifit au pied d'un rocher que la mer battoit
de fes flots. C'étoit le feul endroit qui n'étoit
point entouré de murs, parce qu'il étoit
inacceffible. Il la pofa doucement fur le
fable, & lui fut chercher enfuite des huî-
tres & d'autres coquillages qu'il lui préfenta
fort poliment. Elle en mangea, & but avec
plaifir de l'eau d'une fource peu éloignée,
qu'il avoit puifée dans une grande coquille.

Après ce léger repas qui n'auroit pas déplu
à la princeffe, dans une fituation moins
malheureufe, il la fit entrer dans une cavité

N iv

du rocher & l'ayant fuivie, il en ferma
l'entrée avec une groffe pierre.

Malgré les marques d'amitié que Conftance avoit reçues de cet animal, elle
trembla, lorfqu'elle fe vit feule avec lui
dans cet antre obfcur.

Il étoit vafte, & ne recevoit de jour que
par quelques fentes que le temps avoit faites.
Plufieurs tas de feuilles seches lui parurent
amaffées pour fervir de fiège & de lit ;
en effet, elles y avoient été mifes à ce
deffein.

Cette caverne étoit celle de fon défenfeur, qui ne l'y avoit conduite que pour la
défendre pendant la nuit des animaux dont
la forêt étoit remplie.

La princeffe voyant que le jour ne paroiffoit prefque plus, & remarquant que le
lion ne cherchoit à lui faire aucun mal,
comprit fon deffein, & s'affit fur ces feuilles, non pas pour fe livrer au fommeil,
fon ame étoit trop agitée, mais pour fe
délaffer un peu des fatigues qu'elle avoit
effuyées. Le trifte maître de ce lieu fe coucha
auprè d'elle, & paffa une partie de la nuit
à foupirer, & à baifer de temps en temps fes
mains.

Cette princeffe qui ne dormoit pas, fai-

fant réflexion à tout ce qui venoit de lui
arriver, ne pouvant deviner le motif de la
tristesse de cet animal, & par quelle raison
il la traitoit avec tant de douceur, passa les
deux tiers de la nuit occupée de ses réflexions. Enfin elle s'endormit, & ne se réveilla qu'à la pointe du jour. Ne voyant
pas le lion à côté d'elle, elle en fut surprise, & se leva pour chercher s'il n'étoit
pas dans quelqu'autre endroit du rocher;
mais ses soins furent inutiles, elle ne put le
trouver. Inquiète de ce qu'il l'avoit quittée,
elle trouva la pierre dérangée, & sortit pour
regarder s'il ne seroit point sur le bord de
la mer. Elle y fut, mais sans rien découvrir.
Alarmée d'avoir perdu sa compagnie & sa
garde, elle alloit entrer dans sa caverne,
pour se dérober aux animaux qu'elle craignoit, quand elle apperçut un homme entre
les arbres qui se défendoit avec un assez
gros bâton contre un sanglier monstrueux.
Ce spectacle l'épouvanta, cependant il ne
lui fit pas prendre la fuite. Elle ne douta
pas que ce ne fût quelque malheureux con-
damné comme elle à finir ses jours dans la
forêt. Elle espéra qu'il seroit vainqueur du
sanglier, & qu'il pourroit la tirer de cet
horrible lieu. Elle attendit donc dans l'é-

N v

loignement la fin du combat. Il ne fut pas long, le fanglier reçut plufieurs coups fur la tête, & fi vigoureufement donnés, que bientôt il tomba mort. Ce ne fut cependant qu'après avoir fait une bleffure à fon vaillant ennemi, qui pour lors s'appuya contre un arbre, ne pouvant fe foutenir qu'à peine, à caufe de la quantité de fang qu'il perdoit.

Conftance le voyant dans cet état, crut qu'elle ne pouvoit lui refufer fon fecours fans inhumanité. Elle courut donc à lui dans le deffein de lui aider à arrêter fon fang. Dieux ! que devint-elle en approchant, quand elle reconnut Tendrebrun ; il étoit pâle, trifte & mourant, & n'en étoit pas moins charmant. Que n'éprouva-t-elle point en voyant le danger où il étoit ? Elle oublia toute fa colère, & lui demanda d'une voix tremblante, & les larmes aux yeux, s'il la reconnoiffoit encore, & s'il vouloit accepter le foible fervice qu'elle venoit lui offrir.

Le prince la regarda fixement, & fans lui répondre un feul mot, s'éloigna fi promptement, malgré fon peu de force, qu'elle l'eut bientôt perdu de vue. On peut juger de fon défefpoir après cet étonnant procédé. Comme il me fuit, s'écria-t-elle ! ma vue ui fait plus d'horreur que les bêtes les plus cruelles, & que la mort même. Malheureuse que je suis, puis-je bien encore me résoudre à vivre après tant de mépris ? Non, courons à la mort, puisque c'est elle seule qui peut terminer mes peines.

En finissant ces mots, elle tourna ses pas du côté de la mer, & se précipita dedans sans balancer. Elle alloit y trouver le trépas, si le lion en revenant dans sa caverne, ne l'eût apperçue, & ne se fût aussitôt jeté après elle pour la secourir.

Ce prompt secours étoit nécessaire ; un instant plus tard ses beaux jours étoient terminés. Le lion les prolongea par ses soins, & fit si bien, qu'elle reprit ses esprits. 'La reportant alors dans sa caverne, il la coucha sur le lit de feuilles ; fit du feu avec deux pierres qu'il frappa l'une contre l'autre ; il en alluma plusieurs branches d'arbres qu'il fut chercher, & qu'il mit sur des feuilles bien sèches, & rechauffa cette malheureuse princesse. Elle alloit lui reprocher la pitié qui l'avoit engagé à la secourir, quand elle entendit une voix qui lui dit : cherches la porte qui est ici, si tu veux trouver la fin de tes maux. Cet oracle lui rendit ses forces, & parut faire grand plaisir au lion.

Ils cherchèrent donc l'un & l'autre cette
porte dans l'étendue du rocher, & s'avancè-
rent même dans des endroits si sombres, qu'ils
craignoient de se perdre absolument.

Le hasard fit enfin rencontrer à Constance
cette porte si désirée. En faisant un faux pas,
elle voulut s'appuyer contre le rocher, &
posa justement ses mains sur la porte qui s'ouvrit aussitôt par le coup qu'elle donna.

Elle avertit le lion de cette découverte,
& monta avec lui un escalier qui se présenta
à elle. Il étoit moins sombre que le dedans du
rocher. Après avoir monté environ dix mille
marches, ils arrivèrent sur une pelouse verte,
qui occupoit toute entière le dessus de cette
roche.

Elle étoit si prodigieusement élevée, que
les plus grands arbres de la forêt ne paroif-
soient avoir qu'un pied de haut.

On ne pouvoit arriver à cette pelouse que
par l'escalier que Constance avoit découvert.
Elle n'eut pas le temps d'examiner la hauteur
de ce lieu, parce qu'elle apperçut une jeune
personne attachée à un poteau par de grosses
chaînes de fer, & qui faisoit tous ses efforts
pour empêcher qu'un coffre d'acier, posé
sur un foible pivot, & tout au bord du rocher, ne tombât dans le précipice.

Cette aimable fille avoit une phyfionomie tranquille, douce & modefte. Les gens vertueux ne pouvoient la voir fans fe fentir pour elle une eftime & un refpect infini, auffi en infpira-t-elle beaucoup à la princeffe qui, touchée de fa fituation, courut vers elle, afin de faire fes efforts pour lui rendre la liberté. Elle s'avança donc dans ce deffein avec fon fidèle compagnon; mais à peine furent-ils auprès de cette infortunée, que fes chaînes tombèrent, & qu'elle fe leva fans quitter néanmoins fon coffre.

Regardant alors la princeffe avec un air de reconnoiffance & de majefté; qu'il y a long-temps, belle Conftance, que je plains votre fort, & que je défire de vous voir en ces lieux, lui dit-elle; n'en foyez point furprife; il y a plufieurs fiècles que j'ai lu dans le livre des deftinées, que vous deviez me rendre un jour le pouvoir que j'ai perdu depuis un temps infini. Quoique je vous paroiffe jeune, j'ai vu un nombre infini de fiècles s'écouler, & c'eft moi qui ai fait paffer ma voix au travers du rocher, pour vous confeiller de rechercher la porte par où vous avez paffé pour vous rendre ici.

Je me nomme Vertu: je régnois autrefois dans le monde, & j'y étois aimée & adorée des souverains & de leurs sujets. Personne n'envioit mon empire que la seule Vicieuse, qui jalouse du bonheur que je procurois aux mortels, répandit toutes les foiblesses dans le cœur des humains, & donna la naissance à tous les vices. Elle profita de mon absence, & prit le tems d'un voyage que je fis dans un pays inconnu à tout autre qu'à moi. Les Vices enfin me chassèrent à mon retour, & m'arrachèrent les rayons éclatants dont j'étois entourée. Dès-lors je fus méconnue, & généralement abandonnée. Il n'y eut aucun roi qui voulût me prêter son appui : ce fut le comble de ma perte, parce que je ne puis régner sur aucuns peuples, si je ne suis chérie & estimée de leurs princes.

Vicieuse non contente de m'avoir fait perdre mon autorité, me conduisit sur cette roche, où elle m'enchaîna, pour m'empêcher de troubler sa nouvelle domination.

Sa force supérieure n'a cependant pu m'empêcher de quitter mes chaînes deux jours de chaque année, pendant lesquels j'ai parcouru toute la terre, pour rendre visite à ceux qui ne m'avoient point oubliée. J'ai souvent voyagé sans trouver une seule personne qui se ressouvînt encore de mon nom.

Cependant une fois , en paſſant par les états de votre père , je le vis , & lui trouvai pour moi des ſentimens tels que je le déſirois. Je m'apperçus avec plaiſir de l'averſion qu'il avoit pour Vicieuſe & ſes enfans ; depuis ce temps je bornai mes courſes chez lui ; & je fus lui rendre viſite tous les ans. L'année que vous vîntes au monde, j'aſſiſtai à votre naiſſance ſous la figure d'une vieille femme , & je vous donnai tous les dons qui pouvoient vous rendre parfaite : je conſultai les deſtinées pour ſavoir ce qui devoit vous arriver ; je découvris que vous étiez réſervée à un grand nombre de malheurs ; mais je lus enſuite que vous les ſurmonteriez , & que le deſtin vous avoit choiſie pour me rendre mon premier éclat ; enfin que vous deviez me tirer de l'indigne eſclavage où j'étois. Contente de cette connoiſſance , je revins ſur ma montagne ; depuis ce tems j'ai continué à vo is voir , ſans me faire connoître & ſans me montrer.

Un jour que je venois ici reprendre mes chaînes , je vis arriver Vicieuſe dans un chariot de feu ; elle le fit arrêter près de moi , & me montrant le coffre que vous voyez, elle me dit qu'il renfermoit un de mes plus fidèles amis, & qu'il alloit être précipité dans le moment au fond de la mer. Cette méchante fée posant alors le coffre qu'elle avoit dans son chariot sur le foible pivot qu'elle plaça sur la pointe de ce rocher, s'en alla, persuadée qu'il ne seroit pas long-temps sans tomber ; mais heureusement j'ai eu assez de force pour le retenir jusqu'à présent : j'ai essayé plusieurs fois d'ouvrir cette prison, mais inutilement ; à cette heure que je suis libre, je vais délivrer cet ami malheureux ; intéressez-vous seulement pour moi, belle princesse, & vous verrez bientôt l'effet de ma puissance.

L'aimable Vertu prononçant alors quelques paroles, le coffre s'ouvrit, & lui laissa voir aussi bien qu'à Constance le bon roi Judicieux enchaîné par le milieu du corps. Quelle surprise pour le roi de revoir la lumière, & de retrouver une fille dont il avoit pleuré la perte ! quelle joie pour cette charmante fille de revoir un père qui lui avoit coûté tant de larmes ! Enfin quel plaisir pour Vertu de pouvoir faire le bonheur de ces vertueuses personnes ! Il est aisé de s'imaginer le contentement de tous les trois, & l'on doit penser que Judicieux ne fut pas long-temps sans être mis tout-à-fait en liberté.

Il fit cent careſſes à Conſtance auſſi bien qu'à ſon amie, & leur dit qu'il avoit toujours été renfermé dans ce coffre depuis qu'il avoit été enlevé dans les Jardins de ſon palais, qu'il y feroit mort de déſeſpoir & de faim, ſi la méchante Vicieuſe, qui vouloir prolonger ſes peines, ne lui avoit fait avaler d'une liqueur qui lui avoit conſervé la vie malgré lui.

Conſtance étoit ſi pénétrée de joie qu'elle ne pouvoit parler ; elle ſe contentoit de lui prendre les mains, de les baiſer, & de les arroſer de ſes larmes.

Le lion qui juſqu'alors avoit été un témoin tranquille de ce qui s'étoit paſſé, s'approcha du roi, & lui baiſa reſpectueuſement la robe. Se tournant enſuite du côté de Vertu, il la regarda d'une façon qui ſembloit lui demander s'il feroit le ſeul malheureux. Cette perſonne qui pouvoit tout lut dans ſa penſée, & lui dit : il eſt juſte, aimable prince, que je vous récompenſe auſſi d'avoir conſervé les ſentimens que je vous ai inſpirés. Lui poſant auſſi-tôt la main ſur le front, elle prononça ces mots d'une voix douce & gracieuſe : reprens ta forme naturelle pour ne la quitter jamais. Alors le lion difparut, & laiffa voir à fa place le fils de l'empereur Tartare.

Après avoir remercié fa bienfaictrice en peu de mots, mais qui marquoient fa vive reconnoiffance, il courut fe jeter aux pieds de fa princeffe, pour obtenir un pardon qu'elle ne pouvoit, difoit-il, lui refufer fans injuftice & fans cruauté.

Conftance le voyant fi près d'elle, & le revoyant tendre & charmant, fentit une émotion extraordinaire. Son premier mouvement fut de lui dire qu'elle oublioit tout puifqu'il l'aimoit encore ; mais ce qu'elle lui avoit vu faire auprès de Bonté, & la dernière marque d'indifférence qu'il lui avoit donnée dans la forêt fe repréfenta fi vivement à fon idée, qu'elle réfolut de ne lui point pardonner.

Détournant donc les yeux de deffus lui, elle lui dit qu'il ne devoit plus fonger à elle, qu'elle ne vouloit jamais le voir, & qu'il l'avoit trop offenfée pour qu'il pût efpérer d'occuper à l'avenir la place qu'il avoit eue longtemps dans fon cœur.

Vertu voyant le défefpoir que cette réponfe caufoit au prince, s'adreffa à la fille de Judicieux, & lui dit : ceffez, belle Conftance, de défefpérer un amant qui vous

adore, voyez qu'il n'aime & qu'il n'a jamais
aimé que vous, daignez feulement l'écouter, & vous en ferez perfuadée.

La princeffe, après s'en être un peu défendue, y confentit, & le prince charmé de ce
qu'elle lui permettoit de fe juftifier, lui raconta de quelle façon il s'étoit trouvé dans
le palais de l'empereur fon père après qu'on
l'eut arraché d'auprès d'elle, & lui fit un
aveu fincère de tous les maux qu'il avoit
foufferts depuis le cruel moment qui l'avoit
éloigné d'elle.

Le temps qu'il employa pour exprimer fes
peines & fon amour à la princeffe interrompit un peu le fil de fon hiftoire, & donna à
Vertu celui qu'il falloit pour inftruire en peu
de mots le roi des aventures de fa fille.
Après le récit, Tendrebrun pourfuivit de
cette façon.

Le féjour que j'ai fait dans l'isle de Rofes
ne vous paroîtra plus un crime, ma chère
Conftance, quand je vous aurai dit que j'ai
été forcé d'y aborder & d'y demeurer par
les enchantemens de Vicieufe qui, fous la
forme d'une jeune & belle perfonne nommée Bonté, m'offrit fon fecours pour me
conduire auprès de vous dans le deffein feulement de m'attirer à elle par fes charmes

trompeurs; elle ne pouvoit me retenir autrement : elle me fit donc donner un bracelet , & ce bracelet, difoit-elle, devoit me préferver de toutes fortes de malheurs tant que je l'aurois à mon bras ; mais ce n'étoit en effet qu'un talifman qui infpiroit en peu de temps un amour violent pour celle qui l'avoit compofé , & qui empêchoit qu'on ne découvrît fes défauts. J'en reffentis bientôt les effets , puifque je devins le plus paffionné des hommes auprès de la fée. Je vous oubliai malgré moi , & je mis toute ma félicité à plaire à ma plus grande ennemie : je ne m'imaginois pas qu'on pût trouver rien de fi parfait qu'elle ; j'aurois longtemps demeuré dans cette erreur, fans ce qui m'arriva une nuit que je ne pouvois point dormir.

J'entendis dans les jardins un bruit de voix qui ne me parut point ordinaire, & je vis paffer devant les fenêtres de mon appartement une fi grande quantité de flambeaux , que curieux de favoir ce que ce pouvoit être , je me levai & me mis à la fenêtre , fans fonger aux défenfes que la fée m'avoit faites.

Je ne l'eus pas plutôt ouverte, que j'apperçus en l'air & dans les allées du bois, une infinité de monftres affreux , dont les uns

portoient des lanternes & les autres des flambeaux, & ils prenoient tous le chemin du
bofquet où j'avois vu Bonté la première
fois.

Ce spectacle surprenant me fit prendre la
résolution de me glisser auprès de ce cabinet, pour voir ce que deviendroient ces figures affreufes. Je sortis donc doucement de
ma chambre, & je traversai le bois par les
endroits les plus sombres ; je me repentis
bientôt d'avoir suivi ces routes épaisses,
parce qu'en voulant déranger quelques branches d'arbres qui me fermoient le passage,
elles accrochèrent ce fatal bracelet ; il tomba, & je ne pus jamais le retrouver dans
l'obfcurité.

Cette perte que je croyois confidérable
m'affligea beaucoup, mais elle ne m'empêcha cependant pas de continuer mon chemin.

J'arrivai enfin auprès du cabinet, où je fus
faifi d'effroi en voyant Vicieufe entourée de
cette troupe de monftres.

C'étoit les Vices fes enfans : mon premier
mouvement fut de fuir ; bien loin de le fuivre, je pris le parti d'écouter les difcours de
cette horrible compagnie. J'entendis Vicieufe qui racontoit à fes fils, qu'il y avoit long-

temps qu'elle n'avoit vu tous les artifices
dont elle s'étoit servie pour me tromper,
& leur difoit de quelle façon elle avoit compofé le bracelet myftérieux qui l'avoit fait
paroître fi belle à mes yeux. J'appris encore
qu'elle ne m'avoit défendu d'ouvrir mes fenêtres pendant quatre heures de la nuit, que
parce qu'elle craignoit que je ne viffe arriver tous les Vices à l'audience qu'elle étoit
obligée de leur donner pendant ce temps ;
enfin j'en entendis affez pour connoître combien j'avois été trompé , & quel étoit l'état
malheureux où j'étois réduit. Je penfai pour
lors à vous , belle princeffe ; l'idée de vos
charmes fe préfenta à mon imagination , &
me rendit le plus miférable de tous les mortels : accablé de mille penfées différentes,
je m'apperçus que l'affemblée alloit finir,
& je revins dans mon appartement, réfolu
de feindre que je n'avois rien découvert,
afin de trouver l'occafion de m'échapper &
de parcourir toute la terre pour vous chercher.

Comme le jour ne paroiffoit point encore,
je me remis au lit pour y rêver à mon aife,
mais en me déshabillant je retrouvai le bracelet que j'avois perdu ; il étoit accroché à
la boucle de diamans d'une de mes jarre-

tières. Je fus fort aise de l'avoir entre mes
mains pour me convaincre de l'effet qu'il
produisoit.

La nuit n'eût pas plutôt fait place au jour
que je remis le bracelet, & que je vis arriver la fausse Bonté, accompagnée d'une suite
aimable. Sa vue alloit m'enflammer comme
à l'ordinaire, si je n'avois dans l'instant ôté
le puissant charme qui me trompoit : à peine
fut-il défait de mon bras, que toutes ces
beautés disparurent & me laissèrent voir à
leur place la figure hideuse de la cruelle Vicieuse & de toutes ses filles. Malgré les
efforts que je fis pour me contraindre &
pour faire des caresses à la fée, elle s'apperçut de mon changement ; il lui donna du
soupçon, elle me regarda fixement, & me
voyant interdit, elle voulut voir si j'avois
encore le bracelet : ne l'ayant point trouvé
elle frémit, & s'éleva trois fois en l'air de
la hauteur de six pieds, après quoi me touchant de sa baguette elle me changea en
lion, & jura qu'elle alloit invoquer toutes
les puissances infernales pour me haïr autant
qu'elle m'avoit aimé. Elle ajouta que je devois m'attendre à ressentir les plus cruels
effets de sa haine ; ensuite elle m'envoya au
roi Indolent son ami, pour qu'il me fît

combattre avec plufieurs animaux de mon efpèce le jour de fa naiffance, qu'il célébroit ordinairement par de femblables fêtes.

Elle lui manda de me faire enfermer dans la forêt noire, après que j'aurois fervi de fpectacle à fes fujets : & j'appris avant mon départ que quand je ferois dans cette forêt, je reprendrois tous les jours pendant une heure ma figure naturelle, afin de n'être point en état de me défendre contre les animaux qui l'habitoient; que quelques bleffures que je puffe recevoir, je ne perdrois point la vie; que je ne pourrois me l'ôter à moi-même, parce qu'elle vouloit me faire vivre longtemps pour avoir le plaifir de prolonger mes maux ; que pendant que je ferois homme, je n'aurois pas la liberté de parler, & que je ferois forcé de fuir à la vue des perfonnes de l'un ou de l'autre fexe. L'arrêt fut accompli. Je combattis douze lions en préfence de toute la cour d'Indolent ; vous fûtes témoin, malgré vous, de cet affreux divertiffement : j'eus le bonheur de vous voir, & le mortel déplaifir de ne pouvoir vous apprendre mes malheurs. Je fus conduit enfuite dans la forêt noire, j'y découvris la caverne qui vous a fervi de retraite, & j'en fis mon

habitation

habitation. Quelques jours après je vous rencontrai; je fentis, en vous voyant, une joie incroyable, mais elle ne fut pas de longue durée, parce que je ne pouvois me faire connoître à vous, & que malgré tous les foins que je prendrois pour vous faire éviter la mort, vous feriez expofée à mille dangers. Ces penfées me causèrent beaucoup de trifteffe, & me firent répandre des larmes que vous avez remarquées. J'ai plufieurs fois entendu des difcours qui me prouvent que vous m'aimiez toujours. J'ai vu avec une extrême fatisfaction la douleur que vous avez eue en me voyant bleffé par le fanglier. Je n'ai jamais fi bien fenti la méchanceté de Vicieufe, que lorfque j'ai été forcé de m'éloigner de vous, dans le temps que vous m'offriez votre fecours avec tant de bonté. Enfin, jufqu'à préfent j'ai été le plus infortuné des hommes. C'eft vous, divine Conftance, qui pouvez me rendre le plus heureux. Ne différez donc pas, & laiffez-moi lire dans vos yeux que je poffède encore votre cœur tout entier, je me flatte que le roi vôtre père, touché de mes peines, ne vous défapprouvera point.

Judicieux prenant auffitôt la parole, l'af-

fura qu'il ne tiendroit point à lui que fa
fille ne lui donnât fon cœur & fa main.

Conftance voyant fon amant fidèle, lui
promit de l'aimer toute fa vie. Cette affurance le dédommagea de tout ce qu'il avoit
fouffert. Vertu dit au roi qu'il falloit unir
inceffamment ces aimables perfonnes, mais
que le lieu où ils étoient ne convenoit pas
à une fi belle fête, qu'elle alloit les conduire dans l'isle Tranquille, que cette isle
étoit mille fois plus charmante que celle
des Rofes, & que rien n'y troubleroit leur
félicité.

Comme elle achevoit ces mots, on vit
paroître un char magnifique porté fur une
nuée éclatante, qui vint fe pofer à leurs
pieds. Elle y fit monter les princes & la
princeffe, & s'y plaça avec eux. Ils furent tous portés au milieu des airs, &
conduits dans l'isle où ils devoient faire
leur féjour.

Cette isle étoit un pays de délices, rien
n'y manquoit; la beauté des jardins, des
bofquets & des eaux furpaffoit tout ce
qu'on avoit vu jufqu'alors. Des palais de
fleurs, de diamans, de cryftal étoient bâtis
en différens endroits. La fontaine de Jouvence couloit dans ce beau lieu. Vertu en

fit boire à Judicieux, & ce prince redevint tel qu'il avoit été dans sa premiere jeuneſſe.

Tendrebrun qui conſervoit toujours pour ſon père une véritable amitié, ſupplia cette aimable ſouveraine de l'envoyer chercher, pour qu'il pût boire auſſi de cette eau merveilleuſe. Elle ne voulut charger qu'elle-même de ce ſoin : elle partit donc auſſitôt, & deux heures après elle fut de retour avec lui.

Ce bon empereur benit cent fois le jour qui lui avoit fait retrouver ſon cher fils : il fit mille careſſes à Conſtance auſſi-bien qu'à ſon père, & les preſſa l'un & l'autre de rendre ſon fils heureux. Il but de l'eau de Jouvence, & reprit des forces & des traits que le grand nombre des années lui avoit ôtés.

Ces illuſtres perſonnes ſe repoſèrent deux ou trois jours des fatigues qu'ils avoient eſſuyées, après leſquels on conduiſit ces deux amans au temple de l'hymen, où ils ſe jurèrent avec joie un amour éternel.

Vertu les rendit immortels, de même que les princes leurs pères, & leur promit de demeurer toujours avec eux. Il y eut des fêtes charmantes pendant un temps infini. Les habitans de l'iſle étoient enchantés des princes & de la princesse que Vertu leur avoit donnés. Ils étoient tous sujets de cette divine fille, & l'avoient toujours aimée; c'est ce qui l'avoit porté à les rassembler dans ce beau séjour.

Après les premiers jours de cet heureux mariage, Vertu proposa aux deux époux de l'accompagner dans le voyage qu'elle vouloit faire dans le monde : ils y consentirent avec plaisir, & partirent montés chacun sur un aigle blanc.

Ils furent d'abord à l'isle des Roses, où Vicieuse avoit fait sa demeure, mais ils ne l'y trouvèrent plus. Elle étoit retournée sur sa montagne. Ils en prirent donc le chemin, & la trouvèrent qui faisoit bouillir dans un grand chaudron une quantité d'araignées & de vipères avec du vif argent pour faire un sort dont elle vouloit se servir le soir même. Elle fit un cri affreux quand elle apperçut Constance & Tendrebrun, & trembla en voyant celle qui les accompagnoit. Son dessein fut alors de s'enfuir & de se cacher, mais Vertu lui dit : demeure attachée à cette montagne jusqu'à la fin des siècles, & reste-y sans qu'il te soit permis de faire le moindre mal : c'est-là ce que je t'ordonne pour te punir de tous les crimes que tu as commis, mais je veux que tu me donnes la petite boëte que tu conserves dans ta poche.

La méchante fée se trouvant sans pouvoir devant son ennemie, fut obligée d'obéir; elle donna donc la boëte, & demeura enchaînée auprès de son chaudron sans pouvoir remuer.

Vertu la renversa, déchira tous ses livres magiques, & la laissa dans cet horrible lieu faire des hurlemens qu'on entendoit tout au moins d'une lieue à la ronde. Elle ouvrit ensuite la boëte, & fit voir au prince & à la princesse le petit Magicien de l'isle de Tintarinos, que la méchante Vicieuse avoit renfermé depuis ce temps.

Bienfaisant charmé de se retrouver avec ses amis, leur fit mille amitiés, & pria Vertu de permettre qu'il les suivît par-tout. Elle y consentit avec plaisir, & voyagea avec cette aimable compagnie dans plusieurs royaumes qu'elle trouva gouvernés par les Vices. Elle auroit pu les chasser si elle avoit voulu, mais les hommes dont ils s'étoient rendus les maîtres étoient si mauvais & si corrompus, qu'elle résolut, pour les punir de ne l'avoir point suivie, de les laisser toujours sous la domination de ces monstres.

Elle renonça dès-lors à l'empire qu'elle avoit eu autrefois sur la terre, & forma seulement le dessein d'y faire de temps en temps quelque voyage pour enlever le petit nombre de ceux ou de celles qui auroient une extrême aversion pour les Vices, afin de les transporter dans son isle ; ce qu'elle a exécuté jusqu'à présent, & c'est ce qui fait qu'on trouve si peu de gens vertueux dans le monde.

Après avoir parcouru toute la terre, elle revint dans l'isle Tranquille avec le prince, la princesse & Bienfaisant. Leur retour causa une joie extrême à l'empereur, au roi, & à tous les habitans de ce beau pays.

Constance l'augmenta peu de temps après en mettant au monde un prince & une princesse charmante, qui furent dans la suite aussi parfaits que ceux dont ils tenoient la vie.

Le bonheur de toutes ces personnes n'a point été alteré depuis, elles vivent contentes dans cette terre inconnue, parce qu'elles en refusent l'entrée aux enfans de Vicieuse. La seule Vertu fait leur félicité, elles l'aiment & la respectent, & ne cessent de dire, qu'heureux sont ceux qu'elle protège & qu'elle n'abandonne pas.

LES AVENTURES
DE ZELOÏDE
ET
D'AMANZARIFDINE,
CONTES INDIENS.
PAR M. DE MONCRIF.

LES AVENTURES
DE ZELOÏDE
ET
D'AMANZARIFDINE.

CONTES INDIENS.

Sous un climat fertile & agréable , dans une des plus belles parties de l'Inde , régnoit autrefois un roi puiſſant par l'étendue , la richeſſe de ſes états , & par la protection d'une fée qui y faiſoit ſon ſéjour : ſa ville capitale étoit au bord de la mer ; un étranger nommé Amanzarifdine y fut jeté par une tempête , & vint y chercher un aſyle. A peine fut-il arrivé ſur le port , qu'il apperçut un tumultueux concours de peuple ; les uns par des ſanglots , les autres par un morne ſilence , marquoient une vive douleur.

Leur roi s'avançoit à pas lents , qu'il arroſoit de ſes larmes ; il étoit accompagné de

la reine , les mêmes marques de triſteſſe
régnoient ſur ſon viſage ; elle s'appuyoit
ſur la princeſſe leur fille ; des pleurs couloient de ſes beaux yeux ſur ſes joues mêlées des couleurs les plus aimables. Inſen-
ſiblement un ſilence profond répandu dans
toute la place , marquoit l'attente de quelque grand événement ; Amanzarifdine s'approcha d'eux : ſon port noble & ſa magnificence , quoique dérangée par le déſordre
du naufrage qu'il venoit de faire , lui faiſoient trouver un paſſage au milieu de la
foule ; il les joignoit , lorſque l'on apperçut dans l'air deux oiſeaux d'une grandeur
énorme , qui vinrent s'abaiſſer près de la
princeſſe , & l'ayant enveloppée avec un
voile qu'ils tenoient dans chacune de leurs
griffes , ils l'enlevèrent aux yeux des ſpec-
tateurs. Perſonne ne parut s'y oppoſer ;
mais les tranſports de douleur recommen-
cèrent ; & le roi s'étant couvert les yeux ,
ſe laiſſa conduire dans ſon palais par ſes
officiers ; la reine preſque évanouie , retourna dans ſon appartement , ſoutenue par
ſes femmes. Amanzarifdine ſurpris d'un pareil ſpectacle les ſuivit ; il ne trouva dans
le palais que des perſonnes éplorées. Enfin
il aborda une dame qu'il apperçut ſeule ,

& la ptia de lui apprendre la caufe de cet événement qui venoit de troubler toute la ville ; la dame qui connut à cette queftion qu'il étoit étranger , voulut bien fe diftraire un moment de fes larmes pour fatisfaire fa curiofité : elle prit ainfi la parole.

HISTOIRE

De la princeffe Zeloïde.

CETTE princeffe qui vient de nous être ravie à vos yeux eft l'héritière préfomptive de cette puiffante couronne. La grandeur des rois ne les rend que plus fenfibles aux revers du fort : ce fort barbare veut que le roi & la reine foient privés de voir cette fille chérie pendant un temps dont ils ignorent le terme ; mais il faut vous apprendre la caufe de cette douloureufe féparation.

A la naiffance de cette princeffe, le roi, fuivant la coutume de fes ancêtres , raffembla dans fon palais un génie & deux fées , les feuls qui habitaffent alors fon royaume, pour partager les plaifirs qui devoient y régner , & pour douer la princeffe des qua-

O vj

lités que leur art leur permet de difpenfer.
L'une des deux fées, qui s'appeloit Zorimane, étoit fort attachée aux intérêts du
roi ; elle fe rendoit fouvent à fa Cour, ou
pour délibérer avec lui fur quelque démarche importante à fon état, ou attirée feulement par toutes les marques d'eftime
qu'elle y recevoit. Elle avoit toutes les grâces de la jeuneffe ; un charme inexprima-
ble qui régnoit dans toutes fes actions,
joint au penchant qu'elle avoit de faire du
bien, la faifoit généralement aimer. L'autre
fée, ainfi que le génie, étoit laide, décre-
pite, d'un abord farouche ; tous deux fen-
toient un fecret plaifir à faire des malheureux, & s'en étoient fait une funefte habitude. Le jour venu qu'on avoit deftiné aux
réjouiffances & à la cérémonie de l'horofcope de la princeffe, la fête commença
avec le retour du foleil, par des jeux, des
combats d'adreffe & de force ; les dames
étoient fuperbement parées, & n'avoient
rien négligé pour paroître aimables. Les cavaliers avoient tout mis en ufage pour leur
plaire ; & la galanterie de la fête fervit
fouvent de prétexte aux triomphes fecrets
de l'amour. L'après-dinée fut remplie par
des plaifirs différens. Le foir venu, l'on

étoit attiré par une symphonie agréable : toutes les dames de la cour placées sur des estrades par gradins, offroient un spectacle digne de former la cour de Venus.

On trouva des tables servies ; les deux fées & le génie, qui furent placés près de la personne du roi, partagèrent toujours avec lui les honneurs de la fête. Le festin achevé, la fée Zorimane pria le roi de trouver bon qu'elle contribuât à la joie que la naissance de la princesse faisoit célébrer. Vous savez, dit - elle aux personnes de l'assemblée, que mon art me rend maî-tresse, non seulement de tous les trésors que la terre renferme, mais encore de tous les autres biens qui peuvent faire le bon-heur des mortels, soit les talens de l'esprit, soit les agrémens de la personne, je veux vous faire part de tous ces dons ; mais ce n'est qu'aux cavaliers que je veux les dis-penser ; que chacun d'eux vienne me de-mander une grâce, & je jure, foi de fée, de la lui accorder à l'instant.

D'abord tous les seigneurs se mirent à discourir entr'eux sur ce qu'ils devoient de-mander à la fée ; & comme il se trouva qu'ils souhaitoient presque tous la même chofe, un feul prit la parole au nom de l'affemblée.

Puiffante fée, dit-il, nous n'ignorons pas l'excellence de votre art: vous pouvez, à votre gré, élever un mortel au faîte des grandeurs, le combler de richeffes, lui donner même du pouvoir fur les élemens, & le partager de toutes les grâces de l'efprit & du corps; mais après nous être confultés fur ce que nous devons exiger de vous, puifque vous nous l'ordonnez; nous avons reffenti que le charme dont vous frappez les yeux & le cœur eft plus puiffant que tous ceux que votre art peut former; & parmi tous les avantages que nous pourrions tenir de vous, celui de vous plaire nous a paru le plus cher & le plus heureux; daignez donc, puiffante fée, pour acquitter votre promeffe, honorer l'un de nous de votre choix.

Je ne m'attendois pas à tant de défintéreffement, répondit la fée; vous n'exigez de moi que le plus léger don que je pouvois vous faire; cependant il me met hors d'état de fatisfaire mon ferment : je ne faurois choifir entre tant de perfonnes fi accomplies; je veux vous accorder plus que vous ne me demandez; voilà un filtre qui a la

vertu d'entretenir la tendreffe, vous pouvez
par fon fecours, empêcher que les beautés
que vous aimerez vous deviennent infidèles; mais pour déterminer fon effet, il faut
y joindre ces empreffemens gracieux & ces
attentions délicates qui font tout le charme
d'une tendreffe mutuelle; alors elle parta-
gea à tous les cavaliers ce filtre fi précieux.

Le vieux génie, à fon exemple, engagea
les dames à venir lui demander des grâces,
& promit de les accorder. Les unes demandèrent le fecret d'être toujours belles; les
autres celui d'avoir des intrigues que leurs
époux ne connuffent & ne traverfaffent
jamais: quelques-unes fouhaitèrent de con-
cilier la réputation d'une femme vertueufe,
avec la conduite la plus galante; celle-ci
le preffoit de lui rendre la jeuneffe; celle-
la de lui donner la fanté. Peu lui demandèrent de l'efprit, & pas une ne voulut
de la raifon.

La vieille fée appela auffi les cavaliers,
& leur offrit les fecours de fon art. Ils vinrent tous en particulier lui confier leurs
fouhaits, mais dans tout ce qu'ils exigèrent,
elle ne trouva rien qui pût la flatter; chacun ne lui parla que de foi-même; ce qui
lui infpira une jaloufie extrême contre la

fée Zorimane ; car quoiqu'elle fût dans un âge avancé & d'une figure défagréable, elle fe croyoit plus belle & plus aimable que les grâces.

Le vieux génie étoit frappé d'une pareille manie ; il fe trouva tout-à-fait piqué de ce que pas une des dames n'avoit attenté à fon cœur : on l'entendit, ainfi que la vieille fée, murmurer & fe plaindre ; ils prirent l'un & l'autre un air fombre & chagrin, qui marquoit leur dépit. Le roi s'en apperçut ; & quoiqu'il n'eût contribué en rien à ce qui caufoit leur mauvaife humeur, il connoiffoit leur caractère dangereux, il trembloit que la princeffe fa fille ne s'en reffentît ; & ayant redoublé d'attention pour eux, ils parurent enfin avec un vifage ferein, & on les crut appaifés.

On paffa dans l'appartement de la reine où étoit la princeffe dans un berceau ; les deux fées & le génie fe rangèrent autour, prit la parole : Je la doue, dit-il, en regardant la princeffe, de toutes les grâces de la beauté, mais elle ne fera jamais mariée, qu'elle n'ait accordé MILLE ET UNE FAVEURS à l'époux deftiné, avant que l'hymen s'achève, ou bien l'inftant de fon hymenée fera le terme de fa vie. A ces mots, il fe transforma en une comète, & s'évanouit.

La vieille fée parla enfuite : Je doue, dit-elle, la princeffe de tous les avantages de l'efprit ; mais toutes les volontés qu'elle formera jufqu'à l'âge de feize ans lui feront funeftes pendant tout le refte de fa vie. A ces mots, il parut dans l'appartement un monf-tre affreufement armé, la fée s'affit deffus, & traverfa ainfi tout le palais.

Le roi & la reine reftèrent dans une conf-ternation profonde. La prédiction du génie les accabloit, les conditions qu'il avoit mifes à l'hymenée de la princeffe y étant un obftacle invincible, la couronne paffoit après leur mort en des mains étrangères. L'horof-cope de la vieille fée ne les troubloit pas moins, (rien n'eft fi fertile en volontés qu'une fille) toutes fes volontés lui devoient être funeftes ; quelle perfpective de mal-heurs !

La fée Zorimane, pour les confoler, leur promit de ne les point abandonner. L'effet de ces prédictions, ajouta-t-elle, ne peut être anéanti par la force de mon art ; je ne puis que l'adoucir ; alors elle prit la princeffe en-tre fes bras: Je te doue, dit-elle, d'un caractère doux & égal ; enfuite elle inftruifit le roi & la reine de la conduite qu'ils devoient

tenir pour l'éducation de la princeſſe. Acou-
tumez-la de bonne heure, dit-elle, à ne pas
ſouhaiter même les choſes les plus indifférentes; que toutes les actions de ſa vie ſoient,
s'il ſe peut, involontaires. A ces mots, elle
les embraſſa, & retourna dans un de ſes
palais.

Lorſque la princeſſe a commencé d'avoir
de la raiſon, on m'a choiſie pour être ſa
gouvernante. Souvent la fée eſt venue m'apprendre elle-même comment je devois me
conduire auprès d'elle. Enfin, quand elle
eſt parvenue à un âge tout-à-fait raiſonnable,
le roi lui a appris ſa deſtinée; la fée a pris ſoin
de lui promettre un avenir moins effrayant,
pourvu qu'elle ſuivît, juſqu'à l'âge de ſeize
ans, la conduite qu'on lui avoit inſpirée; &
pour la mieux accoutumer aux contrariétés,
la fée lui avoit donné un anneau qu'elle portoit toujours ſur elle, dont voici l'étonnante
vertu. Lorſque la princeſſe conſidéroit les
jardins du palais, dans le moment qu'elle
trouvoit quelque plaiſir à les regarder, ils
étoient auſſitôt changés en des déſerts
affreux. Songeoit-elle aux beautés d'une ſoi-
rée agréable pendant les jours de l'été, tout-
à-coup la lune devenoit pâle, les étoiles ſe
confondoient dans l'obſcurité, l'air étoit

rempli de tourbillons & de fiflemens. Enfin,
il en étoit ainfi de toutes les chofes qui atti-
roient fon attention ; & lors même qu'elle fe
regardoit un moment dans une glace, elle fe
voyoit des traits fi languiffans & fi peu
réguliers, que fon amour-propre n'y trouvoit
pas fon compte ; & c'étoit-là un des effets
de fa deftinée auquel elle s'expofoit le moins.
Cependant rien n'eft plus aimable qu'elle ; ce
font des yeux dont tous les mouvemens
font touchans ; un teint vif, la bouche du
monde la plus vermeille & la mieux ornée ;
une taille aifée & régulière, une démarche
naturelle & gracieufe. Mais vous l'avez
vue, continua la dame, & vous devez connoître que je ne vous en fais qu'une peinture imparfaite. Enfin, il y a quelques jours
que la fée eft venue prévenir le roi & la
reine fur la féparation d'aujourd'hui. Elle
leur en promit des fuites fi favorables, qu'ils
s'y font réfolus d'abord avec une efpèce
de joie, qui a fait place à bien des larmes au
moment de la féparation.

La gouvernante alors ceffa de parler ; Amanzarifdine la remercia avec efprit & politeffe,
& s'éloigna du palais. La première route qu'il
fuivit le conduifit dans une vafte plaine fort
étendue. Il étoit plongé dans une profonde

rêverie ; il fe rappeloit tous les objets qu'il venoit de voir , & tout ce qu'il venoit d'apprendre ; le fouvenir de la princeffe Zeloïde ne le quittoit pas un moment.

(Qu'une beauté en pleurs a de charmes ! des marques de douleur fur un beau vifage font fouvent pour l'amour de plus puiffantes armes que les ris folâtres ; le cœur ne peut alors fe refufer une pitié qui l'entraîne aifément à la tendreffe). Amanzarifdine fentoit un trouble qui lui paroiffoit aimable ; les malheurs de la princeffe lui rappeloient toutes les grâces dont elle étoit parée , & ces grâces qui l'avoient charmé le rendoient plus fenfible à fes malheurs.

Ces réflexions qui l'occupoient furent interrompues par des objets qui s'offrirent à fes regards ; c'étoit un bâtiment d'une ftructure magnifique , quoiqu'irrégulière. Quinze pavillons , tous différens les uns des autres , formoient un édifice en demi-cercle. Il étoit entouré d'un vafte foffé , & fur le frontif-pice du portail on lifoit ces mots.

Accourez , jeuneffe volage ,
C'eft ici le féjour de la félicité.

Amanzarifdine traverfa d'abord une cour

fpacieufe, il entra fous une veftibule en forme de dôme, qui le conduifit au premier des quinze pavillons; il le trouva habité par une infinité de dames parfaitement belles, qui le reçurent avec l'accueil du monde le plus flatteur. Les regards tendres, les propos gracieux ne furent point épargnés pour le rendre fenfible ; on lui propofa mille fortes d'amufemens. Entroit-il dans un appartement, il y trouvoit une table couverte des mets les plus exquis, dont elles lui faifoient les honneurs avec les attentions les plus polies & les plus féductrices. Les unes lui verfoient dans des coupes d'or des vins délicieux ; d'autres formoient de leurs voix des accens d'une harmonie tendre, & par des danfes & des jeux fembloient l'engager à reffentir pour elles les paffions qu'elles exprimoient ; mais tous ces efforts ne purent rien fur fon cœur ; le fouvenir de la princeffe Zeloïde lui étoit mille fois plus cher ; il fe déroba à leurs empreffemens, & paffa dans le pavillon voifin.

Il y trouva encore d'autres dames dont la beauté & les ajuftemens étoient différens. Auffi féduifantes que celles qu'il venoit de quitter, elles cherchèrent auffi à l'engager par mille careffes, mais il fut encore y réfifter ; & quoique dans chaque pavillon où il paffoit, il fe trouvât toujours environné de nouvelles dames plus belles les unes que les autres, & qui lui prodiguoient avec art les politeffes les plus engageantes : fon cœur fut toujours infenfible, & il parvint jufqu'au quatorzième pavillon, fans que rien pût ébranler fa conftance.

Il étoit habité par une feule dame dont les traits le frappèrent d'abord ; ils avoient quelque chofe de fi reffemblant à ceux de fa chère Zéloïde, qu'il ne put fe refufer au plaifir d'être auprès d'elle. La dame s'apperçut de fa joie & de fon trouble, & lui montra les difpofitions les plus favorables ; il fe laiffa féduire, & fans trop examiner fi c'étoit Zéloïde, il fe livra tout entier au penchant que la dame paroiffoit avoir pour lui. Dans des momens il fe reprochoit l'engagement dans lequel il tomboit : il craignoit que ce ne fût une infidélité à fa chère princeffe ; mais fon erreur lui paroiffoit aimable, & il ne chercha à éclaircir fon doute, que lorfqu'il eut répondu aux mouvemens fi tendres que la dame lui décovvroit.

Quand il apprit qu'elle n'étoit point Zéloïde, tout à-coup la trifteffe s'empara de fon

cœur, & parut fur fon vifage ; fon empreffement fit place à une froideur extrême ;
elle s'en apperçut, & lui en fit des reproches. Madame, répondit-il, il faut vous
parler de bonne foi : fi le penchant étoit
un mouvement volontaire, vous feriez la
perfonne du monde que j'aimerois davantage & plus longtems ; mais je ne fuis plus
maître de mon cœur. Une princeffe trop
aimable que je n'ai vue qu'un moment, &
que je ne reverrai peut-être de ma vie, s'en
eft rendue fouveraine ; je ne me fuis fenti
de penchant pour vous qu'autant que la
reffemblance que j'ai trouvée entre vos traits
& les fiens m'a féduit. Je vois bien que je
fuis deftiné à l'aimer toujours, puifque vous
ne me rendez pas infidèle.

Votre fort me touche, lui répliqua la
dame, vous ne pouvez plus revoir les pavillons dont vous êtes forti, car vous n'y
trouveriez plus d'entrée ; & le malheur le
plus trifte vous eft réfervé, fi vous paffez
dans le pavillon voifin ; telles font ici les
loix du génie qui préfide fur les cœurs. Un
mortel qui eft entré dans ce palais eft con-
damné à des peines cruelles, s'il n'y peut
fixer fon cœur, ou du moins fon féjour.
Cet avis ne fit point d'impreffion fur lui, 1·

alla dans le pavillon suivant, qui s'ouvrit tout-à-coup lorsqu'il y entra ; il se trouva à la porte d'une ville située dans une plaine où la vue se perdoit de tous les autres côtés. Revenu enfin de la surprise que lui avoit causé la rapidité du voyage, il voulut entrer dans la ville, mais dans le moment qu'il se baissoit pour passer sous un voile attaché en travers de la porte, une main invisible le noua autour de sa tête, & lui ôta en même-temps l'usage de la vue ; alors une voix formidable prononça distinctement ces mots :

La liberté n'est point un crime,
Et ce bonheur si légitime
Ne nous coûte jamais de regrets ni de pleurs :
Mais de l'amour bientôt on ressent la vengeance,
Quand on veut goûter ses faveurs
Sans reconnoître sa puissance.

Il étoit si occupé du chaperon qui couvroit ses yeux, qu'il n'entendit point cet oracle ; il fit cent efforts pour arracher ce bandeau fatal ; mais reconnoissant qu'ils étoient inutiles, il marcha à l'aventure dans la ville. A peine eut-il fait quelques pas, qu'il entendit parler proche de lui, & s'adressant à

la

la voix qu'il avoit entendue : apprenez-
moi, dit-il, s'il eſt poſſible, par quel charme je me trouve ici privé de la lumière.
Quel eſt ce ſéjour que je ne connois point,
& que j'habite ? N'avez-vous pas entendu
lui répondit-on, l'oracle prononcé quand
vous êtes entré dans cette ville ? C'eſt ici
que l'amour punit les mortels qui goûtent
ſes plaiſirs, ſans porter ſes chaînes. Sans
porter ſes chaînes, dit Amanzariſdine, &
méritai-je d'être puni ? J'aime une princeſſe
charmante ſans eſpoir même de la revoir
jamais. Vous l'aimez, répliqua-t-on, votre
tendreſſe pour elle s'eſt bien fait connoître
dans le palais dont vous ſortez ; car je ſais
comment on s'y comporte : j'ai paſſé comme vous de ce palais funeſte dans cette
ville malheureuſe ; & tout ce qu'on entend
ici de perſonnes éprouvent un même ſort.
Quand le ſommeil ou quelqu'autre aſſujet-
tiſſement viendra vous ſurprendre, vous
n'avez qu'à chercher quelque temps à tatons
toute la ville eſt formée par des galeries,
où l'on trouve tout ce qu'il faut pour prolonger une vie auſſi déplorable que la nôtre ; un rayon d'eſpoir cependant nous flatte
tous ; il y a dans un endroit de cette ville
une flèche ſuſpendue en l'air à portée d'être

touchée ; ceux d'entre nous qui sont assez
heureux pour la trouver, sont à l'instant
délivrés du bandeau fatal, & transportés
dans un autre séjour. Amanzarifdine remercia l'habitant aveugle qui venoit de l'instruire, il se promit de chercher cette flèche précieuse jusqu'à ce qu'il l'eût trouvée,
ou que la mort eût terminé sa peine. Il
marchoit à grands pas, sans savoir où il
les portoit ; enfin, après s'être donné long-
temps des mouvemens inutiles, il se sentit
si fatigué, qu'il fut obligé d'aller chercher
du repos, il toucha la muraille d'une gallerie, & la suivit jusqu'à ce qu'il trouvât
une porte ouverte ; en y entrant, il entendit un bruit de plusieurs voix, & ayant
trouvé un lit qui n'étoit point occupé, il
se jeta dessus : un moment après il sentit
quelqu'un qui vint se mettre à côté de lui,
& lui dit : il est temps de se livrer au sommeil. Que vous êtes heureux, répartit-il,
de pouvoir vous promettre du repos ! Pour
moi, le voile affreux qui m'ôte la vue ne
me laisse pas un moment de tranquillité :
plût au crue; génie qui exerce sa vengeance
sur nous, que l'instant où j'ai été privé
de la lumière eût été le dernier de ma vie !
Il est aisé de connoître que vous êtes un

nouveau venu, lui dit celui qui étoit couché près de lui, vous êtes encore aux premières douleurs, mais laissez faire le temps, à force d'être malheureux on ressent moins ses disgrâces. Vous m'offrez là une ressource bien flatteuse, répondit Amanzarifdine; en voici une plus douce, repliqua l'ancien habitant, il y a dans le milieu de cette ville un obélisque dont voici l'étonnante vertu; vous n'avez qu'à y appuyer votre front pendant quelques momens, il se fera en vous un si grand changement, que le souvenir du passé sera entièrement effacé de votre mémoire, & que vous perdrez aussi l'idée de l'avenir. Non, dit Amanzarifdine, je ne veux point profiter de votre conseil, quoique le souvenir du passé fasse presque toute l'horreur de l'état où je suis, je ne saurois me résoudre à le perdre. Quoi, je pourrois oublier cette charmante princesse que j'ai vu enlever dans les bras de son père, & dont les larmes avoient quelque chose de si touchant & de si tendre? Je ne souhaite de trouver cette flèche précieuse qui peut m'arracher de ce séjour fatal, que pour chercher dans tout le monde l'aimable Zéloïde, mais je ne verrai plus cet objet qui m'est si cher. Le voile cruel qui couvre mes yeux me dérobe pour jamais le bonheur de revoir les siens. Ne vous livrez pas si fort à votre situation, dit l'ancien habitant, plutôt que de vous abandonner à un désespoir inutile, tâchez de conserver votre force & vos esprits, pour chercher chaque jour cette flèche libératrice, elle n'est pas introuvable ; il ne se passe point d'instant qu'un de nous ne soit délivré par son secours ; mais comme il arrive aussi fréquemment des nouveaux venus, la ville n'est jamais moins remplie.

Le discours de l'ancien habitant venoit de lui donner un rayon d'espoir qui diminuoit un peu sa douleur. Qu'il y a d'injustice, dit-il, dans la façon dont nous sommes punis ici par le génie qui préside sur les cœurs : il nous fait un crime d'avoir goûté ses plaisirs, sans avoir porté ses chaînes ; car ce sont là les termes de l'oracle qui nous est prononcé en entrant dans ce fatal séjour ; ce reproche n'est point fondé, il faut aimer pour connoître les plaisirs que l'amour nous donne ; & près d'une beauté qui nous est indifférente, on ne trouve rien qui puisse s'appeler plaisir. Que vous êtes dans l'erreur, répliqua l'ancien habitant, ce n'est qu'une personne qui nous aime, &

qui nous eſt indifférente, qui nous offre de
véritables plaiſirs, puiſqu'ils ne ſont pas
troublés par la jalouſie, par les craintes de
l'abſence, ou l'abſence même, & enfin par
cent dégoûts qui naiſſent d'un amour mutuel.
Ah ! dit Amanzarifdine, ces dégoûts que
vous croyez ſi contraires aux plaiſirs, ne
ſervent qu'à les rendre plus vifs. L'abſence
coûte des peines cruelles, il eſt vrai, on
ne paſſe que de triſtes momens loin d'un
objet qui nous eſt cher ; mais auſſi quelle
joie, quels doux tranſports ſuccèdent à ces
triſtes momens, lorſqu'on ſe trouve auprès
de ce qu'on aime. Eſt-on tourmenté par des
mouvemens de jalouſie, on ſouffre infiniment ſans doute ; on ne connoît plus le
repos, on perd le goût des choſes qui nous
amuſoient, on hait juſqu'à ſoi-même ; mais
quel plaiſir ne reſſent-on pas, lorſque ces
ſoupçons qui nous tyranniſoient, ſe trouvent
mal fondés, & que la perſonne aimée nous
paroît toujours fidelle. A-t-on vécu quelques jours dans la triſte contrainte de feindre
de la froideur pour ce qu'on aime, afin de
tromper les yeux d'un mari ou d'une
mère ; quelles douceurs ne goûte-t-on pas
lorſqu'on retrouve un inſtant où l'on n'eſt
plus obſervé que par le tendre amour ? Alors

ces fentimens retenus pendant quelque temps
n'en font devenus que plus vifs & plus fin-
cères. Ainfi on peut établir que l'abfence
ne fert qu'à nous ménager les plaifirs du
retour. Que la jaloufie nous fait mieux
connoître le bonheur d'être aimé, & que la
crainte nous rend plus amoureux & plus
empreffés. Je vous quitte, ajouta-t-il, je ne
me trouve plus de laffitude, & je vais chercher ce gage précieux de notre liberté ; alors
il fortit de la galerie, & fe promena jufqu'au foir dans la ville, fans s'arrêter. Tout
ce qu'il touchoit un moment étoit cette
flêche fouhaitée, & tout ce qu'il examinoit
ne l'étoit plus.

Déjà la nuit étoit fort avancée, lorfque
fe fentant preffé par le fommeil, il entra
dans la première galerie qu'il toucha ; il y
trouva deux compagnons de fes difgrâces,
& adreffant la parole à l'un d'eux, qui
pouffoit à tous momens de profonds foupirs, il le pria de conter fes aventures ;
l'autre habitant joignit fes inftances à celle
d'Amanzarifdine ; Mutalib, dit-il, cédez à
notre curiofité. Il y confentit, & commença
ainfi.

HISTOIRE

De Mutalib.

JE fuis fils d'un habitant de Surate ; mon père m'ayant fait voyager pendant les premières années de ma jeuneffe , j'avois un peu plus de vingt ans lorfque j'abordai dans une ifle fituée près du golfe Perfique. C'eft le plus beau féjour du monde par la température de l'air & par les mœurs des peuples qui l'habitent. Ils ont trouvé le moyen d'accorder les bienféances avec cette douce liberté qui fait le charme de la fociété. Les femmes y ont beaucoup de penchant au plaifir ; dès leur tendre enfance, amour eft le premier mot qu'on leur apprend à prononcer , & dès qu'elles font parvenues à l'âge où régnent les paffions , aimer eft le premier mouvement que leur cœur éprouve; elles ne font pas généralement belles ; mais elles ont prefque toutes ces grâces féduifantes qui ont tant de droit fur les cœurs , & fans lefquelles la beauté même n'a prefque point de pouvoir. Il ne leur manque, pour être accomplies , qu'un peu moins d'inégalité,

P iv

car leur cœur qui devient aifément fenfible, ne l'eft pas longtemps pour le même
objet ; cette inégalité vient prefque toujours
de l'éducation que les mères donnent à leurs
filles ; vous allez en être perfuadée par le
récit des aventures que j'ai eues dans
cette ifle.

A peine y fus-je arrivé que je m'appli-
quai à connoître le caractère & le goût des
perfonnes de cette nation ; je remarquai qu'il
y avoit des modes jufques dans les vifages ;
quelquefois les grands yeux bien ouverts
étoient eftimés les plus beaux ; le goût chan-
geoit, il falloit ou les rétrécir, ou fe réfoudre à ne les avoir pas à la mode. Les hommes
s'affujettiffoient à cette variété, & dans les
vifages, & dans les habits. L'efprit orné,
la jufteffe du difcernement, le bon caractère
n'étoient pas des qualités qu'ils recherchoient
pour plaire au beau fexe. Ils avoient réduit
les talens & les vertus de la fociété à d'autres objets. Il falloit pour être homme agréable, s'être formé un certain jargon qui étoit
en ufage ; manquer affez fouvent de complaifance pour les dames, favoir les petits
événemens que l'amour caufoit entr'elles,
& les divulguer, fe mêler aux jeux & aux
amufemens dont elles faifoient leurs occu-

pations ; & fur-tout faire une dépenfe brillante, c'étoit là le mérite accompli.

Ces dames, chacune dans leurs fociétés
différentes, s'affembloient prefque tous les
foirs pour facrifier au génie qui préfidoit
aux feftins. Il falloit que les cavaliers, pour
être admis à ces facrifices, fuffent d'une
humeur extrêmement enjouée, qu'ils chan-
taffent des hymnes en l'honneur de ce génie, & de celui de la tendreffe. Les dames
y contoient les aventures galantes de leurs
amies, & elles narroient d'autant mieux
ces fortes d'évènemens, que prefque toutes n'avoient qu'à parler d'après elles-mêmes, pour faire des portraits affez marqués.

Un jour que j'affiftois à l'un de ces facrifices, je me trouvai placé auprès d'une
jeune perfonne, qui s'appeloit Lifoïne ; elle
avoit toutes les grâces de la jeuneffe, quoique les traits de fon vifage ne fuffent point
du tout aimables ; fa mère étant groffe
d'elle, avoit vu en fonge Borée, un de ces
génies qui régnent dans l'air. Il lui avoit
laiffé des impreffions fi vives, que Lifoïne,
qu'elle mit au jour, en reçut toute la reffemblance.

Elle avoit beaucoup d'efprit & une imagination vive & grâcieufe ; elle donnoit aux

P v

plus petites chofes qu'elle difoit un certain agrément qu'on leur trouve fi rarement; on me preffa de former quelques accens en l'honneur du génie. Je chanta la joie & les plaifirs qu'il faifoit régner, & la beauté des dames de l'affemblée; je n'oubliai pas de louer Lifoïne fur fon efprit & fur fa jeuneffe, elle y parut fenfible, & m'ayant engagé de me trouver chaque foirée à ces mêmes facrifices, elle s'y rendoit régulièrement; elle avoit pour moi des attentions affez marquées pour que l'affemblée s'en apperçût; de mon côté je n'épargnois point les hymnes en l'honneur du génie, où je mêlois toujours quelques traits flateurs pour elle, & c'eft fur la foi des chants qu'elle crut que je l'aimois, & qu'elle m'avoua qu'elle fentoit pour moi un penchant affez tendre.

Son cœur étoit infiniment fenfible, difoit-elle; toujours le même, & toujours occupé de l'objet aimé; cette forte de tendreffe étoit rare dans cette ifle. Je voulus connoître fi Lifoïne en étoit capable, & j'obfervai toutes fes démarches avec foin.

J'appris au bout de quelques jours que, dans un de ces facrifices où je n'avois pu me trouver, elle avoit été auffi brillante

qu'à son ordinaire, & qu'elle avoit plusieurs fois adressé des regards tendres à un
jeune habitant de cette isle, qui etoit d'une
représentation fort aimable ; qu'elle lui avoit
même fait des reproches sur ce qu'il remarquoit peu les attentions qu'elle avoit
pour lui. Je trouvois que cette conduite
démentoit beaucoup cette délicatesse de
sentimens dont elle s'étoit piquée ; & comme le plus grand charme qu'elle avoit pour
moi étoit l'idée qu'elle m'avoit donnée de
son cœur, qui savoit aimer parfaitement ;
dès que je crus qu'il étoit comme celui des
autres dames de cette isle, inconstance pour
inconstance, j'aimai mieux la trouver dans
le cœur d'une personne plus jolie. Je fus
quelques jours sans voir Lisoïne ; elle m'en
fit des reproches fort tendres, & elle me
jura, pour se justifier des sujets que j'avois
de me plaindre, qu'à l'avenir sa conduite
seroit si égale & si sincère, que je trouverois en elle tout ce qui peut flatter l'a-
mant le plus délicat.

Effectivement, elle parut pendant quelque temps n'être occupée que de moi ; elle
m'écrivoit chaque jour des lettres fort vives ; elle cherchoit avec empressement les
occasions de me voir, & j'aurois cru qu'elle

m'aimoit de bonne foi, fans une occafion qui me fit connoître qu'on parvenoit à lui plaire fans être aimé d'elle.

Il est dans l'année un temps où certain génie s'empare des peuples de cette isle. Ils entrent dans une forte d'ivreffe qui les rend différens d'eux-mêmes; ils courent au bruit de plufieurs inftrumens; fouvent ils fe voient fans fe connoître, & fe reconnoif-fent fans fe voir. J'apperçus Lifoïne que je ne croyois point y trouver; elle par-loit d'un air miftérieux à un jeune homme qui étoit auprès d'elle. Je m'approchai fans être reconnu; elle lui tenoit des difcours fort tendres, & baifoit quelquefois fa main qu'elle lui laiffoit dans la fienne; & enfin avant de fe féparer, ils fe promirent de fe revoir le lendemain.

Je me fis reconnoître de Lifoïne : ne vous allarmez point, lui dis-je, je fuis char-mé d'être devenu votre confident, j'ai en-tendu votre converfation, & ne veux point vous en faire de reproches; je ne prétends plus à votre cœur, puifqu'il n'eft pas capa-ble de ces fentimens & de cette délica-teffe que vos difcours & vos lettres m'ont tant de fois vantés.

Que vous êtes injufte, me répondit-elle!

vous m'accufez d'inconftance dans le moment où je fuis le plus occupée de vous : ce jeune homme que vous avez vu près de moi eft Arfene ; je fais qu'il eft votre ami, & ne croyant pas de vous voir ici, j'ai été charmée d'y trouver quelqu'un qui pût m'entretenir de vous. Ces difcours tendres que vous avez entendus étoient les fentimens qu'Arfene me dit que vous avez pour moi, car il s'eft apperçu de notre intelligence ; vous n'auriez pas à vous plaindre de moi, fi je ne vous aimois fi tendrement ; & la converfation d'Arfene en attirant moins mon attention, auroit moins bleffé votre délicateffe : demandez-moi donc pardon de votre injuftice.

Que vous me rendez honteux, lui dis-je, d'avoir pu vous foupçonner fi légèrement ! du moins c'eft pour la dernière fois de ma vie ; car je connois à préfent combien je dois compter fur votre cœur.

Nous nous féparâmes alors, & depuis ce moment, voyant combien Lifoïne favoit feindre, je ne fongeai plus à fon cœur, & je liai une autre habitude. Je la voyois cependant quelquefois ; les qualités de l'efprit que je lui trouvois me faifoient raifon de celles qui lui manquoient dans le cœur.

Enfin, au bout de quelque temps, nous de-
vînmes l'un & l'autre de bonne foi. Je lui
renvoyai ses lettres, en lui marquant que
mon cœur ne me disoit plus rien pour elle ;
elle me fit savoir que le sien étoit tout au
moins dans le même état ; & enfin, sans
reproche ni aigreur, nous cessâmes d'avoir
commerce ensemble.

Mais Lisoïne étoit trop habile pour ne pas
tirer quelqu'utilité de notre rupture, afin que
sa mère ne pût en découvrir la cause, & de
lui ôter à l'avenir la facilité d'avoir ses amans
chez elle. Vous êtes peut-être surprise, lui
dit-elle un jour, de ne plus voir ici Mutalib ; il est d'un commerce assez aimable ;
j'avouerai même qu'il m'a fort amusée pendant quelque temps ; il prétendoit être amoureux de moi, & me le disoit avec assez
d'esprit ; mais quand j'ai vu qu'il prétendoit
aussi que je l'aimasse, je l'ai prié de renoncer à ses prétentions, & de rendre ses visi-
tes plus rares.

La mère de Lisoïne, qui étoit une très-
bonne femme, se laissa persuader à merveille. Cet aveu ingénu lui faisoit trouver
dans sa fille une rigidité de vertu qui la charmoit. Quand je me trouvois avec elle, elle
me traitoit avec un air d'ironie qui me fai-

foit pénétrer la façon dont fa fille lui en
avoit impofé; fi j'avois encore aimé Liroï-
ne, peut-être aurois-je envoyé quelqu'u ies
de fes lettres aux perfonnes de fa famille &
à fa mère même; mais mon cœur n'étoit
point bleffé, & quand on n'aime point, il
eft bien aifé d'être raifonnable.

Depuis ce temps-là j'ai continué mes voyages; & étant enfin arrivé dans le palais des
pavillons, j'y ai éprouvé des aventures qui
m'ont conduit comme vous dans cette ville
fatale. Un génie qui me protège m'a fait efpérer que j'en ferois bientôt tiré; mais je
fouhaite cet inftant avec plus d'impatience
à mefure qu'il s'approche, & je me livre
malgré moi à des regrets & à des foupirs,
lorfque le fommeil qui vient m'accabler
m'empêche de chercher cette flèche qui doit
me délivrer. A ces mots, Mutalib & Amanzarifdine fe laifsèrent aller fur leur lit, &
s'endormirent.

Amanzarifdine fe réveilla bientôt, & ayant
entendu du bruit, il jugea que tout étoit déjà
en mouvement dans la ville; il fe leva pour
fe promener, comme il avoit fait le jour pré-
cédent. A peine eut-il fait quelques pas
qu'il fe fentit frappé au front avec violence
il porta la main pour connoître ce qu'il avoit

touché : c'étoit heureusement cette flèche libératrice. A peine l'eut-il tenue, qu'il se trouva dans un palais où l'art avoit épuisé tout ce qu'il a de plus superbe. Son bandeau ne voiloit plus ses yeux : quels transports de joie ne ressentoit-il pas ! il échappoit à la plus triste situation du monde. Son premier mouvement fut de sortir de ce palais ; il craignoit d'y trouver encore de nouveaux sujets d'offenser l'amour ; cependant la curiosité prévalut ; il passa d'abord sous une colonnade qui soutenoit quatre dômes magnifiquement décorés ; il entra ensuite dans un sallon où quantité de lumières imitoient parfaitement bien celle du jour. Un théâtre d'une vaste étendue, & peint de la main des fées, étoit rempli par un nombre d'acteurs qui déclamoient ; deux dames assises sur un sopha formoient toute l'assemblée. Dans le moment qu'Amanzarifdine s'approcha, l'une des actrices qui représentoit Didon, se jetoit aux genoux d'Enée, & lui disoit :

Enfin c'en est donc fait, malgré ta foi donnée,
La mourante Didon se voit abandonnée,
Ingrat, pour me quitter & fuir vers d'autres
          lieux ?

Tu prétextes envain la volonté des Dieux :
Ne crois pas m'éblouir d'une vaine imposture,
Non, non, les justes Dieux condamnent le
    parjure ;
Et quand il seroit vrai que vers d'autres climats
Ils t'auroient ordonné d'aller porter tes pas,
Tu n'as pu t'arrêter sur ces bords déplorables,
Sans blesser à l'instant leurs décrets respecta-
    bles ;
Et lorsqu'impunément on a franchi leurs loix,
On ose les blesser une seconde fois ;
Mais le respect des Dieux n'est pas ce qui
    t'anime,
Si tu m'aimois encor, loin de te faire un crime
D'oublier un arrêt que les Dieux t'ont dicté,
Ton cœur s'applaudiroit de son impiété.
Lorsqu'une fois notre ame est tendrement char-
    mée,
On ne craint d'offenser que la personne aimée ;
Tout est sacrifié pour lui faire sa cour,
Et l'on ne connoît plus d'autres Dieux que
    l'amour.
Le destin te promet une gloire suprême,
Ton front doit être ceint de plus d'un diadème ;
Mais pour atteindre enfin à ces honneurs divers,
Conçois-tu les travaux qui te seront offerts ?
Si ton cœur attendri par la reconnoissance,
Pouvoit avec le mien être d'intelligence,

Tu verrois qu'en ces lieux que l'amour t'a
      soumis,
Les Dieux t'ont plus donné qu'ils ne t'avoient
      promis,
Faut-il te rappeler, pour attendrir ton ame,
Les transports mutuels de la plus vive flamme?
Faut-il te retracer tes soupirs, tes sermens?
Je le vois, pour toucher les volages amans,
Loin que le souvenir de nos bontés passées
Rappelle de leurs feux les marques effacées,
Loin de les ramener soumis à nos genoux,
C'est plutôt leur prêter des armes contre nous.
Cruel! vois les malheurs où tu m'as destinée;
Peux-tu donc oublier la fatale journée,
Où mon cœur confondit, trop prompt à s'en-
      flammer,
Le moment de te voir, & celui de t'aimer.

A ces mots, les acteurs se retirèrent con-
fusément; il en parut de nouveaux qui formèrent des danses & des jeux sans ordre &
sans suite. Enfin le théâtre fut détruit; ce
n'étoit plus que des objets confondus. L'une
des dames apperçut alors Amanzarifdine:
Approchez, lui dit-elle, & apprenez-nous
comment vous vous êtes introduit dans ce
palais. Il faudroit auparavant, répondit-il,
vous entretenir d'un nombre d'événemens

extraordinaires qui ont prévenu le moment
où je me trouve auprès de vous. Vous nous,
ferez plaifir, lui dit la dame, de nous conter vos aventures. Je vais vous obéir, reprit-il. Le genre du fpectacle dont vous vous.
amufiez à l'inftant doit me raffurer ; & puifque vous avez du goût pour la diverfité,
peut-être que l'hiftoire de ma vie méritera
votre attention. Du goût pour la diverfité,
dit la jeune dame qui jufques-là ne s'étoit
point mêlée de la converfation ; cherchez,
je vous prie, un autre prétexte à votre confiance ; tous ces objets bizarrement diver-
fifiés que vous venez de voir, ne font
point du tout de mon goût, & ne flattent
guere (je crois) celui de madame ; elle
partage par complaifance une deftinée que
j'éprouve malgré moi. Qu'heureufes font
les perfonnes qui trouvent toujours les mêmes amufemens, lorfqu'elles ont pu les.
choifir elles-mêmes ; oui, pourvu, ajouta
l'autre dame, qu'on ait la liberté de choifir
plus d'une fois : car, s'il falloit toute fa vie
s'en tenir à ce premier choix, il devien-
droit bientôt ennuyeux, & peut-être infu-
portable.

Permettez-moi d'être d'un avis différent
du vôtre, répartit Amanzarifdine, je crois

qu'il feroit plus doux de fe fixer à fa première décifion fur tous les amufemens de la
vie; ce feroit de nouveaux dégoûts d'épargnés : comme l'idée va toujours plus loin
que la chofe même, & qu'on trouve moins
qu'on ne s'étoit promis, il en naît un certain dépit contre la chofe fouhaitée, qui
vous en dégoûte bientôt, mais que malgré
cela on s'en occupe encore, cette idée exa-
gérée s'éloigne, & ce dégoût cède à un véritable attachement; l'habitude occupe l'efprit & le cœur, & la diverfité feulement les
amufe, & diffère auffi, ajouta la dame, le
récit que vous alliez nous faire lorfque la
converfation nous a emportés. A ces mots,
il céda ainfi à leur impatience.

HISTOIRE

D'Amanzarifdine.

JE fuis fils d'Amanzarifdine, un des rois de l'Afie ; ma mère eft fille du calife de Babilone. Au moment de ma naiffance, mon père, felon la coutume de fes ancê-tres, fit tirer mon horofcope. Je fus mé-nacé d'un nombre infini de malheurs dans tout le cours de ma vie, fi la première fois que j'aimerois la raifon ne juftifioit mon amour. Ce pronoftic toucha triftement mon père ; la raifon & l'amour (difoient tous les favans du royaume) font oppofés; ils ne fe connoiffent tout au plus que de réputation, & n'habitent jamais enfemble; la feule mefure que l'on crut pouvoir pren-dre, étoit de m'empêcher d'aimer, s'il étoit poffible, avant que je fuffe capable de la plus légère intelligence. Mon père ayant confulté les perfonnes les plus expé-rimentées de fa cour, une Fée lui confeilla, afin de m'éloigner d'avoir du goût pour les femmes, de m'élever au milieu d'elles juf-

qu'à l'âge de dix-huit ans , fans me laiſſer
connoître que je fuſſe d'un ſexe différent ,
& qu'en attendant l'expiration de ce terme ,
elle conſulteroit ſon art ſur ma deſtinée.
Mon père crut ne devoir pas réſiſter aux
conſeils d'une fée ſi puiſſante : & quoiqu'il
n'en pénétrât pas tous les avantages , il réſolut de les ſuivre. Il y avoit une ville
proche de la capitale des états de mon
père , dont une partie n'étoit habitée que
par des femmes , preſque toutes d'un âge
fort avancé , & dont la figure ne devoit
pas cauſer les malheurs auxquels j'étois deſtiné. Ce fut là où l'on me conduiſit des
que je fus capable de raiſonnement , elles
eurent grand ſoin de me cacher ma naiſſance. Une d'elles me donnoit chaque jour
des leçons de morale , & ne négligeoit rien
pour m'inſpirer cette ſupériorité ſur moi-
même qui met au-deſſus des paſſions.

Je paſſai juſqu'à l'âge de ſeize ans dans
ce genre de vie. Un jour que je dormois
encore , une de ces femmes qui prenoit
ſoin de moi entra dans ma chambre ; elle
s'aſſit ſur mon lit , & m'embraſſant à pluſieurs repriſes , elle m'éveilla. Que me vou-
lez-vous , lui dis-je ? pourquoi interrompre
mon ſommeil ? Ne vous plaignez pas me

dit-elle, il y a affez long-temps que vous troublez le mien; mais je ne veux me venger qu'en vous tirant de l'ignorance où vous êtes de vous-même, & en vous donnant des leçons dont vous me fachiez gré toute votre vie. Enfin, elle m'apprit ce qu'on avoit voulu me cacher; elle m'inftruifit de ma naiffance, & me dit que le roi mon père venoit fouvent dans leur féjour où, fans que je l'apperçuffe, il paffoit des jours entiers à me voir au milieu d'elles, & à m'entendre; c'eft, ajouta-t-elle, un mouvement qui s'appelle amour, qui m'a forcé à vous découvrir des fecrets qui devoient vous être inconnus; votre cœur feul peut m'en offrir une reconnoiffance qui me foit chère.

Je lui promis tout ce qu'elle voulut; mais ce qu'elle venoit de m'apprendre me rendit cette retraite fi infupportable, que je ne tardai pas à m'en éloigner.

Je me rendis à la cour de mon père; je ne doutois pas d'en être aifément reconnu, la fée m'ayant dit que fouvent, fans être apperçu, il m'étoit venu voir. J'avois encore pour parure l'habit de ces femmes que je fuyois; & comme il étoit de tout point différent de celui que portoient les autres

dames, j'attirois les regards de toutes les
perfonnes devant qui je paffois ; je me trouvai enfin fur le bord d'un fleuve qui traverfe
la ville capitale des états de mon père ; il
fe promenoit avec la reine ma mère, accompagné de toute fa cour. Dès qu'il m'apperçut, il reconnut l'habit de ces vieilles
fées à qui il m'avoit confié, & croyant
que c'étoit une d'elles qui venoit lui apprendre de mes nouvelles, il me fit dire d'approcher ; à peine l'eus-je joint, que recon-
noiffant les traits de fon fils, il ne put retenir fes larmes, & me tint long-temps embraffé. Ma mère me reconnut à ces marques de tendreffe, elle me ferra mille fois
entre fes bras, fes larmes fe joignirent à
celles de mon père, que les miennes avoient
déjà prévenues. Ces premiers mouvemens
paffés, le roi m'ayant conduit dans fon palais, me demanda comment j'avois pû me
rendre auprès de lui ; je lui contai les obligations que j'avois à la vieille fée ; puis - je
juger, par les bontés que vous daignez
me marquer, que ce foit par vos ordres
que j'ai été élevé d'une façon fi obfcure ?
Ah ! mon fils, me répondit le roi, qu'il
m'en a coûté pour me féparer de vous !
que n'ai-je pu, par quelqu'autre rémède,

détourner

détourner les malheurs qui vous menacent ; vous êtes deſtiné aux diſgrâces les plus cruelles, ſi votre cœur ſe laiſſe entraîner à l'amour ; j'ai cru que l'aſyle où je vous avois conduit pouvoit vous empêcher de le connoître , & j'aimois encore mieux que les premiers jours de votre vie fuſſent obſ-curs , que de vous voir malheureux dans la ſuite. Juſqu'à préſent , répondis-je , je puis vous aſſurer que mon cœur ne m'a point annoncé les malheurs qu'il doit me coûter ; la vieille fée qui m'a rendu à moi-même , ne m'offre point un ſouvenir qui me donne lieu de craindre , & il me ſem-ble, plus je me conſulte , que mon cœur ne peut jamais être rempli que par la ſeule tendreſſe qui m'attache à votre perſonne.

A ces mots , mon père m'embraſſa , & m'ayant fait donner des habits convenables à mon ſexe & à mon rang , il m'entrete-noit chaque jour des principes dans leſquels un homme raiſonnable doit vivre.

Je paroiſſois goûter avec zèle ces leçons, mais mon père qui jugeoit que le caractère d'un homme de l'âge dont j'étois ne pou-voit être ni ſtable ni ſolide , craignit que quelques-unes des dames de ſa cour ne m'inſpirât cette tendreſſe qui devoit m'ê-

XXXII. Q

tre fatale. Mon fils , me dit-il un jour, je vous trouve des difpofitions telles que je les fouhaite , mais il faut que l'âge les détermine : ce féjour ci pourroit les altérer ; il faut que vous me quittiez ; allez , mon fils, parcourez tous les climats qui font proches des bords de la méditerranée ; errez fans vous fixer , jufqu'à ce que vous foyez dans un âge plus avancé ; & fi vous trouvez enfin quelque région où les hommes naiffent avec un éloignement pour la captivité où les dames nous affujettiffent , féjournez-y & revenez gouverner , avec un cœur inébranlable , les états que je vous conferve.

Il me conduifit jufqu'au vaiffeau qu'il avoit fait préparer , & m'ayant mis fous la conduite d'un de fes courtifans , il m'embraffa , & me laiffa partir.

Les premiers jours de notre navigation furent affez heureux , mais un matin nous fûmes attaqués par deux corfaires : le combat fut fanglant , & malgré l'avantage du nombre , je fus fi bien fecondé par les perfonnes de ma fuite , que nous prîmes un des deux corfaires, & l'autre fut obligé de fe fauver.

Ce fuccès fut fuivi d'un fort trifte évé

nèment , nous fûmes furpris d'une tempête
qui brifa les mâts & les cordages de notre
bâtiment : enfin après avoir erré deux jours
au gré des flots , un coup de vent nous
jeta fur une roche où nous nous brisâmes,
je fus le feul qui échappai à ce naufrage,
peut-être parce que j'avois confervé quelque fang-froid. Cette roche où notre vaiffeau fe fracaffa touchoit prefqu'à terre, &
il me fut aifé de gagner le rivage, où après
avoir marché quelque temps , j'entrai dans
une grande ville.

Alors il conta aux deux dames comment
il s'étoit trouvé dans cette place, où il avoit
vu l'enlèvement de la princeffe Zeloïde ; il
leur fit auffi une peinture légère de fes
aventures dans le palais des pavillons. Il
n'oublia pas le trifte féjour qu'il avoit fait
dans cette ville malheureufe, d'où il étoit
forti par le fecours de cette flèche libératrice, qui l'avoit conduit dans le palais où
il étoit alors.

Pendant tout le récit de fes aventures,
il avoit fouvent les yeux attachés fur la
plus jeune des deux dames, qu'il reconnoiffoit être la princeffe Zeloïde ; & dans les
intervalles où il parla d'elle, il plaça des
traits qui découvroient affez tout ce qu'elle

lui avoit infpiré pendant le feul inftant où
il l'avoit vue. La princeffe ne put les entendre fans trouble & fans plaifir. Dès qu'il
eut achevé fa narration, la dame qui étoit
avec la princeffe fe leva, & ayant donné
la main au prince Amanzarifdine, elle fortit
avec lui de l'appartement.

Ce prompt départ furprit Zéloïde, à qui
la préfence du prince commençoit à n'être
pas indifférente; elle rappeloit avec plaifir
les marques qu'il venoit de lui donner des
tendres impreffions qu'il avoit reçues le jour
de fon enlèvement ; elle s'applaudiffoit
des facrifices qu'il lui avoit faits dans le
palais des pavillons. Ces réflexions l'occupoient, lorfque la fée vint la joindre, elle
lui demanda pourquoi elle avoit emmené
fi fubitement le prince dont elles venoient
d'apprendre l'hiftoire : c'eft, dit la fée, le
plaifir que vous avez marqué à l'entendre
qui m'a contraint de l'éloigner. Vous êtes
dans un temps où vous devez craindre plus
que jamais les malheurs qui font attachés
à toutes vos volontés. Quel malheur, reprit la princeffe, eft plus trifte que celui de
ne faire jamais ce que je veux ? d'ailleurs,
pourquoi le prince partage-t-il la contrainte
où je fuis ? Vous le banniffez, j'ai lieu

d'être jalouse, dit la fée, vous êtes ici
l'unique objet de mon attention & de ma
complaisance, & loin de tenir la même
conduite à mon égard, la première idée
qui s'offre vous occupe & vous dissipe.
Non, mon aimable fée, répondit la princesse en l'embrassant, mon cœur n'est jamais occupé que du souvenir de ce que je
dois à votre amitié.

Il faut que je vous quitte pour quelque
temps, lui dit la fée ; depuis le jour de
votre enlèvement, où je vous ai conduit
dans ce palais, le roi votre père ignore
quelle est votre destinée : il est temps que
j'aille l'instruire : j'ai pris soin de faire venir
dans ce séjour la dame qui vous a élevée,
pour vous tenir compagnie pendant mon
absence : adieu, souvenez-vous toujours
que le bonheur du reste de votre vie dépend de l'état indifférent où il faut que
votre cœur & votre esprit soient sans
cesse ; contraignez votre penchant, même
pour les plus petites choses ; sur-tout ne
songez plus au prince Amanzarifdine : vous
l'avez regardé tantôt avec une sorte de
complaisance qui vous seroit funeste si elle
avoit des suites : oubliez-le si bien que vous
le remarquiez à peine, & que vous le fuyez

Q iij

fans répugnance, quand même il s'offriroit à vos regards. A quoi vous ferviroit un penchant pour un prince qui ne fauroit être votre époux; car vous favez les conditions que le génie, qui a tiré votre horofcope, a attaché à votre hymenée.

La gouvernante parut alors, & la fée ayant embraffé la princeffe, les laiffa enfemble & partit.

Dès que la princeffe fe vit en liberté, elle s'abandonna à une profonde rêverie; le fouvenir du prince ne la quittoit pas d'un moment; elle cherchoit à s'en diftraire pour fe conformer aux confeils de la fée, mais fon cœur n'y confentoit pas. Quelquefois même elle fouhaitoit qu'Amanzarifdine fût encore dans le palais & pût s'offrir à fa rencontre. Enfin combattue par fa crainte & par fon penchant, elle devenoit chaque jour plus fombre & plus inquiète.

La gouvernante s'en apperçut, elle voulut en pénétrer la caufe: le départ de la fée a bien changé votre humeur, lui dit - elle un jour; depuis qu'elle vous a quitté vous êtes toujours trifte & rêveufe; l'abfence d'une amie comme elle vaut bien (il eft vrai) qu'on y foit fenfible, mais elle n'exige pas une trifteffe fi profonde & fi continuelle que celle qui vous abforbe. Que je ferois heureufe, répliqua la princeffe, fi je n'étois agitée que par le chagrin que doit me caufer l'éloignement d'une généreufe fée à qui je dois tout ; je ne combattrois pas un mouvement fi légitime, c'en eft un autre qui m'occupe malgré moi, & qui s'accroît à mefure que je veux y réfifter : la fée m'a prefcrit de fuir le prince Amanzarifdine & de l'oublier ; ce confeil a produit dans mon cœur un effet tout contraire. Le jour qu'il nous a conté fes aventures, j'ai remarqué dans fa perfonne & dans fes difcours un charme que je ne faurois expliquer, & qui le rend toujours préfent à mon fouvenir. Je fuis cette image, & je la retrouve au moment que je crois l'avoir perdue. Quoi, répondit la gouvernante, la crainte des malheurs que la fée vous a fait preffentir, fi votre cœur s'occupoit du prince Amanzarifdine, ne doit-elle pas fuffire pour vous le rendre indifférent ? & depuis le temps que vous favez que tous vos défirs vous doivent être funeftes, ne devriez-vous pas vous être accoutumée à une indifférence parfaite pour toutes les chofes de la vie?

Hélas, reprit la princeffe, eft-ce que la raifon détermine notre cœur, elle ne peut

Q iv

que lui découvrir le penchant qu'il doit
fuivre, mais elle n'a pas la force de l'y
entraîner : d'ailleurs, fi ce font mes feules
volontés qui doivent m'être funeftes, pourquoi le fort me feroit-il un crime de ma
tendreffe, l'amour eft - il un mouvement
volontaire ? non c'eft un afcendant plus
puiffant qui nous entraîne malgré nous ;
c'eft ma deftinée qui me force d'aimer,
doit - elle me punir des efforts qu'il me
coûte ? & fi la fageffe confifte à lutter contre cette puiffance qui détermine les événemens de notre vie, dépend-il de foi de
la pratiquer ? ne me rappelez donc plus
des confeils que je ne fuis pas maîtreffe de
fuivre. Vous n'ôteriez rien à mes difpofitions, & vous ajouteriez feulement à mon
trouble. Je ne vous contredirai plus, répondit la gouvernante, & je vais au contraire tâcher d'adoucir votre inquiétude.

Alors elle quitta la princeffe, & jugeant
par ce que la fée lui avoit dit de fuir le
prince s'il s'offroit à fa vue, qu'il pouvoit
être encore dans le palais, elle le chercha
de toutes parts, & l'ayant joint enfin, elle
lui parla & en reçut cette lettre qu'elle apporta à la princeffe.

Lettre d'Amanzarifdine à la princesse Zeloïde.

La fée en me permettant de rester dans ce palais, m'a défendu de vous voir un moment, elle m'a rendu cette loi respectable en me faisant connoître les disgrâces que vous éprouveriez si je jouissois de votre présence ; quelqu'idée que je me fasse du bonheur d'être auprès de vous, j'aurai la force de m'en priver, puisqu'il doit vous être funeste ; c'est aussi le seul obstacle qui pouvoit m'arrêter, & il ne me reste pour ajouter à cette triste contrainte où je me trouve, qu'à connoître si vous daignerez me plaindre.

La princesse en lisant ce billet, ressentit un trouble qu'elle ne fut pas maîtresse de cacher. Le prince est donc dans ce palais, dit-elle à la gouvernante : oui, madame, répondit-elle, je l'ai trouvé dans l'appartement de la fée ; il m'a abordé dès qu'il m'a apperçu, & m'ayant donné cette lettre d'une main tremblante : daignez, m'a-t-il dit, la rendre à la princesse, & m'apprendre bientôt ce qu'elle ordonne de mon sort ; je l'ai quitté à l'instant, sans lui apprendre les impressions qu'il vous a faites.

Q v

Vous ne lui avez donc point parlé de moi, reprit la princesse : hé bien , il ignorera toujours mes sentimens : reportez-lui sa lettre , & dites-lui que je ne l'ai point lue. Alors elle voulut la remettre à la gouvernante ; mais un penchant plus fort qu'elle-même l'entraînoit , & après s'être fait quelque temps violence, elle écrivit ces mots , & chargea la gouvernante de les porter au prince Amanzarifdine.

La fée m'a ordonné de vous oublier, &
pour m'y engager , elle m'a annoncé des
malheurs infinis si je m'occupois un moment
de vous. J'ai tout mis en usage pour lui
obéir, jugez par la démarche que je fais si
mon cœur y a réussi.

La gouvernante alla rejoindre le prince ; & Zeloïde se trouvant seule , se livra toute entière à la joie qu'elle ressentoit de connoître qu'elle étoit aimée : elle relut plus d'une fois les nouvelles marques qu'elle venoit d'en recevoir. Cependant elle se reprochoit quelquefois d'avoir laissé connoître au prince le goût qu'elle se sentoit pour lui ; & dans d'autres momens elle trouvoit que le billet qu'elle lui avoit écrit ne disoit pas affez ; elle craignoit qu'il n'y pénétrât pas le progrès qu'il avoit fait fur fon cœur, & qu'il ne cherchât à vaincre la tendreffe qu'il avoit pour elle.

A ces agitations fe joignirent l'impatience du retour de la gouvernante ; elle vouloit favoir comment le prince avoit reçu fa lettre : quel trouble avoit alors paru fon vifage, tout ce qu'il avoit penfé en la lifant ; combien de fois il l'avoit relue. Elle fe faifoit par avance l'image d'un récit dont toutes les circonftances lui étoient chères, & fon inquiétude fut extrême lorfqu'elle vit la journée prefque entière fe paffer fans que fa gouvernante vînt lui rendre réponfe. Elle fe plaignoit de fa négligence ; quelquefois elle s'accufoit elle-même de le condamner fi légèrement. Enfin la gouvernante arriva : que vous avez tardé, lui dit-elle ! vous deviez juger de mon impatience. J'ai rendu votre lettre, dit la gouvernante, & le prince s'eft retiré pour la lire ; j'ai attendu quelque temps, & ne le voyant point revenir, j'ai defcendu dans les jardins où je me fuis promenée jufqu'à préfent.

Zeloïde fut d'abord piquée de ce qu'Amanzarifdine ne lui avoit point récrit, mais bientôt elle trouva dans fon cœur mille rai-

fons pour le juftifier, & dès le lendemain
elle lui renvoya la gouvernante, perfuadée
qu'il l'attendoit lui-même avec impatience :
mais lorfqu'elle fut de retour, la princeffe
apprit avec un dépit extrême qu'elle n'a-
voit point trouvé le prince, quoiqu'elle l'eût
cherché dans tout le palais ; elle ne favoit
que juger de cette abfence, & fon inquiétude devint bien plus vive, lorfque plufieurs
jours fe pafsèrent fans qu'elle reçût de fes
nouvelles. Elle s'abandonna à une trifteffe
extrême.

Que je fuis touchée de l'état où vous
êtes, lui dit un jour la gouvernante, vous
vous livrez à des regrets dont je crains que
le prince ne foit pas digne ; s'il vous avoit
bien aimée, il ne fe feroit pas éloigné de
ce palais : je dois même vous dire que je
remarquai en lui rendant votre lettre, qu'il
n'avoit point ce vif empreffement fi naturel à un amant qui reçoit une pareille grâce
de ce qu'il aime. Ce difcours acheva d'ir-
riter la princeffe ; elle fe retira dans fon
appartement, où après s'être imaginé tout
ce qui pourroit lui donner lieu de fe plaindre du prince, elle réfolut d'aller le chercher elle-même dans tout le palais. Son
dépit ne lui laiffoit plus le fouvenir des

conseils que la fée lui avoit donnés ; elle
parcourut tous les appartemens & trouva
enfin Amanzarifdine.

Pourquoi ne reçois-je plus de vos nouvelles, dit-elle, songez-vous à l'outrage que
vous me faites, en désavouant par votre
négligence les sentimens que vous m'aviez
découverts ? Le prince ne lui répondit que
par des regards inquiets, il affectoit même
d'être peu satisfait de sa présence.

Ah ! que dois-je juger de cette froideur,
dit la princesse ? Le jour que vous contâtes
vos aventures & les miennes, je ne remarquai que trop que vous me reconnoissiez
pour cette fille infortunée que vous aviez
vu enlever dans les bras de son père, vous
paroissiez partager mon triste destin par un
mouvement plus vif que la pitié ; depuis
vous avez paru confirmer, par la lettre que
vous m'avez écrite, le penchant que je
vous croyois pour moi ; mais hélas ! je me
suis bien trompée ; depuis que je vous ai
laissé connoître la place que vous teniez
dans mon cœur, je n'ai reçu de vous que
des marques d'oubli & d'indifférence. Vous
savez à quels malheurs je suis destinée si
je satisfais une seule de mes volontés : jusqu'à présent j'avois su me contraindre,

mais vous m'avez fait oublier la crainte de toutes ces difgrâces ; & quoique dans cét inftant vous ne paroiffiez point fenfible aux peines auxquelles je m'expofe, en cédant au penchant qui m'entraîne auprès de vous, peut-être mon cœur vous les pardonne-t-il.

Ah ! cruelle princeffe, répondit Amanzarifdine ; pourquoi me forcez-vous à rompre le filence ! je ne puis réfifter à vos reproches ; c'eft moi qui dois me plaindre de vous ; depuis cette lettre fi chère où vous me laiffez connoître que ma tendreffe ne vous eft pas indifférente, je n'ai reçu nulles marques de votre fouvenir : votre gouvernante qui m'eft venue joindre chaque jour, m'a dit cent fois qu'enfin les confeils de la fée avoient prévalu fur votre cœur ; que vous vouliez abfolument m'oublier, & que même vous y étiez parvenue. Ah ! la perfide nous trahiffoit l'un & l'autre, reprit la princeffe ; mais que je fuis heureufe qu'elle m'ait trompée, lorfqu'elle m'a perfuadé que vous ne m'aviez point aimé. Si vous connoiffiez, dit le prince, tout ce que j'ai fouffert quand j'ai cru que vous m'aviez banni de votre cœur , que vous me trouveriez digne de votre tendreffe ! mais que les marques que j'en reçois m'alarment en me rendant heureux ; vous ne favez pas quel fort nous eft deftiné.

Le jour que je vous contai l'hiftoire de ma vie, & que la fée, m'arrachant d'auprès de vous, me conduifît dans cet appartement, j'ai remarqué, me dit-elle, que la princeffe vous regarde avec complaifance ; elle n'a plus que quelques jours à vivre dans la contrainte où elle eft, ainfi gardez-vous de la voir & de lui parler, quand même elle viendroit dans cet appartement, car l'indifférence que vous lui marqueriez détourneroit les difgrâces auxquelles elle s'expoferoit en fe livrant au penchant que j'ai connu qu'elle a pour vous ; fans cette conduite vous feriez peut-être réduit à ne vous voir jamais. Ah ! ma princeffe, ajouta Amanzarifdine, que je ferois à plaindre s'il me falloit éprouver un femblable malheur, & que je me fuis reproché le plaifir de recevoir votre lettre & de vous écrire, puifqu'il peut avoir une fuite fi funefte.

La fée, qui entra dans l'appartement, interrompit cet entretien : Que vous êtes contraire à vous-même, dit-elle à la princeffe ! je vous trouve avec Amanzarifdine, après vous avoir fait connoître tout ce qui devoit vous en éloigner : vous entrez demain dans votre feizième année ; demain vous l'eussiez pu voir fans péril : que je vous plains ! il faut que vous expiez par des peines le plaifir d'avoir cédé à votre penchant : adieu, éloignez-vous de ce palais ; vos malheurs finiront , mais vous n'êtes pas encore à leur terme ; furtout fuyez tout ce qui pourra vous attirer , & ne vous livrez qu'à ce qui vous infpirera de la répugnance ; allez, ma chère Zeloïde , ne différez pas un moment , le temps que vous perdez ajoute de plus grands malheurs à votre deftinée.

Ah ! que m'annoncez-vous , répondit la princeffe ? pourquoi faut-il vous quitter ? pourquoi faut-il m'éloigner du prince ? car je ne puis vous cacher qu'il m'eft infiniment cher. Hélas ! quelques malheurs plus grands que ceux que j'éprouve me reftent-ils à craindre ? eft-il un fort plus affreux que de fe féparer de ce qu'on aime ?

C'eft vous-même, princeffe , répondit la fée, qui vous rendez plus malheureufe ; devez-vous vous faire une image fi effrayante du peu de temps où il faut que vous foyez féparée de votre amant. C'eft pour prévenir une féparation éternelle que je vous confeille de vous éloigner pour quelque temps : n'eft-ce pas un fort grand bonheur d'éviter par un peu d'abfence d'être à jamais privée de la vue d'un objet qui vous eft cher ? Ah ! généreufe fée, s'écria la princeffe, je ne connois point à préfent cette différence ; je fens feulement que je vais quitter tout ce que j'aime.

Le prince alla fe jeter aux genoux de la fée, qu'il embraffa cent fois : il ne put lui parler que par fes larmes, car il étoit fi faifi, qu'il avoit perdu l'ufage de la voix.

Vos regrets, lui dit la fée, ne peuvent point changer le fort de la princeffe : non les mortels ne fatisfont point les uns pour les autres aux décrets du fort.

Alors elle embraffa la princeffe dont les yeux étoient baignés de larmes, & qui partit à l'inftant, ofant à peine accorder un regard à fon cher Amanzarifdine, qui étoit livré au plus cruel défefpoir.

La princeffe toute éplorée s'éloigna infenfiblement du palais de la fée proteĉtrice ; elle marcha longtemps fans tenir de route, & fans s'appercevoir des lieux par où elle paffoit. Déjà le jour commençoit à s'affoiblir, lorfqu'elle apperçut auprès d'elle un fpeĉtacle qui la fit pâlir : c'étoit un génie d'une grandeur énorme, qui attaquoit

un jeune homme que la princeſſe reconnut
être ſon amant, ſon bras armé d'un fer
tranchant alloit lui ôter la vie. La princeſſe,
ſans réfléchir, courut au génie pour l'arrê-
er, mais quand elle en fut tout-à-fait proche, ces deux objets furent changés en
une vapeur légère qui ſe diſſipa à l'inſtant,
& elle entendit la voix de la fée, qui prononça ces mots :

Combats toujours les deſtins trop barbares,
　Contrains tous tes deſirs,
En y cédant, hélas ! tu te prépares
　De nouveaux déplaiſirs.

Généreuſe fée, s'écria la princeſſe, pouvois - je ſuivre ce conſeil dans la ſituation où je viens de me trouver ? Peut-
on voir ce qu'on aime dans un danger évi-
dent ſans chercher à le ſecourir ? quoique
ce que j'ai vu ne ſoit que l'ombre de mon
cher Amanzarifdine ; hélas ! n'en eſt-ce pas
trop encore pour m'alarmer : alors elle répandit un torrent de larmes, capables d'attendrir le cœur le plus inſenſible.

Le jour cédoit tout-à-fait à la nuit, lorſqu'elle apperçut auprès d'elle deux tours ;
l'une étoit bien éclairée, & ſembloit avoir

été conftruite par les grâces, l'autre étoit
d'un dehors lugubre ; une pâle lumière l'é-
clairoit à peine ; elle ne put la regarder
fans horreur, elle la choifit cependant pour
y attendre le jour, & y étant entrée, elle
la trouva un peu moins trifte qu'elle n'avoit
paru. Elle s'affit, & s'abandonna enfin au
fommeil.

Elle n'en jouit pas longtemps, fes yeux
furent ouverts avant le lever de l'aurore,
& dès qu'elle l'apperçut, elle fortit pour errer
à l'aventure.

A peine eut-elle marché quelque temps,
qu'elle apperçut au bout d'une avenue qu'elle
avoit fuivie, un palais dont les murs d'une
compofition tranfparente lui laiffoient voir
tout ce qui fe paffoit dans l'intérieur. Elle
apperçut un autel fuperbement décoré, auprès duquel étoit le génie qui préfide fur
les cœurs ; il lui fembla que ce puiffant génie
lui faifoit figne d'approcher, en lui montrant d'une main le roi fon père & le prince
fon amant, & de l'autre une couronne. La
princeffe trop prompte à fe perfuader ce
qu'elle fouhaitoit avec paffion, crut d'abord
que ce génie lui annonçoit la fin de fes
malheurs, elle courut, ou plutôt elle vola
vers l'autel ; mais à l'inftant qu'elle tou-

choit & son père & son amant, tout cet
édifice s'évanouit, & elle se trouva dans
un vaste désert ; alors cette même voix
qu'elle avoit déjà entendue, lui rappela
encore ces mots :

Combats toujours les destins trop barbares ;
  Contrains tous tes desirs
En y cédant, hélas ! tu te prépares
  De nouveaux déplaisirs.

La princesse avoit déjà reconnu sa faute,
& ne put l'expier que par de nouvelles
larmes ; & s'étant assise à l'ombre de quelques arbres, elle s'endormit A son réveil,
elle trouva assis à côté d'elle deux génies ,
l'un avoit toutes les grâces de la jeunesse ,
l'autre étoit décrépit, il avoit quelque chose
de dégoûtant dans toute sa personne ; ce
fut lui qui parla le premier. Fille , dit-il ,
nous avons résolu , mon frère & moi , de
t'honorer de notre tendresse , & nous dis-
putions , dans le moment que tu t'es réveillée , auquel de nous deux tu resterois en
partage ; nous voulons bien nous en remettre à ta décision : tu ne saurois nous
échapper , ainsi il ne te reste plus que la
liberté du choix. La princesse surprise infiniment de ce qu'elle venoit d'entendre , resta

Fille, nous avons résolu mon frère et moi,
de l'honorer de notre tendresse.

jongtemps les yeux baiſſés ſans lui répondre. Détermine-toi donc pour l'un de nous, ajouta le vieux génie, ou bien tu nous appartiendras à tous deux; jette un regard ſur celui que tu veux choiſir. La princeſſe voulut ſe lever & fuir, mais elle fut retenue par les deux génies, & voyant qu'elle ne pouvoit s'en débarraſſer, elle crut s'expoſer moins en ſe livrant au vieillard; elle le regarda un moment, alors le jeune génie diſparut, & elle ſe trouva tête à tête avec l'autre. C'eſt donc moi que tu préfères, fille, dit-il; dès ce moment je t'accorde mon eſtime; il faut que je profite du penchant que tu te trouves pour moi; alors il prit les deux mains de la princeſſe dans l'une des ſiennes; elle fit des cris perçans, & voulut ſe défendre. Laiſſons-là les clameurs, dit-il; depuis que je ſuis dans mon troiſième ſiècle, j'ai eu chaque jour de bonnes fortunes; tu vas en augmenter le nombre : prépare-toi d'entendre l'hiſtoire de ma vie que je vais te conter; voilà tout ce que j'exige de mes maîtreſſes, je ne leur demande que de l'attention. Alors il laiſſa en liberté la princeſſe, qui, ſe trouvant quitte à fort bon compte, promit au génie d'être auſſi attentive qu'il déſiroit. Le vieillard parut avec un vifage moins auftère, il s'y répandit un air de férénité qui n'avoit plus rien de ces traits dégoûtans d'une vieilleffe caduque, & fon ton de voix rauque & effrayant étant devenu plus doux, il parla ainfi.

HISTOIRE

Du vieux Génie.

JE fuis un génie de l'Afie, affez connu par le penchant que j'ai toujours eu d'être fecourable aux mortels. Quoique mon art, qui m'élève au-deffus de beaucoup d'autres génies de la terre, femble devoir me donner autant de pouvoir fur moi-même, que j'ai de fupériorité fur eux, cependant j'ai porté toute ma vie le cœur le plus tendre & le plus fufceptible de ces impreffions que fait naître une femme aimable ; mais une délicateffe malheureufe a longtems été attachée à cette fenfibilité. Ce n'étoit pas affez pour moi de plaire à une beauté dont j'étois charmé, je voulois qu'elle n'ufât jamais avec moi, ni d'une diffimulation, ni d'un déguifement, même les plus légers. C'étoit-là toute la vertu que j'en exigeois, au point que je lui aurois pardonné une infidélité, fi elle en fût convenue. Mon enfance fut remplie par les exercices ordinaires, dont s'occupent les jeunes génies ; c'eft-à-dire, quelquefois à remplir l'air de tourbillons, de tonnerres & de fifflemens, à faire pâlir la lune & les étoiles, à tirer des montagnes du fein de la terre ; à forcer les fleuves de remonter vers leur fource, à compofer des philtres pour faire naître la tendreffe & d'autres fecrets pour caufer l'antipathie, à rajeunir des perfonnes accablées fous le poids de la vieilleffe, à bâtir en un inftant des palais & des villes même toutes entières, à en détruire d'autres en auffi peu de tems. Ce furent là les occupations des premiers jours de ma vie. Dès qu'une fois je parvins à cet âge où les paffions commencent à mouvoir notre cœur, je ne m'occupai plus qu'à chercher une maîtreffe aimable ; mais je voulois, comme je l'ai déjà dit, qu'elle eût fur toute autre qualité, celle d'être fincère.

Pour parvenir à la trouver, je réfolus de parcourir toutes les parties du monde, de choifir dans chaque pays une des plus belles emmes, & de les tranſporter toutes dans mon palais en Aſie, pour choiſir encore entr'elles.

Avec le ſecours de mon art, j'eus bientôt fait le tour de la terre; je ne ſéjournois dans les différens climats, qu'autant qu'il falloit pour connoître tout ce qu'il y avoit de femmes dont la beauté étoit en réputation. Je commençai mon voyage par les iſles de la Grèce; il y avoit dans celle de Chio une fille de l'âge de quinze ans, plus belle que les grâces; ce fut ma première proie. J'en enlevai une ſeconde ſur les bords du Tibre; de là je traverſai la Germanie, & près des rives du Danube j'en choiſis une troiſième. Je parcourus enſuite toutes les Gaules, & dans une ville que baigne la Seine, je trouvai une jeune perſonne que je dérobai encore; j'en allai choiſir une autre dans les climats où coule la Tamiſe; delà je me rendis dans cette quatrième partie du monde qui n'étoit encore connue que par les génies, où j'enlevai une fille parfaitement belle.

Je tranſportai ces ſix perſonnes chacune dans un palais que j'avois conſtruit moi-même auprès du mien. Elles y trouvèrent tout ce qui pouvoit charmer le goût & la vanité.

vanité. Je partageois ma journée également entr'elles ; & comme pendant le séjour que j'avois fait dans les pays où je les avois enlevées, j'avois assez pénétré leurs différens caractères, je ne m'offris jamais à elles, que sous les traits que je crus les plus convenables pour leur plaire.

J'avois remarqué que la passion dominante de la belle Germaine étoit l'ambition & l'envie de plaire ; elle trouva le palais que je lui avois destiné habité par un nombre de femmes parfaitement belles, qui lui dirent que c'étoit le sérail du calife de Babilone ; que ce prince étoit d'une figure fort aimable, & d'un commerce galant & poli, que son cœur étoit assez constant ; & que, lorsqu'il avoit pris du goût pour l'une d'elles, elle pouvoit se flatter d'être long-temps la favorite, pourvû qu'elle fût de bonne foi avec lui, même sur les choses les plus indifférentes. Le calife, ajoutèrent-elles, ne nous retient ici que volontairement ; celles pour qui le desir de lui plaire n'est pas suffisant pour les y fixer, dès qu'elles lui marquent le moindre dégoût, sont transportées à l'instant dans tel séjour qu'elles souhaitent. Voici bientôt l'heure où le prince vient se promener ici ; en attendant qu'il arrive, venez parcourir ce vaste & superbe palais ; outre sa structure magnifique, ce qu'il a de plus race & de plus flatteur, est que tous les plaisirs & les amusemens vous seront offerts dès que vous les désirerez un instant.

La Germaine ayant suivi ses compagnes, revint dans l'appartement où l'on avoit dit que le calife devoit bientôt se rendre ; c'étoit moi qui m'offris à sa vue sous les traits d'un homme qui a toutes les grâces de la jeunesse. J'étois paré des plus superbes habits, & environné d'une cour pompeuse. On vous a sans-doute appris, lui dis-je, madame, que c'est ici le séjour de la liberté ; vous n'y resterez qu'autant qu'il pourra vous paroître aimable : je voudrois qu'il pût dépendre de mes attentions & de mes sentimens, de vous le faire habiter toute votre vie. La Germaine me répondit avec beaucoup d'esprit & de modestie, & depuis ce jour elle parut ne s'appliquer qu'aux choses qui pouvoient m'attacher à elle ; mais insensé que j'étois. Je ne fus pas assez satisfait de ces apparences flatteuses, je voulus connoître si quelqu'autre objet ne lui étoit point plus cher que moi, & si son cœur n'étoit point capable de déguifement ; j'avois pour l'éprouver un moyen fûr que je mis en ufage.

Un jour que j'étois auprès d'elle ; il eft un endroit de votre palais, lui dis-je, dont vous ne connoiffez pas encore le prix , & qui eft digne de curiofité ; c'eft cette extrémité de votre galerie , qui eft en forme de dôme , on l'appelle le féjour des fouhaits ; vous pouvez y aller quand il vous plaira , & y former tel fouhait que vous voudrez ; vous verrez naître tout-à-coup des objets qui vous affureront du fuccès de la chofe fouhaitée ; tout le myftère confifte à vous approcher d'une urne qui eft foutenue par une colonne , vous pancherez votre bouche vers cette urne , & vous prononcerez à voix baffe , fi vous voulez , le fouhait que vous aurez formé.

A peine l'eus-je quittée , qu'elle courut avec précipitation vers l'endroit que je lui avois enfeigné ; elle s'approcha de l'urne , & s'étant panchée , elle prononça ces mots : *Je fouhaite que le temps qui efface la beauté des autres dames , donne toujours un nouvel éclat à la mienne.* A peine eut-elle achevé, qu'elle vit une dame dont tous les traits étoient femblables aux fiens ; à mefure

qu'elle fixoit fes regards fur elle ; elle appercevoit quelques grâces nouvelles qui venoient l'embellir : tous ces objets difparurent,
& elle s'en retourna dans fon appartement
fort fatisfaite de ce qu'elle venoit de voir.

Je la joignis un inftant après ; une joie extrême étoit répandue fur toute fa perfonne.
Puis-je vous demander , lui dis-je , fi vous
êtes contente du féjour des fouhaits ; ap-
prenez-moi , je vous prie , quel eft celui
qui vous y a attirée ; j'y confens , répondit-elle , le fouhait que j'ai fait m'eft trop
cher pour ne pas vous en faire part. J'ai
fouhaité de conferver toujours le feul avantage que j'ai fur toutes les dames qui com-
pofent votre cour , c'eft de vous aimer plus
tendrement que vous n'êtes aimé d'elles.
Ah ! madame , répliquai-je , que je reffens
bien le prix de fentimens fi délicats & fi
favorables. Vous apprendrez bientôt comment je veux les reconnoître.

Je la quittai pour me rendre chez la jeune
Grecque. J'avois remarqué pendant le féjour
que j'avois fait auprès d'elle dans lisle de
Chio , que , quoiqu'elle fût aimée de tout
ce qu'il y avoit d'hommes aimables dans
cette isle , elle n'étoit fenfible pour aucun
d'eux , je m'offris à elle fous la figure d'un

jeune Grec qui l'aimoit éperdument. C'est pour vous débarrasser, lui dis je, de la foule importune d'amans qui vous environnoit sans-cesse, que je vous ai conduit dans ce séjour-ci, avec le secours d'un génie qui me protège; ce palais vous offrira tout ce qui peut vous flatter, & nous pourrons sans trouble & sans inquiétude nous voir & nous aimer, si votre cœur daigne y consentir.

Il parut qu'elle devenoit sensible, & que cette froideur que je lui avois connue avoit fait place à une tendresse extrême. Enfin je la conduisis dans le séjour des souhaits (car dans chaque palais des dames que j'avois enlevées, j'avois construit une urne dans la même disposition, & qui avoit la vertu que je viens de dépeindre) après lui en avoir enseigné l'usage, je m'éloignai d'elle; alors elle s'approcha de l'urne, & dit : je souhaite devenir aussi sensible aux soins d'un amant, que j'en ai été peu touchée jusqu'à présent. Elle apperçut tout-à-coup un jeune homme qui sembloit formé exprès pour plaire; elle le regarda avec une sorte de complaisance qu'elle n'avoit point encore connue, elle le vit à l'instant disparoître. Je l'allai retrouver un moment après dans son appartement :

hé bien , lui dis-je , comment vous trou-
vez-vous de la puiſſance de l'urne ?~quel
ſouhait avez-vous fait ? J'ai ſouhaité , dit-
elle , que mon cœur reſtât toujours dans les
diſpoſitions où il eſt de n'aimer que vous.
Ah ! que vous êtes charmante , lui dis-je,
qu'il m'eſt doux de vous connoître ſi tendre
& ſi fidèle ! c'eſt une juſtice que vous rendez à mon cœur ; vous ſavez avec quelle
indifférence j'ai régardé toutes les autres
beautés de la Grece, trop content de l'eſpoir
de vous plaire. Je la quittai à ces mots ,
pour me rendre dans le palais de la belle
Roſaline que j'avois enlevée ſur les bords
du Tibre.

Elle avoit été élevée dans une contrainte
extrême ; à peine ſes parens lui laiſſoient-
ils voir le jour. Je crus que l'ayant conduite dans un palais où régnoient les plaiſirs & les grâces, & m'offrant à elle ſous
une figure aimable, je ſerois bientôt maître abſolu de ſon cœur, je mêlois chaque
jour à tous les amuſemens que je pouvois
imaginer pour lui plaire, les ſoins & les
diſcours qui marquoient le mieux une
véritable tendreſſe ; enfin , je lui enſei-
gnai cette urne confidente des ſouhaits.
Elle s'y rendit bientôt , & s'en étant ap-

prochée, elle prononça ces mots : *Je souhaite* connoître tous les degrés de plaifirs qui régnent dans le monde , & pouvoir les choifir à mon gré. Alors elle entendit une voix qui dit :

> *Tu feras obéie*
> *Au gré de tes défirs ,*
> *Chaque inftant de ta vie*
> *T'offre ira de nouveaux plaifirs.*

Elle vint me trouver très-fatisfaite de cette prédiction. Je lui demandai quel ufage elle avoit fait de l'urne. J'ai fouhaité , répondit-elle , ne connoître d'autre plaifir que celui de poffédér votre cœur, & de vous aimer toute ma vie. Que je fuis heureux, lui dis-je , que vos défirs & les miens foient fi bien d'intelligence ; la moitié de votre fouhait en produira toujours l'entier accompliffement.

Ayant trouvé un prétexte pour m'éloigner d'elle, je paffai dans le palais de cette jeune beauté que j'avois enlevée fur le rivage de la Tamife ; elle étoit d'une taille avantageufe, fes traits étoient réguliers, & elle avoit le plus beau teint du monde ; fa démarche étoit légère & grâcieufe ; je lui

avois connu beaucoup de penchant au plaï-
fir, je ne négligeai rien pour lui paroître
aimable, perfuadé que pour plaire, il faut
toujours amufer ce qu'on aime. Je rem-
pliffois tous fes momens par quelqu'objet qui pût l'occuper agréablement : cette
conduite parut me réuffir; il fembloit que
je lui tenois lieu de ce qu'elle avoit dans
le monde de plus cher; enfin, je la conduifis au féjour des fouhaits, où, après l'a-
voir inftruite de l'utilité qu'elle en pourroit
tirer, je la laiffai feule. Dès qu'elle fe vit en
liberté, elle s'approcha de l'urne, & dit :
Je fouhaite que mon cœur puiffe fe partager autant que mes défirs. Alors elle apperçut le génie qui préfide fur les cœurs,
qui lui préfentoit toutes les flèches dont
il étoit armé. Je la rejoignis dès qu'elle
eut achevé, & lui ayant demandé quelle
confidence elle avoit fait à l'urne : J'ai fouhaité, dit-elle, que votre cœur me foit
toujours auffi fidèle qu'il me fera cher. Je
parus charmé d'un fouhait fi favorable pour
ma tendreffe ; & l'ayant quitée un inftant
après, je paffai dans le palais de la belle
Américaine.

Dans la région où elle étoit née, les peuples ne connoiffoient d'aut:: loix que cel-

les de la nature, & vivoient répandus çà & là dans les campagnes, divifés par familles. Ils parloient cependant une même langue, elle m'étoit familière, car les génies pofsèdent naturellement les connoiffances que les hommes n'acquièrent qu'avec peine; la furprife de l'Américaine fut infinie, lorfqu'au lieu de fe trouver dans une campagne déferte, & n'ayant pour retraite qu'une petite hutte, elle fe vit dans un vafte palais que l'art avoit conftruit à plaifir. J'avois pris la forme d'un homme de fa nation : je voulus jouir quelque temps de fon embarras, & je connus qu'à mefure qu'elle s'accoutumoit à ces objets, fes idées fe débrouilloient, & qu'elle avoit tout le bon fens dont les peuples des autres parties du monde font capables.

Je crus qu'elle ne s'étoit occupée que de la tendreffe qu'elle auroit pour moi, n'étant pas diftraite par ces mouvemens différens que le difcernement & l'expérience font naître dans les femmes de l'Europe & de l'Afie. Je mis tout en ufage pour lui infpirer de l'amour, & il me fembla que j'avois réuffi, ce qui me fit juger que cette paffion eft un mouvement naturel dans le cœur, qui n'a pas befoin du fecours de

R v

l'imagination pour naître. Enfin, après avoir
remarqué en elle tous les sentimens qui
paroissoient dans les dames des autres nations que j'avois enlevées, je lui appris
l'usage qu'elle pourroit faire de l'urne. Elle
alla bientôt dans le séjour des souhaits, &
dit : Je souhaite que l'instant de ma vie qui
me flattera davantage, dure autant que je
voudrai. Alors elle apperçut les plaisirs sous
la forme de jeunes enfans, qui portoient des
ailes ; chacun d'eux s'empressoit autour d'elle ;
ils étoient si attentifs à ses regards, qu'elle
pouvoit à son gré les fixer, ou les faire
disparoître. Je me rendis auprès d'elle, &
l'ayant pressée de me faire confidence de
ses souhaits. Ne concevant pas, me répondit-elle, qu'il y ait une situation plus heureuse que celle où je suis, j'ai souhaité d'y
rester toute ma vie. Votre sort ne dépen-
dra que de vous-même, répondis-je, &
vous en serez bientôt certaine.

Je me dérobai d'auprès d'elle, pour me
rendre dans le palais de Clarice, que j'avois
enlevée sur le rivage de la Seine : j'avois
également partagé mes soins & mes empressemens pour elle, & il y avoit déjà plusieurs jours qu'elle étoit instruite des mystè-
res de l'urne ; elle l'avoit consultée plus

d'une fois; & j'avois entendu les fouhaits
qu'elle avoit faits, comme celui des cinq
autres dames; car cette urne étoit appuyée
fur une colonne concave, qui aboutiſſoit
à un timbre ſi artiſtement compoſé, qu'il
renvoyoit les paroles prononcées dans l'urne, avec plus d'éclat & de netteté dans une
grotte où il étoit poſé, & où je me ren-
dois pour les entendre.

La première fois que Clarice alla y confier ſes déſirs, elle ſouhaita connoître la
perſonne qu'elle aimeroit, lorſque le goût
qu'elle avoit pour moi ſeroit ceſſé. D'abord
elle apperçut un homme tout-à-fait aimable qui vint ſe jeter à ſes genoux, & la
remercier de ce qu'elle avoit hâté le moment où il devoit être aimé d'elle. Elle
devint ſi épriſe de ce nouvel amant, que
chaque jour dès que je m'éloignois, elle
couroit au ſéjour des ſouhaits, où elle
paſſoit avec lui tous les inſtans qu'elle pouvoit me dérober; elle en ſortoit encore
au moment où je la preſſai de me dire ce
qu'elle avoit exigé de l'urne.

Il faut agir de bonne foi avec vous, me
dit-elle, vos procédés pour moi ont été
d'un ſi galant homme, que ce ſeroit y répondre mal, de ne vous pas découvrir mon

R vj

cœur tel qu'il eſt. Le jour que vous m'a-
vez enſeigné le ſecret de l'urne des ſouhaits, portée par la ſeule curioſité, & perſuadée qu'on ne peut pas aimer toujours
le même objet, j'ai ſouhaité connoître la
perſonne qui vous ſuccèderoit dans mon
cœur ; elle s'offrit d'abord. J'avouerai ma
foibleſſe ; ce nouvel amant me parut ſi aimable, que je me ſuis livrée toute entière
au penchant qu'il m'inſpiroit ; je ne mérite
plus vos bontés, ainſi éloignez-moi de vous,
& me renvoyez dans le ſéjour où vous
m'avez enlevée, & pour dernière marque
de votre tendreſſe, livrez-moi mon amant,
& me laiſſez partir avec lui.

Cet aveu qui devoit me donner de l'é-
loignement pour Clarice, produiſit dans
mon cœur un effet tout contraire. Charmé
de trouver en elle cette ſincérité que je
cherchois avec tant d'ardeur dans une femme ; non, Clarice, lui dis-je, vous ne
partirez point ; quoique le penchant que
aviez pour moi ſoit effacé, vous ne m'en
êtes pas moins chère ; votre bonne foi vous
tient lieu dans mon cœur de toute cette
tendreſſe que vous m'avez ôtée ; non, je
ne puis me réſoudre à vous éloigner ; je
vous aimerai avec tant de ſoin de vous

plaire, que je faurai vaincre ce nouvel
amour qui vous entraîne; d'ailleurs, fi vous
y confentez, je faurai, par la force de
mon art, trouver des fecrets qui vous don-
neront de l'antipathie pour cet objet qui vous
eft fi cher; mais non, ce fecours ne me
fatisferoit pas, je ne veux devoir votre
cœur à d'autre charme qu'à celui de l'a-
mour. Enfin, à force de la preffer j'ob-
tins d'elle de refter encore quelque temps
avec moi : je lui fis valoir les beautés du
féjour qu'elle habitoit, où elle étoit pré-
venue par tout ce qui fait les agrémens de
la vie : je négligeai alors toutes les dames
que j'avois enlevées pour ne m'occuper
que d'elle ; mes foins n'eurent qu'un fort
bien trifte ! cette fincérité, par laquelle Clarice m'avoit charmée, me fit reffentir les
plus cruels fupplices ; elle m'avouoit de
bonne foi chaque jour que fon cœur ne
fe fentoit plus capable d'aucun retour pour
moi, & que fon nouvel amant en feroit
toujours le maître ; cet aveu me jetoit dans
un défefpoir extrême : hélas, lui difois-je
quelquefois, perdez cette fincérité qui m'eft
fi funefte ! trompez - moi pour me perfuader que vous m'aimez ! il eft aifé d'être féduit fur ce qu'on fouhaite paffionnément ;

ayez feulement la plus légère apparence de
cette tendreffe que je vous demande ; eft-
ce pour une femme un effort fi grand que
de feindre ? non difoit-elle, il ne dépend
pas de moi : mon cœur eft trop rempli de
ce qu'il aime pour paroître occupée d'un
autre objet : je fuis forcée à vous paroître
telle que je fuis ; pouvez-vous me faire un
crime de la feule vertu que vous m'ayez
demandée ?

Enfin voyant que je ne pouvois rien gagner fur elle, je pris le parti de l'éloigner
de moi : je la conduifis dans mon palais, où
j'avois raffemblé les cinq autres dames. Je
n'avois exigé de vous, leur dis-je alors,
que de bannir avec moi tous les déguifemens, même dans les plus petites chofes ;
mais il n'y en a eu qu'une qui ait été de
bonne foi fur les myftères de l'urne ; toutes
les autres ont voulu m'en impofer fur ce
qu'elles avoient fouhaité. Vous allez connoître ce que c'eft d'offenfer un puiffant génie
dont le cœur eft fait comme le mien. Vous,
que j'ai enlevée près du Danube, vous avez
fouhaité que le temps qui efface la beauté
de toutes les autres dames, donne toujours
un nouvel éclat à la vôtre ; tenez, voilà
une bouteille de cette eau fi célébrée par les

poëtes , qui remplira l'envie que vous avez d'être toujours belle.

Pour vous , dis-je à la jeune Grecque , vous avez souhaité de devenir aussi sensible aux soins d'un amant, que vous y aviez toujours été indifférente ; tenez , voilà un philtre qui donnera à votre cœur cette sensibilité qu'il désire ; vos charmes feront le reste , & feront un philtre assez sûr pour vous faire aimer.

Vous avez souhaité, dis-je à la belle Rosaline , de connoître tous les degrés de plaisirs , & de pouvoir les choisir à votre gré ; allez, retournez sur les bords du Tibre d'où je vous avois emmenée , au lieu de cette vie contrainte que vous y meniez, vous y serez en pleine liberté , & tous les plaisirs vous seront offerts au gré de vos désirs.

Pour vous , dis-je à la jeune personne que j'avois enlevée sur les bords de la Tamise, vous avez souhaité que votre cœur pût se partager autant que vos désirs, vous pouviez exiger de l'urne quelque chose de plus difficile ; pour avoir un cœur partagé, je crois que vous n'avez qu'à suivre votre penchant ; quoiqu'il en soit , voilà un diamant sur lequel il y a des caractères imperceptibles , qui auront la vertu de donner à votre

cœur toutes les impreſſions que vous voudrez qu'il reçoive.

J'adreſſai enſuite la parole à la belle Américaine ; votre éducation me fait bien de
l'honneur, lui dis-je, vous avez paſſé tout-
à-coup de cet aveugle inſtinct qui vous conduiſoit, au diſcernement le plus pénétrant
& le plus délicat ; mais il faut avouer que
vous devez plutôt ce progrès ſubit à votre
heureux naturel qu'aux ſoins que j'ai pris
de vous inſtruire : vous avez ſouhaité que
l'inſtant de votre vie qui vous flatteroit davantage durât autant que vous le voudriez ;
tenez voilà un anneau myſtérieux qui produira ce rare effet dès que vous l'aurez mis
à l'un de vos doigts ; mais pour être plus
à portée d'en faire uſage, oubliez votre
ſauvage patrie, allez habiter cette ville ſi
renommée que la Seine arroſe.

Ce diſcours achevé, je tournai les yeux
ſur Clarice ; je ne pus la voir ſans un trouble
extrême : venez, lui dis-je, cruelle Clarice,
vous avez ſouhaité connoître la perſonne
que vous aimeriez, lorſque le goût que vous
aviez pour moi ceſſeroit ; vous l'avez vu
cet amant qui m'ôte votre cœur, mais pourquoi me flattai-je qu'il vous rend infidèle :
vous ne m'avez point aimé, ou du moins

votre tendreſſe a duré ſi peu de temps , qu'à peine ai-je eu celui de la connoître : eh bien votre ſouhait eſt exaucé ; vous poſſédez ce qui vous eſt cher : partez , retournez dans votre patrie , il ne dépendroit que de mon art de rendre votre amant auſſi peu conſtant pour vous que vous l'avez été pour moi , mais vos douleurs n'effaceroient point les miennes ; au contraire , hélas ! ce feroit les accroître que de me ſervir d'une vengeance qui vous feroit ſouffrir. Ce n'eſt pas-là tout ce que je veux faire pour vous, meſdames , ajoutai-je , je vais vous donner à chacune un char qui vous tranſportera où vous voudrez aller , & je vous prie d'emporter avec vous les pierreries & les bijoux qui ſont dans vos palais ; voilà les dernières marques que je veux vous donner de mon dépit. Je dois ne me plaindre que de moi-même , vous m'avez bien fait connoître qu'il ne faut conſidérer les dames que telles qu'elles paroiſſent & non pas telles qu'elles ſont. Hélas ! ſi j'avois ſuivi cette maxime , que mon ſort eût été doux ! vous aviez pour moi l'extérieur du monde le plus flatteur. Clarice même , qui me coûte tant d'alarmes , n'avoit rien qui ne dût me charmer , juſqu'à l'inſtant où j'ai voulu approfondir fon cœur ; mais je devois jouir des fentimens qu'il affectoit, fans chercher à connoitre ce cœur fi peu fidèle. Adieu mefdames, confervez-moi une eftime que je crois avoir méritée. Je les laiffai partir alors, & j'allai me retirer dans un endroit écarté de mon palais, où après avoir quelque temps éprouvé tout le défefpoir d'un homme qui perd ce qu'il aime, je pris le parti de hâter, par un breuvage, l'adouciffement que le temps apporte à toutes les douleurs, & je me retrouvai bientôt dans une tranquillité d'autant plus chère pour mon cœur, qu'il venoit d'être agité par le s tranfports les plus vifs & les plus malheureux.

Mais mon cœur fe laffa bientôt de ce calme ; l'idée des peines que l'amour m'avoit coûtées s'effaçoit chaque jour, & je me rappelois avec plaifir les momens flatteurs qu'il m'avoit offerts. Pour me diftraire de l'ennui que je trouvois dans ma folitude, je pris le parti de voyager dans toutes les isles de l'Afie qui m'étoient inconnues : je me rendis fur la côte de Coromandel, où je trouvai un bâtiment prêt à faire voile ; les perfonnes qui devoient s'y embarquer me parurent d'un commerce agréable. Je partis avec elles, efpérant que leur fociété & le changemen

de séjour éloigneroient cette humeur sombre
que j'avois contractée dans mon palais. Nous
eûmes quelques jours d'une navigation assez
heureuse ; mais notre pilote un matin ayant
apperçu des vaisseaux qui nous donnoient la
chasse, il voulut les éviter ; ses efforts furent
inutiles, ils étoient meilleurs voiliers que le
nôtre, & nous eurent bientôt approchés :
on reconnut à leurs pavillons que c'étoient
des corsaires qui étoient sortis de l'isle de
Sumatra. Il y a, dit notre pilote, à l'ex-
trêmité de cette isle un royaume que l'on
appelle Achem, qui est gouverné par des
femmes, & comme sous leur climat on ne
voit jamais naître d'hommes, elles équipent
des bâtimens qui vont en course sur toutes
nos côtes, pour enlever tout autant d'hommes qu'elles en peuvent trouver, & les
tenir toute leur vie en esclavage.

Toutes les personnes de notre bord pâli-
rent à ce récit, & formèrent la résolution
de défendre leur liberté aux dépens même
de leur vie ; je fus le seul qui m'opposai à
cette entreprise ; je leur conseillai de se laisser
prendre sans défense, leur promettant que
je saurois bien les tirer de cet esclavage qu'ils
craignoient, & que bien loin que le séjour
que nous ferions à Achem leur pût être fatal,

je les en ferois partir quand ils voudroient ; chargés de toutes les richeffes de ce royaume. Mais voyant que mes promeffes leur faifoient peu d'impreffion, je voulus les convaincre de mon pouvoir par quelqu'évènement extraordinaire : je touchai notre vaiffeau avec une baguette que je tenois, auffitôt il s'entr'ouvrit, l'eau y entra à grands flots, & ils fe crurent trop heureux de trouver un afyle dans les bâtimens des corfaires d'Achem.

Ces femmes charmées du butin qu'elles venoient de faire, regagnèrent bientôt leur port, & nous conduifirent dans leur ville capitale, où elles nous laifsèrent la liberté d'agir & de nous promener fans nous impofer aucune loi. Nous pafsâmes plufieurs jours dans cette fituation. Les perfonnes qui avoient été prifes avec moi ne me quittoient pas : j'eus foin de leur fournir amplement tous les befoins de la vie, & ils commençoient à beaucoup efpérer des promeffes que je leur avois faites ; lorfqu'un jour que nous étions raffemblés dans une grande place de la ville, nous fûmes tout-à-coup environnés par un nombre confidérable de ces femmes, qui nous dirent de les fuivre ; je ne voulus point qu'on leur fît de réfiftance,

& je fus le premier qui tendis les mains aux chaines dont on nous chargea. Nous fûmes conduits dans un vaste palais, où nous trouvâmes un cercle de femmes assises sur des estrades, qui affectoient une contenance sérieuse & austère; elles étoient toutes parfaitement belles. Une d'elles m'adressa la parole comme au chef de la troupe, & me dit: c'est ici le sénat qui juge les criminels; préparez - vous aux peines qui vous sont dûes.

Quel est notre crime, lui dis-je? Nous ne nous connoissons point coupables, & si nous le sommes devenus sans le savoir, ce sera un adoucissement à l'arrêt que vous allez rendre contre nous, de le voir prononcer par les plus belles bouches du monde. Cette façon de vous défendre, me respondit-elle, est une sorte de réparation de l'offense que vous nous avez faite, mais elle n'est pas suffisante : vous avez dû savoir qu'ici tous les hommes sont esclaves, & que lorsqu'ils sont seulement huit jours dans ce royaume, il faut que d'eux - mêmes ils se choisissent le joug qu'ils veulent subir; depuis que vous êtes ici, vous avez dû être informés de cette loi souveraine ; & puisque vous n'y avez pas satisfait, vous allez recevoir par néceffité les fers que vous vous feriez donnés par choix.

Alors elles tinrent confeil entr'elles, & nous marquèrent les différentes perfonnes à qui nous devions appartenir : pour moi, grâces à l'extérieur avantageux dont je m'étois paré, je fus confifqué au profit de la reine. Je leur demandai pour unique grâce, avant que nous fuffions conduits aux lieux où l'on tient les efclaves, de me laiffer parler en particulier à mes compagnons ; elles me le permirent. Je les embraffai tous, & leur dis que je ne leur refuferois jamais mon fecours : que fouvent je me rendrois auprès d'eux, & qu'ils devoient tout attendre de mon pouvoir. Ce difcours leur fit confidérer fans effroi l'efclavage dans lequel ils venoient de tomber ; & après m'avoir témoigné leur reconnoiffance, nous nous féparâmes pour nous rendre à notre deftination.

J'e fus mené au palais où les captifs de la reine étoient retenus : je mourois d'impatience de voir cette princeffe : elle avoit autant d'efclaves qu'il y a d'heures dans l'année : ils étoient habillés galamment, & on les inftruifoit à former des jeux & des danfes pour l'amufer. Il ne fe paffoit point de jour qu'elle ne vînt les vifiter; ils avoient chacun une petite habitation féparée où ils trouvoient toutes les commodités de la vie; & lorfque la reine venoit les voir , on les difperfoit dans de grandes galeries , où cha- cun à l'envi cherchoit les différens moyens de lui plaire.

Les uns, quand elle paffoit , baifoient leurs chaînes ; les autres les portoient fur leurs têtes en forme d'une couronne; celui-ci , dans une chanfon , à l'imitation des Grecs , élevoit fon efclavage au-deffus du fceptre de tous les rois du monde. Celui-là revêtu des attributs du génie qui préfide fur les cœurs , offroit aux pieds de la reine ces traits & ces feux qui font naître la tendreffe. On voyoit d'un côté une troupe de ces captifs qui, par des fons , des geftes & des danfes, dé- ploroient les momens où ils étoient privés de fa préfence. On en voyoit d'autres qui peignoient de la même façon la félicité de ceux d'entr'eux qui devenoient l'objet des bontés de la reine; car elle venoit s'amu- fer chaque jour de leurs jeux, qui étoient toujours nouveaux , & chaque jour fon choix fe déterminoit pour un de fes efcla- ves. Elle lui préfentoit fa main à baifer : alors on le délivroit de fes chaînes , on l'or-

noit de guirlandes de fleurs, on le couron-
noit de mirthe, & il donnoit la main à la
reine & la conduisoit dans un temple où
l'on révéroit la déité qui préside aux amusemens. C'est ainsi que les femmes de cette
isle avoient nommé Vénus, reconnue dans
tout le reste du monde pour la fée des plaisirs ; & le sacrifice achevé, l'esclave préféré rentroit dans ses chaînes, & n'étoit
pas traité avec plus de distinction que les
autres.

A peine fus-je revêtu de l'habit des esclaves, que je fus conduit dans les galeries où
la reine étoit attendue. Je vis naître l'émulation entre tous mes compagnons pour chercher les moyens de plaire à cette princesse:
je crus que pour y parvenir moi-même je
devois prendre une route opposée ; & que
mes hommages confondus avec les leurs
me laisseroient moins distinguer d'elle, qu'en
affectant du dépit d'être dans ses chaînes.
J'avois pris soin d'emprunter à ces trois puis-
santes fées, que l'on nomme les Graces,
tout ce qu'elles offrent de plus vif & de plus
séducteur à l'amour même.

Lorsque la reine parut je vis les soins &
les empressemens redoubler. Qu'elle étoit
digne de ces transports ! Jamais la nature ne
forma

forma rien de si beau : il régnoit dans ses
traits & dans ses actions quelque chose de
touchant qui entraînoit les ames vers elle.
Moi seul, au milieu de cette troupe attentive, je m'offris à ses regards avec un air
indifférent ; je paroissois honteux de mes
fers, & l'on voyoit la tristesse régner sur
mon visage. La reine parut surprise de la
contenance de son nouvel esclave, qu'on lui
montra d'abord ; elle loua les agrémens de
ma personne, & se plaignit du chagrin dans
lequel je paroissois plongé.

Pourquoi ces marques de douleur, me
dit-elle, le sort que tu partages avec tant
d'autres hommes charmés de leur servitude
doit-il te coûter des larmes ? Madame, lui
répondis - je, si l'esclavage pouvoit être un
bien, ce seroit auprès de vous qu'il auroit
des charmes ; il me semble même que je le
trouverois aimable si j'avois choisi moi-même les fers qu'on m'impose par nécessité
j'ignorois que par les loix de votre empire,
dès que l'on y a séjourné quelque temps,
on doit aller au-devant de l'esclavage, afin
de n'y être point entraîné malgré soi: ainsi,
madame, ce n'est point le crime de mon
cœur, c'est celui de mon ignorance qui m'a
fait tomber dans vos fers :ordonnez que ma

liberté me foit rendue, & j'en ferai un crifice volontaire à celle de vos dames vers laquelle mon penchant me portera davantage. Ce penchant, répondit la reine, peut-il t'offrir une fituation plus belle que la tienne? que peut-il t'arriver de plus heureux que d'appartenir à celle qui domine dans cet empire? Mais, ajouta-t-elle avec fierté, tu m'es affez indifférent pour que je t'accorde la grâce que tu me demandes. A ces mots elle s'éloigna, & ne voulut point voir ce jour-là les jeux qui régnoient dans le palais des captifs. Elle ne choifit aucuns de fes efclaves, & s'en retourna dans fon féjour ordinaire.

Je fus charmé de cette prompte retraite, & de ce qu'elle n'avoit préféré aucun de fes efclaves: c'eût été pour moi le coup le plus cruel. Je commençois à me fentir pour elle le goût le plus tendre. Je me flattai que le foin qu'elle avoit pris de me dire que je lui étois indifférent, étoit une preuve du contraire; & c'étoit fans-doute le dépit que j'avois marqué d'être dans fes fers, qui lui avoit donné des difpofitions avantageufes pour moi: car c'eft fouvent en bleffant la vanité d'une femme qu'on parvient à fe faire aimer d'elle.

J'attendois avec impatience le jour où la reine devoit me rendre la liberté, que je devois reprendre dans le moment. Elle m'envoya chercher le lendemain ; elle se trouva elle-même au sénat : elle étoit assise sur un trône superbement décoré, & elle étoit parée de tous les ajustemens qui pouvoient ajouter à sa beauté. Toutes les dames de sa cour étoient également dispersées aux deux côtés du trône sur des estrades.

La reine fit signe qu'on m'ôtât mes fers : te voilà libre, dit-elle, considère toutes ces personnes charmantes qui forment ma cour ; prends ces fers qui sont au pied de mon trône, & les porte aux genoux de celle que ton penchant te fera choisir. J'obéis après avoir réfléchi quelque temps, & ramassant les chaînes qu'on venoit de me destiner, j'allai vers la dame favorite de la reine ; cette princesse qui crut que je voulois me rendre son esclave, laissa voir un trouble extrême. Je m'approchai tout-à-fait de la favorite ; vous, madame, lui dis-je, à qui la reine n'a jamais rien refusé, daignez vous joindre à mon zèle ; peut-être ne suis-je plus digne de rentrer dans ses fers après avoir voulu les rompre ; mais je ne regrettois ma liberté que parce que je n'avois pu lui en faire un sacrifice volontaire ; engagez cette charmante princesse à recevoir le nouvel hommage que mon cœur veut lui rendre.

Alors la dame favorite se leva & me conduisit au pied du trône, où je me prosternai. La reine qui jusques - là n'avoit pu cacher l'inquiétude dont elle étoit agitée , parut avec des mouvemens de joie qui se peignirent sur son visage ; elle me mit elle-même dans les fers que je lui présentois ; j'osai baiser cent fois la main chérie qui me rendoit esclave, & je crus voir dans ses yeux un trouble qui sembloit approuver mes transports. La reine fit signe qu'on me remenât au palais des captifs : je m'y rendis avec précipitation , flatté de l'espoir qu'au moment qu'elle y viendroit je serois l'esclave préféré.

Cette princesse y arriva presqu'aussitôt que moi. Dès qu'elle entra dans la galerie où j'étois , je me sentis naître ce trouble si tendre que la présence de l'objet aimé inspire ; & tandis que les autres esclaves se livroient à leurs jeux ordinaires, j'avois les yeux fixés sur elle, & je ne pus m'occuper qu'à la regarder.

Lorsqu'elle fut proche de l'endroit où j'é-

tois, elle fit figne à un de fes efclaves de
s'approcher ; elle lui tendit la main : je crus
que c'étoit lui dont elle alloit faire choix ,
je fus frappé de la plus vive douleur : je fis
un grand cri qui remplit tout le palais. La
reine ne fit pas femblant de l'entendre , &
l'efclave s'étant approché d'elle , elle lui donna fon fceptre : portez - le à mon nouvel
efclave , dit-elle , & qu'il vienne me le remettre : je le reçus d'une main tremblante ;
& courant me profterner aux genoux de la
reine , je les tins longtemps embraffés : elle
me préfenta fa main ; je la baifai avec tout
l'empreffement d'un homme parfaitement
amoureux ; il fallut m'en arracher pour aller
me revêtir des ornemens dont je devois
être paré pour conduire la reine au temple
des amufemens. Elle me ceignit elle-même
les guirlandes de fleurs , & me pofa la couronne de mirthe fur la tête : je lui donnai
la main pour aller vers le temple ; mais
comme nous étions prêts d'y entrer , les
portes fe fermèrent avec violence , & nous
entendîmes une voix formidable qui prononça ces mots :

De ce feu , qui des cœurs fait les chères délices ,
On connoît mal le prix dans cette cour ,

Qu'ici l'on n'ose plus offrir de sacrifices,
Si l'on n'est conduit par l'amour.

Quoi, dit la reine, l'amour, ce dangereux génie, veut-il donner des loix dans mon
empire? On dit que tous les peuples du
monde lui sont assujettis, mais nous ne regardons ici ses droits & ses plaisirs que comme des amusemens: c'est le nom que nous
avons donné au temple où nous allons rendre à sa mère des hommages où notre cœur
n'a point de part; nous sommes accoutu-
mées à le conserver dans une indépendance
que rien n'altère : mais quels sont, ajouta-
t-elle, les mouvemens que l'amour exige de
nous ? Ah, que vous me les avez bien fait
connoître, lui dis-je, & que je suis à plaindre, si vous les ignorez vous-même ! Cette
douleur que j'ai ressentie quand j'ai cru tantôt que vous alliez choisir un autre esclave
que moi: la joie qui y a succédé quand votre main s'est offerte à ma bouche..... Quoi,
dit la reine en m'interrompant, sont-ce là
les marques du pouvoir que l'amour a sur
nous ? Hélas, il n'a plus lieu d'accuser mon
cœur ! ces inquiétudes, cette joie que vous
venez de me peindre, & que je ne con-
noissois pas encore, ne m'ont que trop oc-

cupée depuis l'inſtant que je vous ai vu, je
vous ai ſouhaité ces mêmes mouvemens qui
m'entraînoient malgré moi ; je reſſens un
plaiſir extrême à connoître que vous les par-
tagez : allons, l'entrée du temple nous doit
être permiſe, & ce génie qui a ſu ſi bien
s'inſinuer dans mon cœur, n'exigeoit plus
apparemment que l'aveu de ma bouche :
alors les portes du temple s'ouvrirent ; nous
y entrâmes la reine & moi, & proſternés
au pied des autels, nous bénîmes cent fois
le génie dont nous reſſentions la puiſſance.
La reine ordonna que toutes les dames de
ſa cour vinſſent au temple pour y abjurer
cette indépendance de cœur qu'elles avoient
trop longtemps chérie. Elles s'y rendirent
bientôt ; là, chacune fit éclater ſon zèle,
& offrit mille vœux au génie pour ſe le
rendre propice ; & l'on chanta trois fois à
ſa louange cette hymne que j'avois com-
poſée.

Souverain des mortels, redoutable génie ;
Toi qui ſur l'univers a des droits ſi puiſſans ;
Tu formes dans nos cœurs une douce harmonie,
  Reçois celle de nos accens.

Que toujours dans ton temple un légitime
 encens ,

Te foit de nos refpects une image conftante ;
A chaque inftant du jour fais couler dans
　　nos fens
　　　　Ce feu fi beau qui les enchante.

Que toujours de tes loix notre ame dépen-
　　dante,
Te faffe d'elle-même un hommage ingénu,
Venge - toi fur nos cœurs par ton ardeur
　　charmante,
　　　　Du temps qu'ils ne l'ont pas connu.

　　De tes droits fouverains un cœur bien
　　　　prévenu,
Ne connoît point d'effort qui jamais l'intimide,
Par l'horreur des périls il n'eft point retenu
　　　　Dès que ta lumière le guide.

Lorfque l'obfcure nuit fur la terre préfide,
Ce trop fidèle amant (1), par des feux
　　enflammé
Méprife le danger, fend la plaine liquide
　　　　Pour voir les yeux qui l'ont charmé.

Déjà ce jeune époux (2), froid, pâle,
　　inanimé,
Voyoit les triftes bords du ténébreux empire ;

───────────────

(1) Léandre.　　　　(2) Admette.

Pour épargner les jours de cet objet aimé,
Son épouse fidèle expire.

En vain ce jeune (1) coeur que la sagesse
inspire ,
Voudroit se dérober à tes emportemens ;
A couvert sous l'égide , il te cède , il soupire ;
Et brûle pour des yeux charmans.

Absente d'un époux pendant plus de dix ans ,
Effet prodigieux de ta puissance extrême !
Une épouse (2) fidèle immole ses amans
A cet heureux époux qu'elle aime.

Quel pouvoir est égal à ton pouvoir suprême ,
O souverain génie ! ame de l'univers !
Malheureux un mortel qui , maître de soi-
même ,
Peut se dérober à tes fers.

Ces cérémonies achevées nous sortîmes
du temple en cortège. Je conduisis la reine
au palais des captifs. A peine y fus-je entré
que les femmes , à qui la garde des esclaves
étoit commise , voulurent me remettre mes
fers, non, dit la reine, ces marques d'une
honteuse servitude ne sont pas faites pour

---

(1) Télémaque.　　(2) Pénélope.

S v

un mortel que j'aime ; je ne veux l'affujettir que par le cœur. Elle ordonna auffi à toutes les dames de fa cour de choifir parmi leurs efclaves celui que leur cœur préféreroit , & de lui ôter fes chaînes : & lorfque les dames eurent fait leur choix , elle voulut que ces efclaves favoris ne demeuraffent plus au palais des captifs , & qu'ils ne quittaffent leurs dames qu'autant que les loix du génie qui préfide fur les cœurs permettent qu'on s'éloigne de ce qu'on aime.

Quel changement fubit dans ce royaume ! les dames qui avoient toujours traité avec mépris leurs captifs , menoient l'efclave favori en triomphe ; & pour fe conformer à la conduite de leur reine , on vit naître en elles une émulation dans les fentimens. Ce n'étoit que jeux , que fêtes galantes ; chacune fe faifoit une gloire de rendre parfaitement heureux celui qu'elle aimoit. La reine détermina deux jours de chaque femaine , où , dès que la nuit commenceroit à paroître , les dames l'une après l'autre affembleroient leurs amies & formeroient une fête où chacune auroit fon efclave favori. La reine la première fuivit cette loi qu'elle avoit établie ; elle raffembla les dames de fa cour , qui emmenèrent chacune leur efclave ; l'on paffa dans un pavillon bien illuminé.

Il étoit d'une figure octogone & formé par un nombre infini d'aventurines artiste-ment jointes l'une à l'autre. On voyoit au plafond une quantité d'efcarboucles difper-fées comme le font les étoiles dans le ciel, qui rendoient une lumière différente de celle du jour , mais cependant très-éclatante. Il parut fur un théâtre fort bien difpofé une dame d'une taille avantageufe ; fa robe étoit toute parfemée de diamans en forme d'étoi-les ; un voile qui formoit fa coëffure tom-boit jufqu'en bas , & laiffoit cependant voir fon vifage. Cette dame repréfentoit la Nuit : il parut à côté d'elle un jeune homme dont la chevelure étoit cachée par un des pans de fa robe, il repréfentoit Apollon : la Nuit lui adreffa ces paroles , qu'elle chanta en les accompagnant d'une fymphonie agréable.

LA NUIT.

Dieu puiffant dont tous les mortels
Reffentent le pouvoir fuprême,
Connoiffez mon empire & jugez par vous-
même ,
S'ils doivent comme à vous m'ériger des autels.

Quand fur la terre je préfide,
On voit régner les jeux, les fpectacles, l'amour,
Des plus charmans plaifirs le myftère eft le
    guide,
    Et bien fouvent le grand jour
    Les trahit, ou les intimide.

APOLLON.

Lorfque je vais chercher le calme fous les eaux,
Je croyois que la Nuit par fes dons favorables,
N'accordoit aux mortels qu'un paifible repos,
Mais puifqu'elle offre encor des momens
    agréables
Je veux être témoin de ces plaifirs nouveaux.

LA NUIT.

    Je ne veux plus vous faire attendre,
Amans qui pour goûter les inftans précieux,
    De vous voir ou de vous entendre
N'afpirez qu'au moment où j'obfcurcis les
    cieux,
    Je ne veux plus vous faire attendre.

Le théâtre repréfenta alors une campagne agréable : on voyoit dans l'enfoncement
un château flanqué de plufieurs tours extrêmement élevées, & environné d'un vafte

foſſé. Apollon & la Nuit ſe retirèrent au coin du théâtre , & il parut un acteur qui chanta les paroles ſuivantes.

Errant dans cette plaine,
Sur la cime de cette tour
Juſqu'où la voix s'élève à peine ;
J'apperçois Cloris chaque jour.
L'amour, le tendre amour , malgré cette
diſtance
A bien ſu rapprocher nos coeurs ,
Mais, hélas ! combien de malheurs ;
Ont troublé notre intelligence !
De ſes cruels parens l'injuſte prévoyance ,
M'ôte un heureux accès dans ce fatal ſejour.
Mais par ces mots tracés , Cloris a ſu m'ap-
prendre
Que dès que l'ombre obſcure aura chaſſé le
jour ,
Dans ce bois ſolitaire elle eſpère ſe rendre.
Paye-toi ſur mon coeur de ce que je te dois.
Amour, ah ! que mon bonheur eſt extrême !
Je vais pour la première fois
Voir le charmant objet que j'aime :
Mais , Dieux ! le ſort fatal va-t-il trahir
mes voeux ?
Bientôt l'éclat du jour ſur nous va ſe répandre ;
Helas ! l'inſtant qui doit nous rendre
heureux

Se fait toujours trop attendre.
Mais j'apperçois Cloris, ah! volons sur ses pas.

C L O R I S.

Trop cher objet que je ne connois pas ;
Est-ce vous que je vois paroître ?
Oui, mon coeur sait vous reconnoître,
Par son trouble charmant, par ses transports
     secrets.

L'A M A N T.

La distance qui nous sépare
Ne nous a pas permis de distinguer nos traits ;
Et cet instant qu'amour dès longtems nous
     prépare,
Est la première fois que je vois vos attraits.
Depuis que dans vos fers un tendre amour
     m'engage,
     Mon coeur vous croyoit en partage
Des traits qui de Vénus blessoient les yeux
     jaloux.
Mais en voyant ces traits si charmans & si
     doux,
Je connois qu'il n'a pu se former une image
     Qui fût aussi belle que vous.

C L O R I S.

Depuis qu'en cette vaste plaine

Où mes regards vous atteignoient à peine,
L'amour vous a soumis mon coeur ;
Il est livré si bien à ses tendres alarmes ,
Que tous vos soins & tous vos charmes
Ne peuvent pas augmenter mon ardeur.

L'AMANT.

Que vous devez gémir de cette loi sévère ;
Qui vous gène à tous les instans ,
Trompez , trompez les soins d'une barbare
mère
Qui vous dérobe à vos beaux ans.

CLORIS.

Hélas ! quelle frayeur extrême
D'un si doux entretien vient troubler les appas ;
Je crois voir chaque instant ma mère sur
mes pas ;
Sans ses soupçons , sans sa rigueur
extrême ,
Peut-être aurois-je pu cacher que je vous aime.

L'AMANT.

Portez encor plus loin votre ressentiment.

La nuit qui s'étoit retirée au coin du théâtre dit à Apollon ;

Qu'un seul de vos rayons se découvre un
   moment,

     Avant que je cède à l'aurore,
     D'autres objets doivent flatter nos yeux.
Eloignons ces amans.

APOLLON.

    Non ; laissez-les encore.

Ici la Nuit découvrit un peu la chevelure d'Apollon, qui étoit cachée par un pan
de sa robe.

CLORIS.

Quoi, déjà la clarté se répand dans les cieux !

L'AMANT.

Que ne vous fixez-vous, instans délicieux
    Où l'on voit l'objet qu'on adore.

Ensemble.

   Amour, c'est toi seul que j'implore ;
Tu causes nos malheurs, tu dois les réparer.

CLORIS.

Quel cruel désespoir !

L' A M A N T.

Quel tourment me dévore!

Enfemble.

Hélas ! il faut nous féparer.

L a N u i t.

Amans, c'en eſt aſſez; & vous, aimables ſonges,
Raſſemblez-vous de mille endroits divers,
Etalez à nos yeux les différens menſonges
Dont vous abuſez l'univers.

Le théâtre alors repréſenta le palais du Sommeil, où les Songes entrèrent en foule.

C h œ u r s d e S o n g e s.

Vous nous devez, foibles mortels,
Sur tous les autres Dieux élever des autels.
Nous diſpoſons au gré de notre envie,
Malgré le ſort, malgré ſes décrets éternels,
De la moitié de votre vie.

U n S o n g e a g r é a b l e.

Quelquefois du mortel le plus diſgracieux
Je fais un Adonis à qui tout rend les armes.

UN SONGE FUNESTE.

Je force deux aimables yeux
A pleurer tristement la perte de leurs charmes.

UN SONGE AGRÉABLE.

Une jeune beauté par mes enchantemens,
De son fâcheux époux croit se voir délivrée.

UN SONGE FUNESTE.

Je rappelle un époux du fond des monumens,
Pour l'offrir aux regards de sa femme éplorée.

UN SONGE AGRÉABLE.

J'accorde aux tendres coeurs le bonheur le
      plus doux,
S'ils n'ont pu l'obtenir par leur constance
      extrême.

UN SONGE FUNESTE.

Je livre un tendre coeur, chéri de ce qu'il aime,
      A l'horreur des transports jaloux.

UN SONGE AGRÉABLE.

J'enchante deux amans affligés par l'absence,

En les réunissant dans le sein des plaisirs.

UN SONGE FUNESTE.

Je sais troubler l'intelligence
De deux coeurs qui sont bien unis.

UN SONGE AGRÉABLE.

Corine etoit inébranlable ,
Rien n'adoucissoit sa rigueur ;
En vain l'amant le plus aimable
Espéroit engager son coeur.
Mais une nuit , par un songe saisie ,
Qui d'amour lui peignit les traits ,
Corine s'éveille & s'écrie ,
Dieux ! que ne puis-je ainsi songer toute ma vie !
Un seul songe fit plus qu'Amour & tous ses
traits.

UN AUTRE SONGE AGRÉABLE.

Vulcain , une nuit en dormant ,
Vit Vénus farouche & cruelle ,
Qui rebutoit le tendre empressement
De Mars & d'Adonis qu'Amour blessoit
pour elle.
O Songe bienheureux dont il fut abusé !
Sans vous eût-il jamais pensé
Que sa femme lui fût fidèle.

Les Songes furent interrompus par une des Heures qui parut fur le théâtre, & qui dit à la Nuit.

Vos voiles trop long-tems ont obfcurci les
cieux.
Déja le char du Dieu qui répand la lumière,
Devroit s'être élevé du vafte fein des mers.

APOLLON.

Allez, allez, je vais commencer ma carrière,
Qu'en attendant, l'aurore amufe l'univers.
O nuit que vous étes aimable !
Vous raffemblez les plaifirs & les jeux,
On doit fouvent préférer à mes feux
Votre obfcurité favorable.
Lorfqu'infpiré par le plus tendre amour;
Je pourfuivois Daphné qui fuyoit dans la
plaine,
Peut-être, hélas que l'inhumaine,
Ne vouloit fuir que le grand jour.

Ces jeux étant ceffés, on paffa dans un fallon où l'on trouva un feftin préparé; & la reine m'ayant placé près de fa perfonne, on mangea des mets délicats qui furent fervis avec arrangement, les plus excellens vins de la Grèce ne furent point épargnés,

& la joie qui régnoit fur les vifages & dans les cœurs acheva d'embellir cette fête.

Le génie de la tendreffe qui y préfidoit, y fit toujours reffentir fa préfence. La reine, afin qu'on ne fût occupé que de lui, difpenfa les dames des attentions contraignantes qu'on devoit à fon rang, & elle ne voulut avoir d'autre avantage fur elles que celui d'aimer plus tendrement fon efclave.

Sur la fin du feftin je pris une lyre, & je chantai les amours de Cupidon & de Pfiché; je peignis la curiofité fatale que cette amante avoit expiée par tant de malheurs, je n'oubliai pas fon voyage aux enfers: je chantai auffi fa félicité, lorfque la jaloufie de Venus étant ceffée, elle fe vit l'époufe du Dieu qui fait aimer, Jupiter l'ayant rendue immortelle. Le feftin fini, chacun fe difperfa dans les appartemens, & le refte de la nuit fut employé à célébrer la puiffance du génie.

Que mon deftin alors fut aimable! Je voyois fans ceffe cette reine qui m'étoit infiniment chère, & qui paroiffoit oublier tout pour moi. Je n'étois occupé que d'elle, je négligeois tous les fecrets de mon art; je n'en connoiffois point de plus doux que de plaire à la perfonne aimée; mais ce bon-

heur fi pur ne dura pas long-temps. Il en
eft des mouvemens de l'amour comme de
toutes les chofes de la vie qui ne font jamais fi près de leur terme , que lorfqu'elles
ont atteint une certaine perfection. Trop de
foins de me conferver le cœur de la reine
me le fit perdre ; je n'avois d'objet qu'elle ;
& quoique je fuffe fervi chaque jour par
des femmes , toutes plus belles les unes que
les autres , pas une ne m'infpira le plus léger
penchant à l'infidélité ; & jamais la reine
qui me faifoit obferver par des perfonnes
de confiance , n'eut lieu de fe plaindre un
moment de moi. Hélas ! la certitude d'être
aimée n'eft pas ce qui rend une femme
fidèle. Cette princeffe perfuadée que rien
ne pouvoit lui ôter mon cœur, commença
à le moins chérir ; elle avoit oublié jufques-là tout ce qui pouvoit nous féparer un
moment. Notre feule préfence nous tenoit
lieu de tous les autres plaifirs du monde :
mais je m'apperçus chaque jour qu'elle
n'avoit plus ce vif empreffement qu'infpire
l'amour extrême ; elle cherchoit fouvent
des prétextes pour me quitter. J'aurois
pu , par la force de mon art , découvrir ce qui l'éloignoit de moi , mais je crai-
gnois de pénétrer des vérités fatales à ma

tendreffe, & j'aimois mieux m'en tenir à l'incertitude.

Un jour qu'elle m'avoit laiffé feul, je pris le parti d'aller me plaindre au génie qui préfide fur les cœurs du changement que je trouvois dans cette princeffe. Que vous êtes un cruel génie, lui dis-je, pourquoi rendez vous la reine infidèle? lui ai-je donné lieu de le devenir; depuis l'inftant où je l'aime, mon cœur & mes foins fe font-ils défavoués un moment? C'eft-là ce qui vous perd, me répondit le génie, trop de fidélité dans un amant jette dans le cœur des femmes une certaine langueur qui les conduit bientôt à l'indifférence ; on les attache mieux par des travers. L'amour propre dans une femme eft fouvent plus fort que celui que j'infpire, & lorfque ce même amour propre n'a plus rien à fouhaiter dans un objet, il en cherche un autre qui lui laiffe quelque chofe à défirer. Mais apprenez, ajouta-t-il, tout votre malheur. Votre reine vous eft tout-à-fait infidèle ; elle eft dans cet inftant au même palais des captifs, où elle vous facrifie à un de fes efclaves. Ah ! de quel coup venez-vous de me frapper ; lui dis-je, que ne me laiffiez-vous ignorer l'excès de ma difgrâce; c'eft ne la reffentir qu'à demi d'en douter encore. Ne vous plaignez pas , dit le genie ; ceux à qui je découvre leur fituation telle qu'elle eft , ne font pas les plus à plaindre ; mais je veux bien me juftifier avec vous du changement de votre reine. C'eft une injuftice que d'imputer à l'amour les infidélités qui régnent dans le monde ; non , je n'en fuis pas coupable , les traits dont je frappe les cœurs leur infpirent ce penchant qu'on appelle tendreffe , mais ce penchant n'eft pas fixé à un feul objet ; d'autres ont droit de fe l'attirer , ce font les occafions, les événemens , & fouvent dans les femmes le caprice qui les détermine. Mais , puiffant génie , lui répliquai-je , ne pouvez-vous au moins faire ceffer l'infidélité , lorfque la reine voudra me préferer un de fes captifs ; faites qu'il paroiffe fi difforme à fes yeux , qu'il lui infpire d'abord de l'antipathie. Si je défigurois, répondit-il , toutes les perfonnes qui font des infidèles , ou qui le deviennent elles-mêmes ; on ne verroit que des monftres dans l'univers. Croyez-moi , ne cherchez plus qu'à oublier cette princeffe qui vous facrifie ; votre vengeance la plus fûre eft d'imiter fon exemple.

Je remerciai le génie des confeils qu'il
venoit

venoit de me donner, & je le quittai; mais
je n'eus pas la force de les suivre. Je retournai avec précipitation vers cette reine
infidèle; je la trouvai de retour du palais
des captifs; je lui fis les reproches les plus
tendres; elle y répondit avec froideur, &
me dit seulement que mes soupçons n'étoient
pas fondés, & que je n'avois rien à lui reprocher. Cette façon de se justifier m'accabla de désespoir, & confirma ce que le
génie m'avoit appris. Effectivement la reine
retourna dès le lendemain au palais des
captifs. Je me doutai de cette démarche,
j'y arrivai plutôt qu'elle, & ayant tracé
quelques figures sur la porte de ce palais,
tous les esclaves disparurent. La reine fut
dans une surprise extrême de le trouver
désert, & son étonnement augmenta bien
encore, lorsqu'elle apprit que tous les esclaves, qui étoient dans le reste de son
royaume, avoient aussi disparus; & qu'on
m'avoit vainement cherché dans tous ses
états. La reine, à cette nouvelle, entra
dans une fureur extrême; j'eus le plaisir
de jouir de son désespoir, car je ne la
quittois point, & je m'étois seulement
rendu invisible; mais ce qui me perça le
cœur jusqu'au fond de l'ame, ce fut

de connoître dans ſes emportemens que je
n'avois qu'une légère part au regret qu'elle
avoit à la perte de ſes eſclaves ; c'eſt ce
qui me détermina à la laiſſer plus long-
temps dans le trouble où je l'avois miſe.

D'abord, elle donna ordre qu'on mît à
la voile tous les vaiſſeaux qui étoient dans
ſes ports, & qu'on enlevât ſur toutes les
côtes de l'Aſie aſſez d'eſclaves pour repeu-
pler ſon palais. A l'inſtant les femmes deſtinées pour la guerre ſe partagèrent dans
les vaiſſeaux, & firent voile. Elles étoient
toutes animées d'une fureur extrême ; elles
avoient la cauſe publique à venger, &
jamais elles ne la prirent tant à cœur. La
reine, cependant, étoit d'une impatience
extrême de revoir ſes navires chargés de
mille eſclaves différens, qui puſſent lui tenir lieu de ceux qu'elle avoit perdus. Je la
ſuivois ſans-ceſſe ſans être apperçu d'elle.
Combien de fois fus-je prêt d'aller me
découvrir à ſes genoux, & lui rendre ſes
captifs ; mais le ſouvenir de ſon infidélité
me retenoit toujours ; & ſans doute avec
le temps j'aurois trouvé dans chacun d'eux
un rival préféré.

On entendit un jour des cris de joie ſur

le port ; c'étoit un des bâtimens qui venoit
d'y rentrer. La reine s'y transporta avec
précipitation : Victoire, victoire, s'écria la
dame qui le commandoit, (en appercevant la reine) j'amène à votre majesté les
plus beaux esclaves de l'Asie. Alors on
jeta un pont de communication pour les
débarquer ; mais au lieu de ces hommes si
beaux, si bien formés qu'on lui avoit vantés, elle ne trouva que des mirmidons,
tels qu'on les voit naître sous la zone glaciale. Ils étoient si foibles & si languis-
sans, qu'à peine avoient-ils la force de marcher, & ils étoient tous d'une figure difforme & dégoûtante. La reine s'emporta
avec violence contre les femmes de ce navire, qui étoient toutes restées immobiles
à l'aspect de ces esclaves, & qui lui jurèrent que dans l'instant qu'elles les avoient
enlevés sur la côte de Surate, c'étoit des
hommes bien faits. La reine fut obligée de
les croire, & elle se consola dans l'attente
des autres vaisseaux qu'elle avoit envoyés
en course. Elle ordonna qu'en attendant
on mît ces chétifs esclaves dans le palais
qui étoit devenu désert : mais son dépit
augmenta cruellement, lorsqu'elle vit un
temps considérable s'écouler sans avo au-

cune nouvelle de ſes pirates ; il fallut bien prendre patience. Elle alloit même quelquefois pour égayer ſa douleur au palais de ſes magots d'eſclaves , & à force de parures & d'ornémens , elle tâchoit de réparer dans celui dont elle faiſoit choix , la difformité de ſa perſonne. Cette conduite me détermina à m'éloigner d'elle , & réflexions faites , je jugeai que le premier pas pour me conduire à l'oublier , devoit être de ne plus lui donner de marques de mon dépit.

Un jour qu'elle étoit au palais des captifs, en donnant ſa main à baiſer à un de ces mirmidons dont elle faiſoit choix, elle le vit tout d'un coup ſe transformer en une autre perſonne , & ce fut moi qui parus à ſes yeux. Ne craignez point de me reconnoître , lui dis-je , madame , je ne veux plus me venger des peines que m'a coûté votre infidélité ; j'eſpère être bientôt aſſez maître de mon cœur pour vous la pardonner tout-à-fait. Je viens vous demander des pardons infinis des inquiétudes que je vous ai cauſées ; je reconnois mon erreur ; doit-on faire un crime à la perſonne aimée de ne plus nous trouver aimable ? Non ſans doute ; & c'eſt à elle à

nous faire des reproches, lorſque nous ceſ-
ſons de lui plaire; elle peut nous demander raiſon de la perte de cet amant qui
ſavoit ſi bien la charmer, & qu'elle ne
retrouve plus; mais, madame, vous m'avez
bien fait expier l'offenſe que je vous ai faite
en ceſſant de vous plaire; & je veux encore, pour m'acquitter tout-à-fait avec vous,
vous rendre vos eſclaves que j'avois fait
diſparoître. J'effaçai alors les caractères que
j'avois tracés ſur les portes du palais, &
ils reparurent tous. J'exigeai ſeulement de
la reine que ceux qui étoient venus avec
moi dans ſes états, euſſent leur liberté
s'ils la demandoient. Elle leur accorda cette
grâce, & leur donna un navire pour les
porter où ils voudroient aller, donnant à
chacun des richeſſes immenſes. Elle voulut eſſayer de me retenir auprès de ſa perſonne : non, lui dis-je, madame, il faut
que je vous quitte, quand même cette tendre intelligence qui étoit entre nous pourroit renaître; elle m'offriroit bien moins
de charmes, en me faiſant ſouvenir qu'elle
auroit pû ceſſer.

La reine me voyant déterminé à partir,
m'offrit un de ſes vaiſſeaux; je l'acceptai,
& la priai de me conduire juſqu'au port.

Quand nous y fûmes arrivés, vous allez connoître, lui dis-je, madame, quel eſt l'amant que vous perdez ; alors je montai ſur le bâtiment qui fut transformé tout-à-coup en un éléphant qui avoit des aîles, & qui traverſant les airs avec rapidité, me déroba bientôt à ſes yeux.

Ce fut dans mon palais que j'allai chercher une ſeconde fois un aſyle contre l'amour. Là, je me formois chaque jour des ſoins différens, pour éloigner de moi le déſir de m'expoſer encore aux caprices d'une maîtreſſe. Je rentrai en commerce avec les autres génies, afin de n'en avoir plus avec celui qui tyranniſe nos cœurs. Je contribuois comme eux aux différentes révolutions qui arrivoient dans l'univers ; mais je ne voulus jamais avoir part à celles qui étoient favorables aux mortels.

J'accordai dans ce temps-là mon ſecours à un prince de l'Aſie, qui éprouvoit les diſgrâces les plus cruelles ; & voici comment je m'intéreſſai à ſon ſort. J'allai un jour me promener dans une petite isle qui eſt proche de la côte de Malabar, je fus charmé de ſa ſituation, & de l'air pur qu'on y reſpiroit. On y voyoit une plaine aſſez étendue, ſemée en différens endroits de peupliers & d'autres arbres, au pied desquels couloient des ruisseaux qui se perdoient quelquefois à la vue, & reparoissoient dans plusieurs éloignemens. Il y avoit dans une extrémité de cette plaine, une colline d'où l'on appercevoit la mer, quelquefois paisible, & quelquefois menaçant cette isle par un bruit effroyable & par des flots élevés, sous lesquels elle sembloit vouloir l'ensevelir. J'apperçus au pied de cette colline un homme qui rêvoit profondément; il régnoit un air de majesté dans sa personne, quoiqu'une tristesse extrême fût peinte sur son visage & dans ses actions. Il poussoit à tous momens de profonds soupirs; je l'abordai. Est-il possible, lui dis-je, qu'un séjour si beau puisse être habité par quelqu'un qui paroisse en goûter si peu les charmes; il faut que la cause de votre douleur soit bien grande, puisqu'elle peut tenir contre des objets si propres à vous en distraire. Je suis le plus malheureux de tous les mortels, me répondit-il, les circonstances qui m'ont amené dans cette isle ne servent qu'à m'en rendre les beautés plus insupportables; un désert affreux, où je ne verrois que des roches arides, conviendroit mieux à ma situation. Daignez me confier vos difgrâces, lui dis-je, par quelque puiffance qu'elles foient caufées, je pourrai en arrêter le cours. Hélas! dit-il, fi le comble des malheurs doit en être le terme, je touche fáns doute à la fin de ma misère; je veux bien vous conter l'hiftoire de ma vie, & quoique ce foit aigrir mon défefpoir, que de me rappeler ces images cruelles, heureux fi la pitié, que vous ne pourrez me refufer, m'attire le fecours que vous venez de me promettre.

HISTOIRE

Du prince Amadan.

IL n'eft pas que vous n'ayez entendu parler de la mort du Mogol, cet événement, qui a tant caufé de révolutions dans fes états, eft encore trop récent, pour ne pas intéreffer toute l'Afie; je fuis l'aîné des trois fils que ce prince a laiffé.

La couronne, felon les loix de l'empire, paffa fur ma tête; mon fecond frère, avec qui j'avois toujours été tendrement uni, ne s'oppofa point à mes droits; mais le troisième en devint si jaloux, qu'il résolut de s'en établir, par la force, de plus puissans que les miens.

Il forma une armée considérable en peu de temps; & comme il avoit su cacher jusques-là ses desseins ambitieux, il vint me surprendre dans ma ville capitale, lorsque j'avois à peine rassemblé de quoi la défendre; il m'assiégea dans cette place, & supérieur par l'avantage du nombre, malgré toute la résistance que je pus faire, il l'emporta d'assaut & me fit son prisonnier.

La seule ambition n'étoit pas ce qui me le rendoit contraire, il avoit conçu dès l'enfance une inimitié extrême contre moi, quoique je ne me la fusse point attirée; & se trouvant alors maître de mon fort, il signala sa haine par sa cruauté la plus odieuse.

Pendant le règne de mon père, je devins éperdument amoureux d'une jeune Circassienne, appelée Carisime, & quoiqu'elle eût toutes les grâces qui rendent une femme aimable, les talens de son esprit, son bon caractère, & la tendresse qu'elle conçut pour moi, m'attachèrent encore plus à elle.

Lorsqu'on me la fit voir pour la première fois, charmé que je fus de sa beauté,

T v

je voulus connoître son cœur ; & pour y
réussir, & ne devoir qu'à moi-même le
penchant que je voulois lui inspirer, je
lui cachai mon rang, & au lieu de voir le
fils de l'empereur dans son amant, elle n'y
découvrit qu'un simple particulier qui l'aimoit avec une passion extrême.

Ma délicatesse eut un heureux succès.
Je parvins à lui faire ressentir cet amour si
tendre qu'elle m'avoit inspiré ; & pour éprouver sa constance, je lui fis proposer plusieurs fois d'être mise au sérail du fils de
l'empereur. On lui fit pressentir que les
talens dont elle étoit douée la rendroient
la favorite. Son cœur résista à ces espé-
rances, qui auroient séduit toutes les autres femmes de l'Asie ; un sacrifice qui me
fut d'autant plus cher, qu'elle ne voulut
pas même me le faire valoir : elle me le
cacha, & conserva pour moi une conduite
telle que l'homme le plus amoureux & le
plus délicat pouvoit le désirer.

J'allois passer auprès d'elle tous les momens dont je pouvois disposer. Là, dé-
barrassé de l'éclat du rang & des grandeurs,
je ressentois qu'il n'est point d'empire plus
doux que de régner sur le cœur de ce

L'empereur mon père mourut alors, &
me voyant maître de tant d'états & de
moi-même, je ne fongeai qu'à récompenfer la fidélité de ma chère Carifime; & lui
découvrant quel étoit fon amant, je la pla-
çai avec moi fur le trône. C'eft dans ces
inftans où je goûtois la douceur d'avoir
rendue heureufe une perfonne que j'aimois,
que ce frère cruel vint m'affiéger dans ma
ville capitale, & lorfqu'il l'eut prife, il me
frappa par un coup plus affreux que de m'ô-
ter la vie. Il fit charger de fers l'impératrice, & m'en ayant accablé moi-même,
il nous fit conduire tous deux dans une place
publique. Là, il ordonna à un de ces efclaves
de lui apporter la tête de cette princeffe.
Cet arrêt me fit pâlir d'horreur & d'effroi. J'allai me jeter à fes pieds, & lui
offrir ma vie pour épargner celle de ma
chère Carifime qui vint s'offrir elle-même,
& lui demander grâce pour moi : mais ce
tyran fut inexorable; ma douleur & les larmes d'une beauté fi digne de le fléchir ne
le rendirent que plus barbare. Il répéta l'ordre qu'il venoit de donner; j'en fus fi frappé, que j'en perdis l'ufage des fens. Je
tombai dans une léthargie dont on ne
me tira que pour m'apprendre la mort fu-

T vj.

nefte d'une perfonne qui m'étoit fi chère ;
& l'on me conduifit dans cette isle où vous
me trouvez.

Ce difcours achevé , ce prince fe mit à
répandre des larmes avec des fanglots &
des murmures , triftes reffources des malheureux. Je fus pénétré de fes difgrâces
jufqu'au fond du cœur , & je formai le
deffein de punir ce frère cruel qui l'avoit
traité fi indignement. Venez , lui dis-je ,
votre fort me touche , & vous allez bientôt être vengé. Alors je me tranfportai avec
lui à la cour du tyran , & je le couvris d'un
voile qui le rendoit invifible : nous trouvâmes ce frère odieux , environné de tous
fes courtifans : je le frappai d'un coup mortel , dont il expira bientôt à leurs yeux.

Auffitôt je leur découvris le prince Amadan. Voilà votre empereur, leur dis-je ;
c'eft par mon fecours qu'il fe trouve fur
le trône de fon père ; ne confervez la mémoire du tyran que pour la détefter , &
obéiffez à ce prince qui doit régner fur
vous : aimez-le , ou du moins craignez le
pouvoir d'un génie tel que moi, qui le pro-
tégera toujours.

A ces mots , chacun rendit hommage à
fon empereur. Les uns pouffoient des cris

de joie , & venoient embraſſer ſes genoux ;
les autres me rendoient 'grâces de la mort
du tyran. Enfin, ce prince remonta ſur le
trône de ſes ancêtres. Cependant une douleur mortelle étoit peinte ſur ſon viſage.
D'où vient cette triſteſſe , lui dis-je ? le
ſouvenir des cruautés de votre frère n'at-il pas dû être effacé par ſon ſang que vous
avez vu couler ? Non , me dit-il , puiſſant
génie , je ſens tout ce que je vous dois ;
je connois le prix d'une couronne que vous
me rendez , mais ce n'eſt pas aſſez pour
calmer mes alarmes.

Ce trône où j'avois placé une perſonne
qui m'étoit ſi chère , me rappelle ſans ceſſe
le ſouvenir de ſa mort , & cette perte fatale me ſera toujours plus ſenſible que tout
ce qui pourra m'arriver de favorable pendant le reſte de ma vie : mais, Dieux !
qu'apperçois-je , ajouta - t-il , en regardant
une dame qui s'approchoit du trône , ſoutenue ſur deux de ſes officiers ? Eſt-ce vous
que je vois , ma chère Cariſime ? A ces
mots , il courut au-devant d'elle , & par
les plus tendres embraſſemens , ils ſe tèmoignèrent l'un & l'autre tout ce que reſſentent deux amans qui ſe croient ſéparés
par la mort , & qui ſe retrouvent heureux

& fidéles. Un des officiers me cónta comment le tyran s'étoit contenté de faire pleurer à fon frère la mort de l'impératrice, fans lui avoir ôté la vie, & qu'il l'avoit feulement reléguée dans un endroit écarté du férail ; & que, pour prévenir les révolutions qu'il craignoit que fon autre frère ne caufât dans l'empire, il l'avoit fait périr miférablement.

Lorfqu'Amadan & Carifime furent revenus du faififfement que leur avoit caufé une félicité fi imprevue, ils voulurent fe jeter à mes pieds, pour me rendre grâces du bonheur dont ils jouiffoient. Non, leur dis-je, le plaifir que je reffens de vous avoir rendus heureux eft une récompenfe qui m'eft affez chère. Je leur promis de les revoir fouvent, & de les prótéger toujours ; & je m'en retournai enfuite dans mon palais.

Ce fut là que j'éprouvai encore le pouvoir de l'amour, malgré les réfolutions que j'avois formées de ne le plus reconnoître, il vint me trouver dans mon palais. Je fuis accablé de foins, me dit-il ; cètte grande ville que la Seine arrofe me donne feule tant d'occupations, qu'elle me fait fouvent négliger une partie de la terre. Accordez moi votre fecours dans une occafion qui m'intéreffe : allez fur les bords où la mer méditerranée forme un golfe confidérable , vous trouverez une ville fuperbe , dont toutes les rues font formées par des canaux. Dans une extrémité de cette ville eft un palais où réfide une fée que ces peuples appellent la Sageffe , là vous verrez une jeune perfonne qui a toutes les grâces de la beauté , elle s'appelle Zelmaïde ; à peine a-t-elle atteint fa quinzième année , elle va engager fon cœur fous les loix de cette fée que je viens de vous nommer ; mais je veux que ce foit les miennes qu'elle fubiffe. Allez , c'eft vous que je charge de lui faire connoître ma puiffance ; mille gens m'ont demandé cet emploi avec zèle ; n'en craignez point de fuites fâcheufes ; je vous fuis garant de tout ce qui pourra vous arriver.

Je n'ofai pas réfifter à ce puiffant génie , quoique je connuffe les extrêmités auxquelles il m'avoit déja porté : je volai vers ce palais qu'il m'avoit défigné. J'y reconnus d'abord cette jeune perfonne qu'il vouloit affujettir : je trouvai le moyen de m'introduire dans fon appartement , & enfin , je parvins à lui donner du dégoût pour le féjour où elle alloit paffer toute fa vie.

Je crus d'abord que je l'avois conduite à
la tendreſſe, ſans que mon cœur s'y fût
intéreſſé ; mais je connus bientôt que j'avois
été plus loin qu'elle, ou du moins que je
reſſentois moi-même tout le penchant que
je lui avois inſpiré.

Déjà le jour approchoit qu'elle devoit
aller au pied du trône de la fée, lui jurer
une fidélité inviolable ; mais pour prévenir
cet inſtant qui devoit la rendre eſclave pour
toute ſa vie, je convins avec elle que je
l'enlèverois auparavant. Le jour deſtiné
pour la cérémonie étant arrivé, on para
cette jeune victime pour la mener en triomphe à l'endroit où elle devoit être immo-
lée. Déja le miniſtre de la fée tenoit le
livre redoutable dans lequel elle alloit lire
ces caractères qui marquoient le terme de
ſa liberté ; lorſque je la dérobai tout-à-
coup aux yeux de l'aſſemblée, & la tranſportai dans mon palais.

Là, elle goûta avec une joye infinie la
différence d'une vie libre & riante, à celle
qu'elle avoit menée dans ce ſéjour où régnoit la contrainte. Nous n'avions plus pour
tiers que le tendre amour, & jamais deux
cœurs qu'il unit n'ont été plus agréablement
occupés l'un de l'autre.

Quelle égalité d'humeur, quelles attentions ne me trouvai-je pas dans ma nouvelle conquête ! Rien ne pouvoit lui ôter un inftant le fouvenir de la perfonne aimée ; elle donnoit tous fes momens aux foins qui pouvoient m'affurer de fon cœur : cette conduite me charmoit, & j'y répondois par la mienne.

Mais ma fatisfaction ne fut pas toujours auffi parfaite ; au bout de quelque temps je m'apperçus que les attentions continuelles de la jeune perfonne commençoient à me gêner. Je me fis des reproches de cette différence que je trouvois dans mon cœur ; je me rappelois les peines que j'avois fouffertes, lorfque la reine d'Achem m'avoit marqué du changement. Je prenois fur moi pour que Zelmaïde ne s'apperçût pas de cette révolution ; mais le cœur ne peut longtemps fe trahir, pour cacher ce qu'il reffent ; & d'ailleurs elle aimoit trop, pour ne pas s'appercevoir qu'elle étoit moins aimée. Elle me fit des reproches qui n'étoient que trop fondés ; cependant, ces mêmes reproches & mes remords ne firent que me donner plus d'éloignement pour elle ; je cherchois les occafions qui pouvoient m'en féparer.

Enfin, ne pouvant plus me contraindre, je lui dis un jour que j'allois dans une ville proche de mon palais, pour prêter des secours nécessaires à des personnes que je protégeois dès longtemps, & que je serois bientôt de retour.

Que je suis malheureuse, me dit-elle! Je n'ai connu que trop que votre cœur n'est plus le même pour moi : vous allez me quitter, & quelques jours d'absence suffiront pour me l'ôter tout-à-fait. Hélas! le premier objet qui va s'offrir à vos yeux me bannira même de votre souvenir. Vous sacrifierez le cœur le plus tendre & le plus fidèle à une personne peut-être indigne du vôtre, & qui ne vous aimera pas. Quel crime ai-je à me reprocher que de vous avoir trop aimé, & de vous aimer encore? Falloit-il me tirer du sein de ma patrie, pour me conduire dans un séjour où vous me rendez si malheureuse? Mais je ne vous demande point de me laisser retourner dans ma famille, quoique votre infidélité me cause un désespoir cruel : hélas! il me semble que ce seroit encore un plus grand malheur de ne vous pas voir! Demeurez du moins auprès de moi : la pitié ne peut-elle rien au défaut de la tendresse? Alors elle répandit un torrent de larmes, capables d'attendrir tout autre qu'un amant infidèle.

J'en fus touché ; mais cependant elles ne furent pas affez puiffantes pour me retenir. Je partis, lui promettant de la revoir bientôt.

A peine fus-je arrivé dans cette ville, où j'avois deffein d'aller, que j'éprouvai l'effet de la prédiction qu'elle m'avoit faite ; je devins amoureux d'une dame qui n'avoit pas, à beaucoup près, le mérite de celle que j'oubliois ; & pour furcroît de malheur, je ne pus jamais m'en faire aimer. Je ne négligeai rien ; le temps, les foins, les empreffemens, tout fut mis en ufage, & tout ne contribua qu'à me rendre plus amoureux & moins chéri.

Que j'expie bien, me difois-je à tous momens, l'infidélité que j'ai faite à la plus aimable perfonne du monde ! Enfin, rebuté de ne faire aucun progrès fur le cœur de cette nouvelle maîtreffe, je pris le parti de retourner auprès de celle que j'avois laiffée dans mon palais ; les peines qu'on m'avoit fait fouffrir m'avoient rendu plus fenfible à celles que je lui avois coûté ; j'allai la rejoindre, je la trouvai prefque mourante. La beauté de fes traits & fon humeur enjouée avoient fait place à la maigreur pâle , & à la sombre triſteſſe.

Je fus pénétré de l'état où je l'avois réduite ; mais ſentant bien que mon cœur ne pouvoit plus être occupé d'elle , je ne voulus point la tromper ; je lui avouai même le goût que j'avois pris pour une autre dame ; & comment j'en avois été puni. J'embraſſai cent fois ſes genoux , en lui demandant pardon de mon infidélité. Vous allez être témoin , lui dis-je , madame , de mon ſincère repentir ; je vais me mettre hors d'état de faire jamais d'infidélité , ni d'en éprouver moi-même. Je pris alors un breuvage ſi puiſſant , qu'il arriva tout-à-coup une révolution dans toute ma perſonne ; mon viſage vieillit , & reçut ces rides que l'âge avancé amène ; ma taille devint courbée , mes jambes s'affoiblirent , & toutes mes forces diminuèrent. Enfin je paſſai en un inſtant du brillant de la jeuneſſe , à la vieilleſſe peſante.

Ce changement ſe fit dans l'intérieur, comme au-dehors de ma perſonne : je ne ſentis plus en moi ces mouvemens vifs que donne le feu de l'âge ; cette tendreſſe que je venois d'éprouver ne m'offroit plus qu'une idée éloignée , qui ne touchoit preſque pas. Ne vous plaignez plus de moi, lui dis-je, avec une voix caffée & tremblante ; vous êtes caufe en partie de l'extrémité où je viens de me porter ; comme ce font les paffions qui ont caufé les difgrâces de ma vie, j'ai voulu paffer à cet âge qui les affoiblit fi fort, qu'elles ne peuvent plus nous tyrannifer. Zelmaïde fut frappée d'une furprife extrême. Elle recherchoit en moi cet amant qui lui étoit fi cher ; & quoique fes yeux ne le trouvaffent plus, fon cœur fe plaifoit à le lui repréfenter encore.

Je lui offris des richeffes immenfes, & de la tranfporter en un inftant dans le féjour qu'elle voudroit choifir ; elle refufa l'un & l'autre, & me demanda pour toute grâce de produire en elle le changement que j'avois caufé en moi. Je vous ai trop aimé, me dit-elle, pour ne pas m'attacher tout-à-fait à votre fort. Je lui obéis, & depuis ce temps-là nous avons vécu paifiblement enfemble, unis par une douce amitié.

Pour moi, le feul dégoût que j'ai éprouvé depuis, eft cette humeur chagrine prefque toujours inféparable de la vieilleffe ; ma plus forte paffion à préfent eft de conter mes aventures. Je paffe une partie du jour dans les campagnes, où je le ontrains toutes les femmes que je rencontre à écouter l'hiſtoire de ma vie , & j'offre à celles qui s'y portent avec quelque complaiſance , tous les ſecours que je puis tirer de mon art. J'ai lieu de me louer de la vôtre , ajouta-t-il , contez-moi à votre tour vos aventures , & vous pourrez tout attendre de ma reconnoiſſance.

La princeſſe Zéloïde , toujours occupée de ſes malheurs , fit part au vieux Génie de tout ce qui lui étoit arrivé depuis l'inſtant de ſa naiſſance. Il en fut touché : je ne peux rien à préſent pour vous , lui dit-il ; la fée qui vous protège eſt auſſi puiſſante que moi ; je puis ſeulement vous annoncer que la fin de vos diſgrâces s'approche ; & je ſerai le premier à vous féliciter lorſque vous ſerez heureuſe.

A ces mots le génie diſparut , & la princeſſe continua ſa route , en ſe rappelant ce qui venoit de lui arriver. Sa rêverie fut interrompue par un grand bruit qu'elle entendit fort proche d'elle ; elle apperçut un char dans lequel il y avoit trois figures animées , dont les dehors & les tons de voix étoient effroyables , & qui lui dirent de les venir joindre. La princeſſe d'abord voulut fuir , mais ſe reſſouvenant qu'elle ne devoit ſe

livrer qu'à ce qui lui faifoit horreur, elle
alla fans balancer fe placer au milieu des
trois monftres. A peine fut-elle entrée dans
leur char, qu'il fut emporté avec une rapidité extrême. Elle avoit les yeux baiffés,
& attendoit avec impatience la fin d'un auffi
trifte voyage. Enfin le char s'arrêta, & les
monftres en fortirent; un d'eux aida la princeffe à en defcendre, & ils la conduifirent
jufqu'au pied des remparts d'une grande
ville, où à peine la princeffe fut-elle entrée
que les monftres difparurent, & laifsèrent
autour d'elle à leur place le roi fon père,
la fée protectrice & le prince fon amant.
Zeloïde ne favoit ce qu'elle devoit croire de
cette métamorphofe; & craignant que ce
ne fût encore une illufion qui pouvoit lui
être fatale, elle voulut s'éloigner; mais la
fée l'arrêta. Voici le remède à vos malheurs, dit-elle; vous avez affez expié le
peu de confiance que vous avez eu dans
mes confeils: jouiffez à préfent d'une heureufe deftinée, le fort qui rendoit toutes
vos volontés funeftes n'a plus de droit fur
vous.

La princeffe alla embraffer fon père, &
après des marques mutuelles de la tendreffe
la plus vive, ce prince la conduifit dans

son palais entre les bras de la reine sa mère : là, les transports les plus tendres se renouvellèrent. Le roi & la reine, lui dit la fée, sont informés des sentimens réciproques qui vous unissent avec le prince Amanzarifdine ; ils sont instruits de sa naissance, & des qualités qui le rendent digne de vous ; ils consentiroient à vous voir unis par l'hymenée, si le sort tyrannique n'avoit pas attaché au vôtre des conditions qui ne permettent pas de songer à cet heureux sacrifice.

On conduisit la princesse dans son appartement pour y goûter un repos dont elle devoit avoir un grand besoin : ensuite le roi & la reine, la fée & le prince, se rejoignirent pour tenir conseil sur sa situation. Généreuse fée, dit Amanzarifdine, ne laissez pas imparfait le bonheur que je tiens de vous ; triomphez, s'il est possible, des obstacles qui me refusent la main de la princesse. Je connois, reprit la fée, le génie dont la domination s'étend sur tous les cœurs ; allons le consulter, peut-être que ses oracles termineront notre peine.

Le conseil de la fée fut généralement applaudi, & le jour fut choisi pour aller interroger ce génie ; la princesse devoit en être. L'instant de partir arrivé ; on monta

dans

dans un char de la fée qui, pendant que la route dura, expliqua à la princeſſe les ſoins qu'elle s'étoit donnés pour raſſembler le roi ſon père & le prince qui s'étoient trouvés avec elle ſur ſon paſſage, ſous des formes monſtrueuſes.

Ils arrivèrent enfin au palais du génie; les routes qui y conduiſent étoient ſemées de mille peuples différens; ils ſuivoient tous une fée dont le viſage étoit riant, que l'on appelle l'Eſpérance, qui ſouvent les égaroit au lieu de les bien conduire.

Le roi & la reine, la fée, la princeſſe & le prince arrivèrent juſqu'au pied du trône où le génie étoit aſſis. Ce trône étoit ſoutenu par une fée puiſſante, qu'on appelle l'Imagination; tous les mouvemens de l'eſprit & du cœur, excepté la raiſon, étoient diſperſés à l'entour de la fée; elle adreſſa ainſi la parole au génie,

» Toi dont l'empire s'exerce ſur les cœurs, apprends-nous, puiſſant génie, quelle eſt la véritable faveur qu'une tendre amante peut accorder à ce qu'elle aime ». Le génie ſourit avec grâce, & regardant le prince & la princeſſe, répondit à la queſtion de la fée par ce ſeul mot: LA FIDÉLITÉ.

XXXII. V.

Alors un brillant nuage couvrit le trône du génie, & la fée prit ainſi la parole.

» Votre deſtinée change bien de face, dit-elle à la princeſſe, l'oracle du génie vous fait connoître que les véritables faveurs qui font la félicité des amans, ne conſiſtent que dans les ſentimens ; cette maxime n'eſt pas toujours reçue dans le monde, mais nous en devons croire l'amour même qui vient de la prononcer. Les marques de fidélité, dit-il, que vous donnerez au prince que vous ſouhaitez pour époux, rempliront ce nombre de faveurs que vous devez lui accorder ſavant que de lui donner la main. Votre ſort, princeſſe, dépend à préſent de votre cœur : ſes mouvemens hâteront votre hymenée, ou l'éloigneront pour jamais. Vous avez déjà commencé à accorder au prince ces faveurs auxquelles vous êtes condamnée par la fidélité où vous êtes reſtée pour lui malgré les contradictions que vous avez ſouffertes & qui auroient dû vous porter à ne le plus aimer ; mais il eſt encore d'autres épreuves auxquelles votre cœur n'a pas été expoſé, l'abſence les fera naître, ainſi il faut que le prince & vous ſoyez ſéparés pendant un temps que je ne puis vous fixer : venez, je vais vous conduire dans un féjour où vos yeux n'appercevront rien que d'agréable. Vous êtes entrée dans votre feizième année, vous pourrez former des défirs & les fatisfaire ; la prédiction du génie qui vous les avoit rendus funeftes n'a plus de droit fur vous ».

La fée alors prit par la main la princeffe, qui reçut les marques de tendreffe les plus vives du roi & de la reine, & la conduifit jufqu'à fon char où elle monta avec elle. Le prince alla fe jeter aux genoux de Ze-loïde : quoi, vous vous éloignez, lui dit-il ? je n'aurai donc plus que mon cœur pour me conferver le vôtre ? il ne me fera plus per-mis d'y joindre des foins ? votre tendreffe pourra-t-elle fe foutenir contre l'abfence ? c'eft prefque toujours l'écueil des plus gran-des paffions, & peut-être mon cœur tout feul trouvera-t-il des reffources contr'elle ? je ne vous en aimerai que mieux. C'eft tout ce que je fouhaite, dit la princeffe, n'employez point ces inftans qui nous ref-tent à me peindre vos inquiétudes ; raffu-rez-moi plutôt contre les miennes, & me perfuadez que je vous ferai toujours chère. Le prince à ces mots prit une main de la princeffe qui s'offrit [d'elle-même, & la baifa cent fois avec les tranfports d'un homme parfaitement touché.

La fée l'arrêta, & lui dit : prince, ne différez plus votre départ, vous retardez par-là le bonheur que vous fouhaitez. Adieu, efpérez d'être un jour au comble de vos vœux, mes foins vont en hâter le moment. Alors le char de la fée traverfant les airs, les déroba bientôt à la vue. Enfin après avoir paffé par différens climats, elles arrivèrent dans une ville fort étendue & fort peuplée ; elle étoit féparée par un beau fleuve qui rouloit des eaux claires. Elles entrèrent dans un palais magnifique. Il fembloit que la princeffe y fût attendue, car dans l'inftant qu'elle parut, un nombre d'officiers vint la recevoir & la conduifirent dans un des appartemens. Voici, dit la fée, le féjour que je vous ai deftiné, je l'habiterai avec vous. Les peuples de ce pays fe forment des mœurs à leur gré, la plupart ne connoiffent d'autres loix que leurs défirs ; deux feules paffions qui renferment toutes les autres gouvernent abfolument leurs cœurs, ce font l'amour-propre & l'intérêt ; vous les connoîtrez bientôt plus particulièrement : il faut que vous faffiez des fociétés avec les femmes de cette nation, & que vous connoissiez du moins par les autres combien le cœur peut être agité de changemens divers.

A peine eurent-elles séjourné quelque temps dans cette ville, que tout ce qu'il y avoit de seigneurs de la nation & des pays étrangers se formèrent un accès chez elles; presque tous n'épargnoient rien pour plaire à Zeloïde. Les fêtes, les empressemens, les assiduités, furent souvent mis en usage, & la fée remarquoit avec soin le nombre de cavaliers qui à l'envi l'un de l'autre cherchoient à engager le cœur de la princesse; elle n'oublioit aucune circonstance des démarches qu'ils faisoient pour elle, & de l'insensibilité avec laquelle la princesse considéroit leur tendresse & leur empressement.

Parmi ceux qui formoient sa cour, il y en avoit un que la fée avoit présenté elle-même; il s'appeloit Aristène, & avoit toutes les qualités qui rendent un homme accompli; mais il n'eut pas un sort plus heureux que les autres.

Il y avoit déjà un an que la princesse recevoit tous ces hommages, sans que son cœur s'y trouvât intéressé. L'éloignement n'avoit rien effacé de sa tendresse pour le prince Amanzarifdine; elle en parloit à tous momens à la fée ; elle lui avouoit qu'elle reſſentoit une joie extrême de faire un ſacrifice à ſon amant de tous les vœux qu'on lui offroit chaque jour. Non, lui diſoit-elle, depuis que je ſuis ſéparée de lui, rien n'a pu balancer un moment ſes droits ſur mon cœur ; & ſi j'ai été capable de quelqu'autre mouvement, c'eſt une certaine pitié que je ne puis refuſer à la deſtinée d'Ariſtène ; il ſemble que l'indifférence où je ſuis pour ſes ſoins le jette dans l'état du monde le plus malheureux ; cependant cette pitié ne ſauroit m'engager à le rendre moins à plaindre ; mais ſi je pouvois être capable de changement, ce ſeroit en ſa faveur. Ah, princeſſe, répondit la fée, que cette pitié m'eſt ſuſpecte ! Je crains bien qu'Amanzarifdine ne règne pas auſſi ſouverainement dans votre cœur que vous venez de me le dire ! quoiqu'il en ſoit, je ne vous en fais pas un crime ; vous êtes à préſent maîtreſſe de vos volontés ; & ſi votre cœur n'étoit plus le même, & qu'un autre objet y tînt la place du prince qui devoit être votre époux, je vous conſeille de ne vous point piquer d'une fidélité contraignante. Nous habiterons ce ſéjour - ci auſſi long-temps que vous voudrez, peut-être même que l'événement ne juſtifiera

que trop votre inconſtance : le prince
peut vous être toujours fidèle, mais auſſi
l'abſence a des droits biens puiſſans ſur les
cœurs ; il en eſt peu dont elle n'affoi-
bliſſe au moins la tendreſſe. Quoi ! voulez
vous, répliqua la princeſſe, que la ſeule
incertitude me détermine au changement ?
non, j'aime trop Amanzarifdine pour l'oublier un ſeul inſtant ; & quand je ne pourrois pas douter qu'il ne fût infidèle, je ſens
qu'il faudroit des efforts violens pour me
porter à l'imiter. D'ailleurs, quand je perdrois cette tendreſſe qui m'attache à lui,
comment oublierois-je ces ſoins, ces larmes, & enfin toutes ces marques d'un amour
extrême qu'il m'a coûté. Ah, qu'une fille
bien née doit être aſſujettie quand elle a
fait connoître qu'elle aime ; il faut reſpec-
ter les démarches qu'elle a faites en faveur
d'un amant, & ce n'eſt qu'en l'aimant toute
ſa vie qu'elle peut les juſtifier.

Ariſtène qui les joignit interrompit cette
converſation : il y avoit un air de joie &
de confiance répandu ſur ſon viſage : madame, dit-il à la princeſſe, je viens vous
apprendre une aventure qui doit abſolument
déterminer votre cœur à oublier cet amant
qui eſt éloigné de vous. Quand vous ſaurez

V iv

l'infidélité que je vais vous conter, vous jugerez que le génie qui préfide cette année fur les abfences, y a attaché des circonftances fi malheureufes, que pas un des amans qui fe rejoindront ne fe retrouvera fidèle : la princeffe crut que cet exemple d'infidélité qu'on vouloit lui citer n'étoit qu'une de ces imaginations vaines dont fes jeunes courtifans l'ennuyoient chaque jour ; elle fe détermina à l'écouter fans curiofité & fans crainte, Ariftène commença ainfi fa narration.

Il eft arrivé depuis peu de jours dans un des ports que ce royaume a dans l'Océan, un vaiffeau qui revient des côtes de l'Afie ; fa navigation a été fi heureufe, qu'il n'a été que quatre mois à faire fon vafte trajet ; c'eft un de mes frères qui le commande, & qui vient de me conter l'hiftoire que je vais vous apprendre.

Il s'embarqua il y a un an pour faire le voyage de l'Afie ; il arriva enfin au bout de trois mois à la vue de Surate, où il devoit prendre terre ; mais il fut furpris d'une tempête qui l'obligea de regagner la pleine mer, où il vogua plufieurs jours au gré des vents. La tempête ceffée, il alla chercher un afyle dans un port proche duquel il fe trouva, pour réparer les dommages que les coups de vents

& de mer avoient fait à ſon navire. Ce port
étoit fort éloigné du lieu de ſa deſtination ; y
étant entré il débarqua dans la ville ; elle
étoit fort belle & fort étendue. En y entrant
il entendit retentir mille cris de joie , on
voyoit des trophées & d'autres édifices élevés
dans toutes les places. Il demanda la cauſe de
ces réjouiſſances : c'eſt , lui dit-on , l'hymenée du prince Amanzarifdine , fils de notre
roi , il épouſe demain la princeſſe de Perſe.
Zeloïde pâlit au nom d'Amanzarifdine ; la
fée , de concert avec elle , avoit caché à
toutes les perſonnes de leur ſociété que ce
prince fût deſtiné à être ſon époux ; on ſavoit
bien qu'elle devoit être unie au ſort d'un
prince qu'elle aimoit , mais chacun ignoroit
ſon pays & ſon nom , & celui même de
Zeloïde. Elle conſulta le viſage de la fée , &
croyant y appercevoir le même trouble qu'elle
reſſentoit , ſon inquiétude en devint plus vive.
Elle ne voulut pas cependant interrompre
Ariſtène , afin d'être plutôt tirée d'une incertitude qui la jetoit dans l'état du monde le plus
triſte & le plus violent.

Mon frère , continua Ariſtène , fut conduit
chez l'officier qui commandoit le port , qui
lui accorda l'aſyle & les choſes dont il avoit
beſoin pour réparer ſon bâtiment : il lui fit en

V v

reconnoiſſance préſent de mille bijoux fort
eſtimés par cette nation, & fort communs
dans la nôtre. L'officier les reçut, & lui dit
que ces préſens étoient aſſez conſidérables
pour les offrir à ſon Roi, & que c'étoit une
occaſion pour lui être préſenté. Mon frère le
pria de les garder, & lui dit qu'il en avoit
encore d'autres, dont il ſeroit charmé de
faire hommage à ce monarque. L'officier le
conduiſit au pied du trône : le prince Amanzarifdine étoit alors auprès du roi ſon pere, &
comme il a beaucoup voyagé, & qu'il ſait les
langues de preſque tous les peuples du monde,
il parla à mon frere celle dont on ſe ſert dans
notre nation : & après qu'il eut ſalué le roi,
& offert ſes préſens, il le conduiſit dans les
jardins du palais pour l'entretenir.

Vous aurez parcouru tout le monde, quand
vous ſerez à la fin du voyage que vous venez
d'entreprendre, dit le prince; mais il ne
pourra rien vous offrir d'auſſi étonnant que
l'hiſtoire de ma vie ; il s'y trouve un trait qui
eſt la marque la plus ſenſible de l'inconſtance
du cœur des hommes; & quoique je ne m'en
faſſe pas un crime, je ne ſais quel aſcendant
me force à le citer pour exemple aux perſonnes qui l'ignorent : j'eſpère ſeulement dé-
crier le génie qui préſide ſur les cœurs; c'eſt

lui qui m'a forcé à faire l'infidélité la plus
affreuſe à une princeſſe digne d'être toujours
aimée. Certainement un homme ſage doit ſe
défendre d'être aſſujetti aux loix d'un génie
auſſi injuſte & auſſi capricieux; j'avouerai en
même temps que cette maxime que j'établis eſt
plus aiſée à propoſer qu'à ſuivre, & je l'ai
bien éprouvé par moi-même.

Par des circonſtances qu'il eſt inutile de vous
dire, le roi mon père a été pendant pluſieurs
années contraint, en m'éloignant de lui, de
ſe priver d'un fils qui lui eſt cher, & dont
il eſt tendrement aimé. J'ai aſſez long-temps
voyagé, pour obéir à cette deſtinée qui m'arrachoit d'entre ſes bras. J'abordai, il y a deux
ans, dans un royaume où je trouvai toute
une nation dans un état de conſternation &
de déſeſpoir. La princeſſe Zeloïde, fille de
leur roi, alloit être enlevée dans les airs par
deux oiſeaux, ſans qu'on ſût en quel lieu elle
devoit être tranſportée. Je fus témoin de ce
triſte ſpectacle; je vis cette princeſſe à l'inſtant
de cette aventure, elle avoit toutes ces grâces
qui font tant d'impreſſion ſur les cœurs, & le
mien les éprouva; je fus ſi touché de ſes
malheurs & de ſes charmes, que je réſolus
de la chercher dans toute la terre. Après
avoir eſſuyé mille contradictions, je la trou-

vai enfin : je lui découvris ma tendreſſe ;
elle y fut ſenſible au point même que, pour
y avoir répondu, elle éprouva les diſgrâces
les plus cruelles : toute autre conſtance que
la ſienne ſe ſeroit laſſée. Je l'aimai auſſi de
la paſſion la plus tendre & la plus vive.

Il y a environ ſix mois, qu'étant obligé de
me ſéparer d'elle pour un temps, au bout
duquel nous devions être unis pour toujours,
après nous être fait l'un & l'autre des proteſtations de ne nous être jamais infidèles ;
elle partit ; & moi je m'embarquai peu de
jours après pour venir demander à mon père
ſes ambaſſadeurs, qui devoient aſſiſter à la
cérémonie de notre hymenée, pour y donner
ſon conſentement. Je reſſentis pendant quelques jours tout ce que l'abſence offre de
déſeſpoir aux cœurs bien touchés ; mais à
peine ſuis-je arrivé à la cour, que mon père
m'ayant propoſé d'épouſer la fille du roi de
Perſe, il s'eſt fait dans mon cœur une révolution ſi ſubite au moment que j'ai vu cette
princeſſe, que j'ai oublié Zéloïde, à qui j'ai
coûté tant d'alarmes. Ces tranſports d'un
amour extrême n'ont plus d'autre objet que
la princeſſe à qui je vais donner la main. Je
me reproche quelquefois cette infidélité ;
peut-être, me dis-je à moi-même, que

Zeloïde a déjà appris mon injuſtice ; je connois combien elle eſt tendre & fidèle ; elle mourra peut-être de douleur ; je lui ai cauſé mille diſgrâces ; cent fois ſes beaux yeux ont répandu des larmes, c'eſt moi qui les faiſois couler ; & pour prix de toute ſa tendreſſe, un moment ſuffit pour me la faire oublier. Toutes ces réflexions me touchent à peine. Qu'il eſt différent de plaindre quelqu'un qu'on aime, ou une perſonne qui nous eſt indifférente. Quand je l'aimois, l'idée du plus léger déplaiſir qu'elle devoit éprouver me faiſoit reſſentir les douleurs les plus cruelles : à préſent mes remords ne ſont fondés que ſur la ſeule raiſon ; & en vérité, les mouvemens qu'elle inſpire à notre cœur ſont ſi foibles, qu'à peine peuvent-ils l'émouvoir. Avouez donc, ajoûta-t-il, que le génie qui fait naître nos affections eſt bien bizarre.

Le prince pria mon frère de ſe trouver le lendemain à la cérémonie. Il s'y rendit avec empreſſement, & vit les deux époux s'approcher de l'autel. Cette joie ſi vive, que répand dans le cœur un amour mutuel, étoit bien peinte ſur leurs viſages & dans leurs diſcours.

La princeſſe Zeloïde qui juſques-là s'étoit

fait violence, ne put en cet endroit s'empêcher d'éclater. Arrêtez, dit-elle, cruel Ariftène, n'achevez pas de me porter des coups fi funeftes; alors elle pouffa mille fanglots, & tomba enfin dans un évanouiffement dont la fée la fit revenir, en la touchant d'un anneau qui avoit cette puiffance: mais quelle fut la furprife de la princeffe! lorfqu'elle ouvrit les yeux; tout-à-coup elle vit dans Ariftène une métamorphofe entiére de fa perfonne: il parut à fa place le prince Amanzarifdine qui fe jeta aux genoux de la princeffe, & les tint longtemps embraffés fans pouvoir lui parler. Ils reftèrent tous deux dans ces tranfports qui caufent un faififfement fi puiffant & fi doux. Heureux amans, leur dit la fée, voici l'inftant où votre bonheur commence, rien ne pourra plus le troubler. Vous, dit-elle à la princeffe, pardonnez au prince, caché fous l'apparence d'Ariftene, par le fecours de mon art, les peines qu'il vient de vous coûter; elles étoient néceffaires pour être la dernière preuve de votre fidélité; votre deftinée eft remplie, & la prédiction du génie a eu fon effet; vous ne deviez jamais être unie à un époux, que vous ne lui euffiez accordé MILLE ET UNE FAVEURS avant

que votre hymen s'achevât, felon l'oracle,
du génie qui préfide fur les cœurs. Les plus
chères faveurs qu'on reçoit de la perfonne
aimée, ce font les marques de fidélité. Le
prince qu'Ariftène vous cachoit a été témoin lui-même des facrifices que vous lui
avez faits ; vous avez dédaigné mille & une
conquête, trop contente de l'efpoir de l'a-
voir pour époux : le nombre des faveurs
que vous lui deviez accorder eft affez rempli par tant de marques de fidélité. Quelle
tendreffe plus vive & plus fuivie peut jamais
unir deux époux, & qu'on verroit peu d'hy-
mens s'achever, fi le fort mettoit toujours
de pareilles conditions entre deux amans. Pour
vous, dit-elle au prince, vous ne deviez
jamais aimèr, que la raifon ne juftifiât vo-
tamour. Les fentimens que la princeffe
vous a infpirés, & la conduite qu'elle a
tenue rempliffent affez votre horofcope. Venez, tendres & eftimables amans, volons
vers le palais du père de la princeffe, & que
le plus heureux hymenée uniffe à jamais
vos cœurs. Déjà le char de la fée qui les
tranfporte dévance le nuage qui vole avec
le plus de rapidité. Ils arrivèrent au palais
du père de Zéloïde, qui, charmé de fon
retour, & de ce qu'il étoit libre d'accomplir

son hymenée, en ordonna la fête pour le lendemain.

La fée avoit pourvu à tout, & les ambassadeurs du père d'Amanzarifdine étoient arrivés pour le repréfenter à cette cérémonie ; enfin l'inftant marqué arriva. La fée, par le fecours de fon art, avoit formé, pendant une feule nuit, les aprêts d'un fi grand jour. Déjà le miniftre du génie qui forme les nœuds des époux alloit unir le prince & la princeffe, lorfqu'on vit arriver tout-à-coup un char dans lequel on reconnut le roi, père d'Amanzarifdine, & la reine fa mère ; il y avoit avec eux une jeune dame & un jeune homme, tous deux d'une beauté furprenante. La reine, mère d'Amanzarifdine, les préfenta à la princeffe ; c'eft par le fecours de ces deux aimables amans, dit-elle, que nous avons le plaifir d'être préfens à votre hymenée. Vous ne me reconnoiffez pas, dit le jeune homme à la princeffe Zéloïde, vous m'avez vu bien différent de ce que je vous parois aujourd'hui. Je fuis ce vieux génie qui vous fit tant de frayeur, & qui vous conta fes aventures, pendant que vous étiez dans cette vafte campagne. Je me fuis laffé de l'état paifible, mais ennuyeux, où je m'étois réduit, & j'ai reconnu qu'il valoit mieux être agité par les paſſions, que d'être livré à l'humeur ſombre & chagrine de la vieilleſſe. Voilà cette jeune perſonne que j'avois métamorphoſée en même temps que moi : nous avons retrouvé tous deux, en reprenant notre jeuneſſe, cet amour tendre qui nous uniſſoit avant de l'avoir ſacrifiée. Je vous avois promis d'être le premier à vous féliciter ſur la fin de vos malheurs ; je ſuis charmé d'être témoin du plus heureux inſtant de votre vie. Je ne vous offrirai point les ſecours de mon art pour embellir cette fête, la préſence de deux amans ſi parfaits y donne tout l'éclat qu'elle peut avoir, & vous trouvez tous deux dans votre cœur tout ce qui peut la rendre parfaitement heureuſe. Alors le roi & la reine, qui venoient d'arriver, ſe placèrent ſur des trônes qui furent élevés à l'inſtant ; & ces illuſtres amans, en ſe donnant la main, confirmèrent cette union que l'amour avoit déjà formée dans leurs cœurs, & qu'il y conſerva tout le reſte de leur vie.

Fin du trente-deuxième volume.

TABLE
DES CONTES.

TOME TRENTE-DEUXIÈME.

Madame DE LINTOT.

MONCRIF.

Fin de la Table du Tome trente-deuxième.